George Ainslie, BREAKDOWN OF WILL

translated by Yamagata Hiroo

ジョージ・エインズリー

山形浩生=訳

誘惑される意志

人はなぜ自滅的行動をするのか

NTT出版

動機研究を活かし続けてきた
故リチャード・ハーンスタインとその生徒たちに

誘惑される意志

目次

誘惑される意志

人はなぜ自滅的行動をするのか

序

本書『誘惑される意志』を書いたのは、ケンブリッジ大学出版局の編集者テリー・ムーアが、前著『ピコ経済学』（未邦訳）を要約してはどうかと提案したのに応えてのことだ。本書は『ピコ経済学』より簡潔で、わかりやすいと思う。また、一九九二年に『ピコ経済学』を刊行して以来発見した研究や理論面での材料も、かなりたくさん追加した。

双曲割引や異時点間の交渉についての予備知識はまったく想定していないので、『ピコ経済学』を読んだ人は多少重複していると思うだろう。だが、だからといって前著を読んだ方でも、本書が古いアイデアの焼き直しだとは思わないでほしい。書いた内容について、いちいち入手困難な文献を読者に参照させるよりは、最初から説き起こしたほうがいいと判断したからだ。本書の草稿は『ピコ経済学』のみならず、ヤン・エルスターとオレ＝ジョルゲン・スコッグ編『中毒になる』、エルスター編『嗜癖——参入と退出』、『法哲学雑誌』、『行動科学、脳科学』誌に書いた概要などにも登場している(1)。だが『誘惑される意志』はこうした成果をまとめるだけでなく、さらに先に進めたものだ。

私が採用した会話調の文体には驚かれるかもしれない。この文体は、一部は読みやすさのために——従属節を増やしすぎるのを防ぐための規律として——採用した。だがもう一つ、一般に非人間的な声（「学者のことば」）の長所なるものはウソだという信念のためもある。形式張った言葉遣いをしたからといって、客観的だということにはならない。そして形式張った物言いは、語り手の実際の思考プロセスを推測しにくくする。無感情な文章が続くと、それは神官による祝詞《のりと》のようなものとなり、オズの魔法使いのインチキを隠すカーテンと化す。それは会話体が引き起こしがちな感情と同じくらい誤解のもととなりかねない。

私が援用した各種分野の専門家たちは、もっと内容面について苦言を呈するかも知れない。対照実験の結果を、もっと「雑な」情報源、たとえば臨床観察結果、思考実験、歴史文献、あげくに個人的体験などとさえまぜこぜにしている、という点だ。だが私は、双曲割引の持つ意味合いのどの部分であれ、決定的な証明を提供したような顔をするつもりはない。この割引自体は、実に多くの対照実験に裏付けられているので、確立されていると自信を持って言える。でもそれが人の各種動機の相互作用に及ぼす影響にはいろいろな可能性があり得る。私はごく保守的な範囲でいくつかのモデルを構築しただけだし、それがどこまで穏当かを検討するために、各種の情報源も提供した。研究者たちが心というものを、この割引方式によって形成される相反利益の群れとしてモデル化できそうだと理解するようになれば、系統的なパターンマッチングによって、もっと厳密な説明方法が次第に見つかるものと期待したい。

本書の執筆にあたっては多くの人のお世話になった。特に有益だったのが、ヤン・エルスターと、かれが不合理性セミナーに集めた独創的な研究者たちの多様な集団だ。このテーマだけを共通点として、われわれはほとんど二〇年の長きにわたり、かれの招集に従って二大陸の隅々まででかけてきた。ミュージカル／映画『野郎どもと女たち』に出てくるネイサン・デトロイトの、ガサ入れ逃れにあちこち動き回る賭場のように、われわれはこの風変わりな探求を支援してくれるところであればどこへでもでかけていった——パリへ、コロールへ、オスロ、シカゴ、ニューヨークへ。時には会合を一回開いただけ。

時には本を書くために集まったタスクフォース。『複数の自己』『選択の時間変化』『ハマる』『中毒――その参入と退出』はすべてその会議の結果であり、また会員たちの単著の相当部分もこの会議の産物だったが、もっとも精力的だったのは当のヤンだった。かれは現代の不合理性研究の先導役を果たしている。

本書のルーツはヤンのプロジェクトよりさらにさかのぼり、ハーバード大学の故リチャード・ハーンスタイン研究室まで戻る。『ピコ経済学』を献呈することを思いついていたら、まちがいなくかれに献呈していただろう。遅ればせながら、本書でその義理を果たしておく。医学部二年生のとき、交差する割引曲線について漠然としたアイデアを持っていた私は、一九六七年にリチャードの研究室に出会えて幸運だった。しかもその年は、かれと丁信謨(Chung, Shin-Ho)がかれのマッチングの法則を遅延に適用した初の研究を発表した年だった。マッチングの法則が双曲割引曲線を示唆していることを指摘すると(私はイェール大での恩師フランク・ローガンによる指数関数を使っていた)、リチャードはすぐに私を自分の研究室に引き取り、ひも吊り本棚と指導教官(これまた長年にわたり有益な批判者となってくれたハワード・ラフリン)をあてがってくれた。そして異時点間での決断の矛盾がハトにも予想通り生じることを証明するのに必要な六年にわたり、辛抱強く待ってくれた。その期間もその後も、リチャードはいつも新しい思いつきについての議論につきあってくれたし、似たような方向の研究者を教えてくれることも多かった。私が継続的な自己の間の交渉における囚人のジレンマモデルを試してみたのも、数年後にかれのクラスの一つで招待講演者をやらせてもらったときだった。私は一時的選好に関する研究をリチャードと共同発表したし、一九九〇年代初期のかれや私の論文に見られる理論をじっくり議論し、ヤン・エルスターのプロジェクトがラッセル・セージ財団の支援を受けていた時期にも共同作業をした。私にとって導師に一番近い存在がリチャードだった。

ペンシルベニア州コーツヴィルの退役軍人医療センターにおける多くの人々にも、本書のもとになる論文に対して支援してくれたことに感謝しなければならない。特にジョン・モンテロッソは、人間実験や動物実験を行ったり、各種文献の関連資料を集めたり、私の草稿を読んで議論したりして大いに支援してくれた。かれは最近、ラット行動研究室をゼロから作り上げる作業を、設計も含めほとんど独力でこなした。アンドリュー・ヘンリーは多くの論文を入手してくれた。パメラ・トッピ・ミュレン、バーバラ・ゴールト、キャシー・ミーカーは、リサーチとアイデア批判で協力してくれた。リン・デビアクは明瞭な図を描いてくれたし、ワンダ・サンドスキは私が締め切りに間に合うようにしばしばてんてこまいの日々を送ってくれた。この本自体について、私はジョン・モンテロッソ、妻のエリザベスと、匿名査読者二人に対し、有益な批評をいただいたことに感謝したい。本書で実現できたわかりやすさは、エリザベスが苦労して一行一行読んでくれたおかげだ。最後に、このプロジェクトに揺るぎない支援を与えてくれたテリー・ムーアに感謝する。

I　意志を分解してみると——アクラシアの謎

第1章 はじめに——人の選択を決めるのは欲望か判断か？

人がどんなに不合理かを述べた本や論文はたくさんある——人はドラッグや酒やタバコをやったりするし、ギャンブルにはまったり、破壊的な人間関係に陥ったり、自分の計画をちゃんと遂行できなかったりする。退屈したり問題を先送りしたりするのでさえ不合理性のあらわれだ。人は、自分が後悔するとわかっている行動を選んでしまう。このパラドックスについては繰り返すまでもないだろう。自滅的な行動の例はいくらでもある。なぜそんなことがあり得るかという理論も、同じくらいたくさんある。この問題を検討しているどの学問領域にも、これについての理論が数種類はある。でも、心理学や哲学、経済学など各種行動科学でこんなにあれこれ理論があるということ自体、まだだれも問題の核心にたどりついていないという何よりの証拠と考えていいだろう。

こうした理論は意志の失敗のことはほとんど何も言わない(1)。意志という概念は、二〇世紀の行動科学者があまり使わなかった概念だ。一部の著述家は、「意志」なんか存在しないとさえ主張し、この用語はある人の選択傾向を指しているにすぎないと言う。でも、このことばは日常会話にたくさん顔を出すし、特に「意志力」がどうしたという話は頻出する。人はこの意志力なるものを増やそうとして、いまでもハウツー本を買ったりする。

動機というのは、直面している各種インセンティブを並べて検討するだけの行為ではなく、それが何らかの因子によって**自分自身の**動機に変換され、そしてそれがある意味で**自分自身そのもの**になる。これは広く共有された発想だ。選択を行う核心のところに、その因子があるというわけだ。この因子を、われわれはしばしば意志と呼ぶ。外因的に思える各種の価値や誘惑の行列に対して、自分自身の支配的な価値観を適用する機能のことだ。人々は誘惑を抑えるのが意志の力だと考えるし、この抑制が予測できないことこそ意志の自由なんだと考える。残念ながら、こうした機能を科学のことばで語る方法はこれまでなかった。つまり、もっと単純でよくわかっている要素と関連づけて記述する方法はなかった。この要素なしには、科学が描く人間の体験全般の図はぎこちないものになってしまう。だが定量的な動機研究のおかげで、意志という現象を、すでに行動科学におなじみの要素を使って説明する、まったく新しい発見が登場した。これが一言で、本書のテーマとなる。

1　自滅的な行動の小史

古代ギリシャ人たちは、人々が自分のとっさの衝動になぜ従わないか——あるいは従うべきでないか——を述べたが、それ以来、意志についてはいろいろ議論されてきた。プラトンは、人々が将来の選択肢をてんびんにかけるときに起こりがちな問題について、ソクラテスの発言を引用している。

同じ大きさのものでも、近いときには大きく見え、遠いときには小さく見えないだろうか？（中略）われわれがあれこれと逡巡し、ある時点で選んだものを、別の時点で後悔するのは［この見かけの力］の持つ欺きの技ではないだろうか？（中略）人々が快楽や苦痛の選択、つまりは善と悪の選択においてまちがえるのは、計測と呼ばれる特殊な知識の（中略）欠陥によるのである。

アリストテレスはこの欠陥を「アクラシア」と命名した。「意志の弱さ」という意味だ。[2] つまり、この人間機能は、それが機能しない状況によって定義づけられたわけだ。これが後に意志と呼ばれるようになる。

通常は、人は「理性」に従って、各種の選択肢をその実際の重要性と比例する形で重みづけるとされる。だが時には、一つの選択肢が大きすぎる形でそびえたつ。これが「激情」と呼ばれるプロセスだ。激情は理性の敵となる。この二項対立が発達するにつれて、それは自己というものの機能的な中身を定義づけるに至った。理性こそが人の本当のアイデンティティの主要部分だ。激情は、人を襲うものだ——実際に人が意図的に行う「行動」に対し、激情は人に何かを勝手にやらせてしまう。[3] 自己は理性を使って激情から自分自身を守り、うまくいけば温厚にふるまう「性向」を身につける。理性と温厚な性向が善玉だ。激情とアクラシアが悪玉、いわば自分でない存在だ。ローマ時代の医師ガレノスは、この両者の関係が人と獣の関係だと述べた。「短気な」激情は鎮めることができるが、「情欲的な」激情（セックスや大食）は荒々しすぎるから、飢えさせることでしか制御できない、と。[4] ギリシャ合理派の思想と並行して「肉の弱さ」というユダヤ・キリスト教神学的な見方も生まれた。

両者の特筆すべき差は、神学的な見方が理性を自己のちょっと外側にあるものとし、激情をもっと自己の内部にあるものとしたことだ。理性は神の世界で、意志という機能は大部分が神の恩寵によって供給されている。激情は罪であり、アダムの堕落以来、人の本性の残酷な部分だ。だが激情は時に、悪魔という外部からの憑依物の応援を受ける。自己は理性と激情との間で揺れ動き、自省的な時には少なくとも神さまが勝ってくれるようにと祈っている。

わたしは、自分のしていることが分かりません。自分が望むことは実行せず、かえって憎んでいることをするからです。もし望まないことを行っているとすれば、律法を善いものとして認めているわけになります。そして、そういうことを行っているのは、もはやわたしではなく、わたしの中に住んでいる罪なのです。（中略）わたしは自分の望む善は行わず、望まない悪を行っている。もし、わたしが望まないことをしているとすれば、それをしているのは、もはやわたしではなく、わたしの中に住んでいる罪なのです。それで、善をなそうと思う自分には、いつも悪が付きまとっているという法則に気づきます。「内なる人」としては神の律法を喜んでいますが、わたしの五体にはもう一つの法則があって心の法則と戦い、わたしを五体の内にある罪の法則のとりこにしているのが分かります。(5)

個人の意志にはこれよりもうちょっと力があるんだから、神の恩寵に依存しないかもしれないという考えは、大異端のペラギウス派として排除された。(6)

他の哲学や宗教もすべて激情についてかなり分析している。またその避け方も論じている。たとえば仏教は、「煩悩」からの解脱をうたい、純化のための五つの戦略を述べている。要するに、思考を明晰に、心を抑えて官能的な欲望を避け、物事を自然な利用にとどめ、「耐え」、あらかじめ誘惑に気を配ることだ。[7] しかしながら非西洋宗教が自滅的な行動の原因と解決法を並べ立てるやり方は、善を最大化しようという実効的な観点からすると、寄せ集めにしか思えない。

これほど関心が向けられているにもかかわらず、自己コントロールについて真に新しい考え方はあまり生まれてこなかった。これは最近になって大規模な文化交流が行われ、世界中が対話を始めてからも変わらない。一つ大きな進歩は、理性には独自の力がなく、激情同士を戦わせることでしか成り立たないのだというフランシス・ベーコンの認識だった。理性とは、

情動と情動を戦わせて、片方をもう片方で支配するしかない。かつて獣を獣で狩ったように。（中略）というのも国家の統治と同じように、一つの勢力を別の勢力で抑え、それが内部的な統治に収まるようにしなければならないのだ。[8]

ここでの含意は、激情と理性はパターンこそちがえ、実は同じシステムではないか、ということだ。さらに、それは認知で結びつくのではなく、内部の経済プロセスで結びついているのかもしれない。そして理性はその計画を実現するための手口をそこで見つけなくてはならないわけだ。

もう一つ目新しい発想は、意志が個別の性質に分解できて、そのそれぞれが強化訓練で鍛えられるというヴィクトリア朝の発見だ。これについては後で詳しく見る（第5章1－4節）。

一部の一九世紀研究者は意志を切り刻んだが、一方では意志がよいことばかりではないぞと思いはじ

めた人もいた。観察者は昔から、意志が細部にこだわるようになりすぎるのを知っていた。中世のスコラ派が「緻密な良心」と呼んだものだ。[9]ヴィクトリア朝初期にはセーレン・キルケゴールが、まさに意志力による情熱の制御が成功しすぎることからくるらしき、一般的ながら危険な悩みについて警告を発した——キルケゴールの後継者である実存哲学が正真性と呼ぶようになったものの喪失だ。実存主義者たちは、正真性は経験の直接性に対する反応として生じるのであり、人々が事前に決まった「認知マップ」に従って自分を統御するとその反応は失われるのだと述べた。[10]

二〇世紀初頭、フロイトは動機づけプロセスの分類として、長期目標に資するもの（「現実原則」）と短期目標に資するもの（「快楽原則」）を提案した。だが長期プロセスは常に親から「投入」された外部の影響に歪められていて、硬直化している。フロイトは「意志」ということばを滅多に使わなかったし、また使うときにも馬鹿にした使い方をした。でもフロイトの言う長期プロセスとそれを硬直化させる「超自我」は、だれもが意志や意志力の構成要素だと理解しただろう。[11]

意志への関心は第一次世界大戦頃までじわじわと高まり続けた。その後、意志という概念は急に華やかさを失ったどころか、嫌われるようにさえなった——何百万人もの兵士を死の砲火に立ち向かわせた自国の頑固さや、おそらくはその兵士たちにそれに従わせた胆力が意志のせいだとでもいわんばかりに。[12]理由はどうあれ、二〇世紀は衝動性や自己コントロールの概念が散漫になった時期だった。理性は相変わらず効用理論に従って分析され続け、これがかの完全な合理主義者である経済人を定義づけることとなる。だが激情やアクラシア、さらにそれを克服するのに必要な装置となると、筋の通った説明はまったく行われなかった。こうしたものの説明は場当たり的ででたらめばかりだ。

意志力は、それがどこからきたのか何ら検討されることなしに、ヴィクトリア朝では人気ある美徳となった。それが人気を失ってみると、何がおかしいのか、どんな代替案があるのかを分析する手段については何の合意もなかったし、そもそもそれがどんな機能を果たすものなのかも、分析できなかった。

2　自滅的な行動の研究方法

アクラシアや自己コントロールの理解には、どうも何かおかしなところか、よく言っても不完全な部分がある。私は、新しい発見のおかげで意志についての理解は深まったと思うし、なぜそれがよく経験されるようなところで成功／失敗するのかも説明できると信じる。だがその前に、まずこれまでの説を見てみよう。行動科学者たちは、ふつうは意志というものをはっきり想定したりしない——時には動機づけという発想さえない。でも、何らかの形で意志の強さや弱さを扱ってはいる。だがこうした意志研究者たちは他の学者仲間とあまり話をしない。人々が謎を探求している多くの分野と同様に、意志決定の科学は各種の学派に分裂して、その集団内部ごとに想定や研究方針についての合意ができている。他の学派の著作を読むと、自分の学派で慣れ親しんだ略記方法は使えないし、また自分の書くものを喜んで読んでくれる観客がいるという安心感も失われる。だからおおむね、みんなそこまで手間はかけない。

だがこうした学派はそれぞれ個別に、意志という問題に取り組む各種のツールを発見している。作業に取りかかる前に、既存の手法を調べよう。意志に関係した意志決定を研究した学派をざっとまとめてみると次の通り。

行動主義は、効用理論の系統的な実験のほとんどを設計した学派だ。行動主義者たちは特に動物モデルを有効活用してきた。下等動物はもちろんヒトとはちがうが、大脳皮質下の脳構造は似ているし、そこには動機づけを統括する部位も含まれる。そしてこの類似性のために、ほとんどの（だがすべてではない）予定報酬に対する応答も似てくる。たとえば、動物はヒトに影響する物質すべてに中毒する。各種の報酬の源がどれだけ優れているか判断する能力を見ると、動物のほうがヒトより合理的に見えることさえ多い(13)。

神経学者ポール・マクリーンは、ヒトの大脳皮質は人間が馬に乗るのと同じように、低次の脳機能に乗っているだけだと述べたことがある。高次機能——機知、皮肉、自意識など——を観察するときには動物は使えないが、そのすべてが乗っている馬の観察には十分に有用だ。そして動物で精神プロセスが実証できれば——たとえば時間が経過する中で複数の動機が争う場合など——文化による歪曲といった細かい原因についてあれこれ考えずにすむ。

しかし行動主義学者の慎重な実験は、その手法についての独善性のおかげでいささか人気がない。ふつうの教養ある人間から見ると、行動主義者は心が存在しないとか、人々の行動はすべて外部からの計測可能な刺激で説明できるとか信じている。学問の世界ですら、この種の論理的な記述主義にはうんざりしてしまい、行動主義はその栄光のほとんどを奪われる結果となった。だが慎重な対照実験に基づくデータの源としては、この分野はいまだに無敵だし、本書の出発点もそのデータとなる。

認知心理学、特に社会心理学に適用されたものは、不合理な行動についてでは、研究面でも理論面でも目下、最も広範なアプローチとなっている。実験による証明について高い基準も持っているし、不適応行動について多くの例を記述してきた。しかしこの分野の理論家たちは、必死になって動機づけのプロセスを扱うまいとする。かれらにしてみれば、それはせいぜいが個体内部の交信でしかない。だから高次の判断者——還元不可能な人間——はそんなのは無視できるし、無視すべきだということになる。したがって、認知心理学の非合理性の理論は、知覚や論理の判断まちがいを見つけるだけになっている。

経済学は現実世界における合理的な意志決定を扱う分野だ。現代では、この分野は効用理論の想定を受け入れている。ポール・サミュエルソンが指摘したように、「消費者が効用を最大化するというのは単なる経済学の法則ではない。それは論理そのものである」。ゲーリー・ベッカーは、ドラッグの陶酔や投獄のリスクなど金銭化されない動機でも経済概念で扱えることを示した[14]。

しかし経済学者は、意志決定についていくつか非現実的な想定をしている。意志決定というのはすべて熟考の結果であり、外部の財にしか基づかず（つまり頭の中の内的な報酬は考えない）、当然ながら新しい情報がない限りずっと安定している、といった想定などだ。このように安定しているなら意志決定も一貫性を持つはずなので、経済理論は不合理性を不適切な情報や将来の大幅な割引だけのせいにしてきた。このどちらも説明としては不適切であることを後で示す。

心の哲学は、モデル構築自体を検討し、読者みんながそれぞれ理論を試せるような思考実験の先駆となった[15]。でも統合された自己——統合的というのは、矛盾したり無意識だったりする要素を持たないということだ——という従来の想定から外にでることはなかった。もっと分子的な自己のモデルを探求するには思考実験しかないはずだ。でも一部で示されたパラドックスらしきものは、通常の効用理論を超える分析にはつながっていない。パラドックスはパラドックスのままだ。

精神分析は、効用分析に対して自己矛盾的な行動をつきつけた初の主要な試みだった。科学的な処女地の探求者として、フロイトはいくつかちがったモデルを描き出した——一つは動機に基づくもの

（「リビドー」）、一つは意識に基づくもの、一つは組織に基づくもの（「イド／エス」「自我」「超自我」）などだ。だがこうしたモデルがお互いにどう関連するかはつきとめなかった。対照観察や概念の倹約といった規律がなかったために、精神分析はなんでもありになってしまい、やがて自分がいくつかの概念を拝借してきた多神教まがいになってしまった。

二〇世紀の半ばに大安売りされすぎた精神分析は、近年になってその観察や証明の基準についてのすさまじい攻撃にさらされるようになった。著述家のフレデリック・クリュウズが結論づけたように——

精神分析の設計者は根本のところでは先見的な人物だったが、果てしなく計算高い人物でもあり、一部は叙事詩、一部は探偵小説、そして一部は人間の利己性と動物性に関する寓話である何巻にもわたる一大創作の英雄として自分を描くことに専心していた。(16)

壮大な創作とはいえ、かつては知識人の間であれほど人気があったんだから、温存するに値するだけの洞察を持っていたのではないかと尋ねるのはあまり流行らない。

実はフロイトは自己の非統一性を描く過去の多くの成果をまとめあげているのに、それすらフロイトとともに捨て去られつつある。(17)もっとひどいことに、フロイトの答えがまちがっていたり不完全だったのを知った人々は、そもそもの疑問についての検討までやめてしまった。だがそうした疑問は衝動的な行動とその抑制を考えるどんな試みにおいても、中心的なものでなくてはならないはずなのだ。すべての行動には動機があるのか？　自分自身に対して情報を隠したりできるのか？　自己コントロールがかえってひどい結果を招いたりするのはなぜ？　多くの疑問について、私はフロイトの発想から出発する

――というのも私に言わせれば、最近の批判者がボール保持者にタックルを食らわして以来、だれもそのボールを拾おうとしていないからだ。

交渉研究（bargaining Research）は新しい分野で、簡単なゲームを使って競合する行為者の小集団が安定した関係に到達する様子を観察する。こうした集団が、全構成員どころか一人の構成員にすら得にならないような安定的意志決定に到達する様子を示してくれるという点で、この分野はきわめて有益だ。しかし今のところ、交渉研究は個人内部の抗争には適用できそうになかった。というのも人間が統合性を持っていると想定されていたからだ。不統合性が正当化されれば、たぶん有益だろう。

カオス理論は分析理論としてさらに新しいものだが、他分野――たとえば気象など――にも適用されて、再帰的なフィードバック機構が結果をどう左右するかの研究に使われている。またこうした系が各種のレベルで似たようなパターンを生み出すことを示し、さらにはそうしたレベル自体の発生すら引き起こすことも示している。今のところカオス理論は動機面への大きな適用例を持っていない。しかし、人間の意志の根本的な予測不可能性は、カオス的なアプローチで説明された自然現象の一部と似ている。これまでは、意志というのは予測不可能であり、事前に与えられた要因から結果を説明しようという試みはすべて失敗してきた。だが意志に再帰的なプロセスが見つかるにつれて、カオス理論も関係してくる。

社会生物学は報酬を求める個体群の間の競争を研究し、したがって振る舞いの集団――生命体が試す各種の振る舞い――にとっても有益な概念を生み出している。行動主義者たちは、生命体に自然選択要因が機能するのと同じ形で強化が行動に対して機能するのだと示唆してきた[18]。これは対立する動機群に対して社会生物学理論を適用できる可能性をいくつか示している[19]。

神経生理学は、脳の仕組みについてますます厳密な発見を生み出しており、中には動機を生み出す仕組みに関する発見もある。たとえば、コカインがどういう形でコカイン獲得行動に報いるか、ずばりその部位や神経伝達物質まで見ることが可能だ[20]。だが神経伝達物質がわかっても、複数の報酬の間の対立がどう解決されるか、なぜそれがあるときには解決されずに終わるかを説明したことにはならない。たとえば一部のアルコール中毒者は報酬メカニズムの部分で、アルコールによる報酬が人より大きく感じられるような設定を引き継いだのかもしれない。だがそれだけでは、なぜ多くのアル中患者が自分の飲酒癖について引き裂かれた気持ちを抱いているか説明できない——どうしてそんな大きな報酬があるのに禁酒しようとするのか、そしてなぜ禁酒を決断したのに、その決断を最後まで貫徹できないのか説明できない。本書での神経生理学は、主に現実性を確認するのに役立つ。動機をめぐる理論はすべて、少なくともこの分野の証拠に矛盾していてはいけないからだ。

神学も見捨てないこと。この分野は、一見すると意志の外側にあるように思える人の意志決定経験の一部について研究してきたし、効用理論の誘惑に他のどんな分野より抵抗してきた。この分野の理屈だと洞察というのは、信仰や啓示や何か経験的でない経路から神秘的に生じるのだということになっている。だがそれにもかかわらず、実は神学はその主張が経験に照らして真実であることを要求している。たとえば罪というのは、もっと科学的な分野が述べてきた自滅的な行動と同じものに思える。罪を乗り越える個人の能力をめぐって生じた論争は、実質的には臨床的な体験に訴えかけている。だが、この霊感的なアプローチが直観として答えにたどりついた場合でも、追試可能性の点で何の成果もあげられないので、その洞察を系統だった形で明確化しようとするといい加減なものになってしまう。この分野は精神分析と同じで、答えよりは質問の源泉となるだろう。だがその質問は重要なものだ。

最後に、アクラシアのどんな説明であれ、最低でも主観的な体験と相容れるものでなくてはならず、またそれが証拠となる場合も多いだろう。一部の行動科学者は、経験的な証拠を「通俗心理学」として軽視し、心理学者が訓練を受けた内省者を使って証拠を集めようとした時代を挙げて警告するだろう。常識はせいぜいが示唆的なものでしかないし、理論としては常に一貫性がなくいい加減だが、人間の観察結果としては圧倒的に大量に存在する。実験主義以前の（ヴィクトリア朝の）心理学者の著作や、患者にインタビューした後の時代の臨床家、さらに幾世代もの読者に共感を抱かれてきた小説にも、一般的な経験の役に立つ事例が登場する。ヤン・エルスターは、過去の著作の断片を動機的な意味合いから分類しなおすのに大きな役割を果たしている。[21]

2-1　問題への私のアプローチ

で、こうした手法からどのようにして使えるツールキットを組み立てようか？　私は一つの方法を提示するが、もちろんこれしかないというわけではない。だが私の見る限りでは、動機をめぐるおなじみのパラドックスを基礎研究と整合させる提案は今のところこれしかない。

あらかじめ読者に警告しておくと、このアプローチは還元主義的だ。つまり、思考や感情や欲望や計画などのあらゆる変化は、脳内の神経細胞という物理的な基盤を持ち、それはこんどは細胞内部の化学変化に依存して、等々ということだ。別に思考や感情を研究する最良の手段が細胞の化学の研究だと言うのではない――単に、行動の説明はすべて、物理学や生物学の知見に矛盾しないのが最低条件だというだけだ。

非還元主義的（そして反還元主義的）理論は、もちろんそれなりの理由があって作られている。過去には、還元主義的な理論は観察しにくく想像しにくい要因——深遠すぎたり、複雑すぎたり、内部フィードバックされたりするもの——を無視してきた。たとえば知覚、直感、意志などだ。だからかつての「科学的」な説明だと人がロボットにしか見えなかった。[22]

同じように、私の提案は**決定論的**だ。素粒子の運動が厳密に決定論的かというどうでもいい議論（第8章3-2節を参照）はさておき、物理学者たちは起こるすべてのことがそれ以前の原因によって完全に形成され、その原因もそれ以前の原因によって形成され、と想定している。私もそう想定する。別にそうした原因がはっきり指摘できるということではない。中には複雑すぎたり深遠すぎたり内部フィードバックされたりして、現実的な予測にはつかいものにならないものもあるだろう。だが繰り返すが、行動の説明は決して原因のない、評価しようのない要因に依存してはいけないのだ。

人間行動の研究者はしばしば還元主義や決定論に反抗して、ホーリスティックで人間的なアプローチを支持したがる。そうすれば科学は、内省的にはわかるが試験不可能な、感情やその他の個人的な細かいひだを検討できるという。だがそうした細やかなひだ——そこには自己欺瞞、自律やその喪失、尊厳やその喪失も含まれる——は、完全に選択の還元主義理論と一貫性を持っている、と私は主張する。

だからこの警告を見ただけで読むのをやめないでほしい。人間主義的な読者は、私の提案する選択モデルが自説にとっての保護や武器にさえなることがわかると思う。

3　まとめ

人間が自分自身の計画をだめにするという傾向は、はるか古代から著述家を悩ませてきた。自己のよい部分——理性——が激情によって圧倒されるというプラトンの発想から、激情に直面してそれを打ち破れるだけの力を理性に与える意志という機能の概念が発達してきた。意志とその力という概念は、二〇世紀科学では流行らなくなったけれど、自滅的な行動——アリストテレスがアクラシアと呼んだもの——の謎やその一時的なコントロールの謎は解決されていない。新しい実験的な成果や複数の学問分野からの概念ツールのおかげで、既知の科学的伝統に矛盾しないような意志の仮説を構築できるようになった。

第2章　意志決定の科学の根底にある二律背反——人の選択を司るのは欲望か判断か?

意志決定に関するわれわれの発想は二種類に分かれるが、それぞれが古代にまでさかのぼるものだ。古典ギリシャから現代に到る理論家は、欲望と判断という二つのはっきりちがう選択体験をとりあげてきた。そしてそのそれぞれを使ったモデルを構築してきた。欲望に基づくモデルでは、人々は各種の選択に伴う満足感を計測し、最大の満足につながる行動を選択的に反復するのだ、とされる。判断に基づくモデルの方では、欲望のヒエラルキーはあらかじめ決まっていて、人が論理——あるいはその他認知機能——を使って選択肢をこのヒエラルキーと対応させるのだという。計測派には、デビッド・ヒュームらイギリス経験論哲学者、精神分析家たち、B・F・スキナーら行動主義者たちが含まれ、かれらは「快楽論的」または「経済的」「効用論的」と呼ばれる満足ベースのモデルを開発した。一方、ドイツ観念論者、ジャン・ピアジェ、そしてロイ・バウマイスターやジュリアス・クールなど近年の認知心理学者たちは、判断ベースの説明をつけた。このアプローチは「認知的」または「合理主義的」と呼ばれる。

スキナーは、選択ばかりか熟考も強化の差に依存すると述べた。

個人は意志決定を行うときの関連変数を操作する。というのも意志決定行動は強化を伴うという帰結があるからである。

かれの中毒に関する説明は簡単だ。「（中毒性の）ドラッグにより引き起こされた効果はそれを消費する振る舞いを強化する」[1]。一方、認知派の論者たちはこれから見るように、中毒やその他の「制御まちがい」を各種の解釈エラーのせいにする。

選択を行うときのこの二つの方向性は、それぞれ相手の挙げる事実を否定するわけではないが、根本的な選択プロセスについての想定は相容れない。だれでも自分の満足度を測っている時はあるし、また論理によって行動を決めようとすることもある。だが計測と演繹がちがった選択を示す場合には、勝ちを決めるのは何だろう？　情事を持ちたいと**欲する**けれど、でもそれが不謹慎で、不倫で、罪深いと**判断する**。さてどうやって決めよう？　欲望と判断が支配を求めて争う方法については何ら理論がなく、プラトンの激情と理性の競合から話はちっとも進んでいない。

そもそも出発点からして合意がない。根本的なプロセス——最終的な決定要因——が快楽主義の話なのか認知の話なのか、という点だ。根本的な決定要因は、効用とか報酬といった定量値を最大化するのか、それとも何らかの方法で快楽的な誘惑の外に出て、すべてに優先する判断が行われるのか？

人々が時には誘惑に惹かれつつもそれに（少なくともたまには）抵抗できるということは、認知プロセスのほうが直感的に可能性が高そうだ。十分に学習をつんだら、理性は激情に勝つらしい。ほとんどの認知派論者は、満足の計測を従属的な活動だとしており、意志決定を行う数多くの方法の一つに過ぎず、しかも最高の方法ではないだろうと述べる。この見解は古代思想家の間では勝利を収めたし、心の哲学者たちの間でも優勢だ。最近は多くの心理学者がこれに加わり、さらには自滅的行動や自分で引き起こした病気などについて案じる臨床家もこれに賛同している。[2]

認知主義は自滅的な行動を精神的なエラーのせいにする――たとえば、まちがったパズル解決を引き起こす錯覚などと似たような現象だと考える。動機（＝欲望）を持ち出すことはほとんどないし、たまにあっても、認知派は人が好きに動機を選べると想定する。つまり結局のところは動機には動かされていないということだ。ある哲学者はこう問う――「現在の自分の欲望ではないものについては、少ない重みづけを行うべきだろうか？」――これは重みづけを「行う」という行為自体は重みによっては左右されないということを暗に述べている。[3] 心理学者ロイ・バウマイスターとトッド・ヘザートンは、「自律性」――これは認知論では意志の力のことだ――を総括するにあたって、動機についてはその親類である感情というものを通じ、ほんのおざなりに触れているだけだ。

統御の誤りが生じるのは、（人々が）自分自身や世界についてのまちがった想定を元に行動するのと、直接コントロールできないものをコントロールしようとするからであり、あるいは重要で根本的な問題を無視して感情を優先するからである。[4]

つまり問題は誘惑ではなく判断の誤りであって、例外的に、その判断の誤りのせいで気持ちが「優先」される場合もある、というわけだ。この余地を残すことで、この論者たちは誘惑という概念を導入してはいるものの、裏口から入れているにすぎない。心理学者ジャネット・ポリヴィはずばり「動機」ということばを使ってはいるが、彼女にとっては「動機とは信号であり」、その相対的な強さはどれが最終的に勝つ見込みが「最も高いか」を決めるにすぎない。心理学者ジャック・ブレームとベヴァリー・ブラメットは「感情には動機状態としての特性がある」とまで述べるが、それはあくまで補足的なものでしかない。かれらにとってそれは「平均より高い重要性を持つ顕在・潜在的な結果に対し、適応反応を示すようにうながす機能を持つ」にすぎない。この見解に従えば、人は常にどの影響力に耳を傾けるか選べることになる。単純化するなら、認知理論は感情／動機というものを、理性が直面すべき課題の一つにすぎないと見ていると言っても過言ではない。人が誘惑に負けるのは、理性による理由づけに問題があるからだ。[5] 興奮した脳は論理的なミスをしやすく、話を一般化しすぎたり、まちがった一般化をしたりする。人はそれと知ってまちがったことをすることはないというのはソクラテスの命題だが、認知心理学はそれを復活させている。

　選択の認知論的な見方は、確かに日常経験でも確認できるものだ。ただ困ったことに、それは表面的な観察以上の説明にならないのだ。動機というのは理性に訴えかける数々の要因の一つでございます、と述べたら、話はそれでおしまいだ。判断を行うのが心の中にいる小人さんで、それが動機に動かされることもあれば動かされないこともあるというのであれば、動機と判断との関係など見極めようもない。

　これに対し効用理論では、人の選択肢が何らかの基本的な動機的性質——いわゆる「報酬」——に基づいて、その人に気に入ってもらおうと競合するのだ、という考え方をする。この「報酬」は、代替可能な選択肢すべてが競合するための基盤となる共通の次元だ。報酬は、自然選択が種に作用するのと同じ形で人の選択に作用することになっている。成功した候補は生き残り、それ以外は捨てられる。経済学から異常心理学まで、効用主義的な論者は人々が単に自分の満足を最大化しようとしているのだ、と述べる。かれらにとって、これは理性の役割で、ごく自然な思考でしかない。理性の敵は情熱そのものではないし、論理の誤用でもなく、単に主要な確率についての計算まちがいでしかない。つまり効用理論家たちは、認知的失敗の検討範囲を、報酬の推計というたった一つの次元にせばめたことになる。

効用理論によれば、合理性は人間のみならず、もっと下等な動物にも自然に生じる。シジュウカラやカニですら、自分の行動を条件にあわせて微調整し、なるべく報酬を逃さないようにするとか。[6] こうした動物と同程度の見識を実現した仮想的な人が、経済人となる。

経済人[7]という概念は、生み出されたときには人工的な概念だったのに、いまや自然なものとして見られている。ポール・サミュエルソンは、経済学を経済人の行動研究へと変貌させる先駆者となった。サミュエルソンのでっちあげた英雄はすべての効用派理論家の思考に忍び込んだから、かれらの言う非合理性とは期待収入を最大化するのに失敗するというのと同じ意味だ。[8]

効用理論は、選好の予測で大成功を収めた――少なくとも、その選択肢がほぼ同時に生じる場合には。あまりに成功しすぎたために、選択分析の全領域は、社会生物学者から行動心理学者、経済学者から社会学者に至るまで、みんな選択の基本的な根拠として効用を受け入れるようになってしまった。これは必ずしも人がどういう選択を行うか説明してくれないけれど、でもこの基本から逸脱するときのコストはきちんと示してくれる。効用理論は、すでにやってしまった投資にこだわり続けるといった行動や、低金利の貯金に手をつけたくないからといって高金利のローンに手をだすような行動が、どのくらい余計なコストをもたらすかといったことを説明するのに使われてきた。[9]

でも効用理論では、人々がなぜそうした変な行動をやめないのか説明できない。人はときに「いや、これが不合理なのはわかってるんだけど……」なんて言いつつその行動を続ける。迷路のネズミですら効用を最大化できるのに、なぜ人々はわかっているくせに類似代替案の中から最高のものを選べないのか？　投資家が、よい情報を持ちながらも期待収益を最大化できないというのは、経済学の核心にある謎だし、これは氷山の一角でしかない。

効用最大化という規範に違反する選択はあちこちに見られる。現代文明が繁栄すればするほど、人々が一見すると不合理で倒錯した選択を行うという事実もますます目立ってきた。そうした行動は、多くの個人をきわめて貧しい狩猟採集民より不幸な存在にしている。[10]技術力によって、飢えや寒さや病気や退屈すら克服できるようになった今、人が自分で自分の足を敢えて引っ張りたがるという傾向はなおさら不思議さを増している。多くの場合、こうした行動はつまらないまちがいなどではなく、そうした行動のコストがはっきり認識されているのに、いくつか堅牢な動機の産物として頑固に居座っているものなのだ。

この謎の最も困った例が、薬物中毒だ。観察者はしばしば、そうした物質の生物学的な性質が原因だと主張する。でも、中毒が治った元中毒者であっても、何が起きるかわかっているのに喜んで再中毒したりする。また生理学的な物質のない中毒、たとえばギャンブルやクレジットカード濫用中毒なども、ある程度を超えると薬物中毒と同じ特性を示す。中毒者はある感情の奔流に夢中となり、家族や友人、職場などを疎外して代替選択肢を必死でせばめ、さらには快楽に関わる脳内物質すら適応させてしまうので、その活動が剥奪されると禁断症状と同じもの——吐き気、発汗などの身体症状が出るのだ。[11]この非薬物中毒は、もっと普通の「悪習」という大きな集合への架け橋となる。人はやめたいと口にしながらもそういう習慣に耽溺する。たとえば性的な放縦、抑えきれない激怒、どうしようもない無気力症、破壊的な関係の嗜好——すべて古典ギリシャ人なら「akratic（意志薄弱）」と呼んだであろう行動だ。薬物濫用とちがい、こうした行動は分子による「自然な」動機の歪曲のせいにはできない。

皮肉なことだが、効用理論はまさに単純明快であるが故に、不合理な行動の説明としては役立たずになっているようだ。選択というのが最大の報酬を推計するだけのことなら、悪い選択における動機の役割はないも同然だ。というのも、最大化の失敗はすべて、その推計プロセスのまちがいから生じるとしか考えられないからだ[12]。効用理論は、この結論から何とか逃れようとしてずいぶん苦労してきている。

1 中毒というのはまちがった選択なのか、それともごく普通の選好なのか？

よくある解決策は、中毒が二つの特殊なケースにしか生じないと主張することだ――その人が中毒の結果を知らない場合、そしてどんな結果になろうと気にしていない場合。前者では、人はそのコストを知る前に、劣った目先の選択肢を選んでしまう――そして禁断症状や人間関係へのダメージはまったく意外なことだった、というわけだ。確かにこれは、人が初めて何かに中毒するときにはあてはまるかもしれない。たとえば多くの喫煙者は、前からその害の話は聞いていても、中毒後に自分の渇望がどんなに強くなるかは想像がつかなかったのかもしれない。アル中や薬物中毒者は、その習慣をしばらく続けると自分の選択肢がものすごくせばまるのを想像できなかったというのは納得がいく。したがって、確かに多くの人が中毒へと陥る「転落の王道」はあるんだろう[13]。

でも、いったん中毒すると禁断症状が恐ろしくてやめられないという通俗的な印象は、まちがっていることが証明されている。一度始めたらやめられない、というようなものではない。実際には、中毒者は何度もやめるし、クスリの効きをよくするために意図的にやめたりもする。さらに、いったんやめた中毒者がなぜ再中毒しがちなのか、あるいは現役の中毒者がなぜ事前に快楽を低下させるような手段を講じてまでやめようとするのか――たとえばアル中は、アルコールで気分が悪くなるジスルフィラムという薬物を摂取して禁酒しようとする――を王道理論では説明できない。いまの効用理論に基づけば、いったん中毒者が自分の選択肢を理解したらその後の嗜好はもう一貫して決まり、再中毒に至るほど強い渇望が起こるなら、その後は中毒からそもそも抜けようとは思わないはずだ。人はだまされて中毒状態に陥るかもしれないけれど、でもその害が理解できたら、いったんやめれば二度とそこに戻ろうとは思わないはずだ。

同じ理由から、中毒者が未来のことなんか考えていないという理論――かれらが先の出来事に価値をおかないという理論――も排除できる。価値の置き方は、他の人々よりも少ないかもしれないけれど[14]、ゲーリー・ベッカーやケヴィン・マーフィーのような経済学者が想定する「合理的な中毒者」はそもそも中毒から抜けようとは決して考えないし、ましてジスルフィラムなんか摂取して自分の将来の選択肢をせばめようとしないだろう。中毒によるハイな状態はその結果として生じることに勝ると考えるような合理的中毒者は、それが目先だろうと、将来だろうと同じ判断をするはずだし、常に選択肢はオープンにしておいて、他の選択肢の魅力を高めてくれる新しい情報に備えるだろう[15]。

単純な価値推計者は、自分自身に対してなにやら強権的な戦術を使う理由などない。誘惑と戦うのに、最高の見通しを与える選択のめどさえつけばいいなら、意志などというメカニズムはあるだけ無駄だ。主要な可能性に関する計算が行動に直結すればすむので、意志の出番はなくなる。それどころか意志というのは単なる迷信で、哲学的には天使と同じようなものでしかなく、特に説明機能を持たない理論的なお飾りでしかないことにもなりかねない。一九四〇年代に、ギルバート・ライルはまさにこの通りのことを主張した。[16]「何かを意志すること」が、ある行動を行うように動機づけられているという単純な状態に何か付け加えるだろうか、とかれは考えた。そして、何もないと結論したかれは、意志というのは「機械の中の幽霊」にすぎないとして排除した。チョコレートを食べないほうがいいと推計し、その推計だけで食べない理由として十分なら、意志などという仕掛けがそこに入り込む必要はあるだろうか？

2　中毒は通常の動機の法則に違反するプロセスからくるのだろうか？

意志は存在しないといういささか直観に反する結論[17]に直面した効用理論家たちは、なぜ自己制御が最高でも努力を必要とし、時には悲惨な失敗にすら終わるのかを説明するために、評価プロセス以外のものを検討してきた。有望に見えることもあった分野が二つ。一つは古典的な条件付けで、もう一つは脳生理学だ。

2－1　古典的条件付け――中毒は別種の強化により生じるのだろうか？

効用をバイパスするような要因が入り込むのかもしれない――報酬がなくても何か行動を強化してし

まう要因だ。明確な動機づけがなくても行動を誘発できる実験モデルは存在する。それが「古典的」条件付けだ。[18] ランダムに選んだ刺激に続き、常に感情的に意味のある行動が続く場合には、それが反射を引き起こすように見える――食物はよだれをもたらし、痛みは心臓をどきどきさせ、等々。やがてそのランダムな刺激はその反射行動と同じような振る舞いを引き起こし、しかもその振る舞いに報酬を与えたり、罰を与えたりするものがなくてもいい。一見すると、条件行動は、それに先立つ出来事――「条件刺激」――によって**押されている**ように見え、それに続く出来事への期待に**引かれている**のではないようだ。

一部の論者は、飲酒のような衝動的な振る舞いは条件付けの結果で、その人物がそれを欲しているかどうか関係なしに、その人を圧倒してしまうのではないかと述べている。いつもは効用理論家であるフロイトでさえ、時には賞罰とは無関係な「反復強迫」という概念を使っている。いつもは効用理論家であるフロイトがこれを援用した少数のケースというのは、振る舞いをどうしても動機で説明できない場合だった。[19] しかしながら、自発的な行動は通常は条件付けできないことが今ではよく知られている。酒場を条件刺激にしても、アル中が深酒をするようには条件付けできない。

もっと堅牢なアイデアとして、ある特殊な内定反応群を想定するものがある。この反応群は、意図的に出せず、賞罰でも形成できず、反射によってしか引き起こせない――引くのではなく押すことでしか出てこない。こうした反応は、遺伝的に決まったトリガー――「無条件刺激」――が必要だとされるが、それと対になった条件刺激もトリガーとなれる。こうした動機なしの反応と呼ばれるものは、分泌や平滑筋の収縮――自律神経系の領域――であり、ひいては感情や飢餓感などとなる。この最後の二つが条件付けられるなら、条件刺激は人に対して欲しくもない動機を押しつけることができるし、その条件付けられた動機はその人物の通常の（または合理的な）動機を圧倒できる、というのが理屈だ。「二要因理論」によれば、中毒で条件付けられるのは渇望だ。かつてその渇望と結びついていた刺激に出くわすと、渇望が生じる。筋肉反射を条件付けて無理に酒を飲ませることはできなくても、ボトルを見ると条件付けられた渇望が引き起こされ、それが大きすぎて他の動機を圧倒してしまう。第一の要因は、渇望を押しつける条件だ。第二の要因は、その渇望を満たすと期待される飲酒となる。[20]

このシナリオは、直感的に納得がいく。多くの人々は、レストランに行ってデザートは頼むまいと決心していたのに、いざデザートのカートが目の前にくると、その決意がもろくも崩れ去ったという経験をしている。デザートの姿や匂いが引き起こす、条件付けられた食欲によって動機が変わったのでは？だがこの経験がいかにおなじみであっても、条件付けられた渇望は、自己破壊的な行動の最終的な説明にはなり得ない。理由は二つ。条件付けはおそらくは報酬と独立のものではないということ。そして独立していても、条件付けられた動機だって予測できるし、他の動機と同じように重みづけできるはずだということ。条件付けを強化するのが通常の報酬だという説明に興味がない読者は、第2章2－1－2節に進んで欲しい。

2－1－1　強化には一種類しかないようだ

動機づけられる反応と、動機づけられない反応との間に重なる部分があることは、当初より指摘されていた。一部の条件付けパターンは「随意」筋、たとえばまばたきを律する筋肉にも見られる。そして自発的な排尿は、非随意（つまり平滑）筋にコントロールされていることも昔から知られていた。さらに、潜在的な無条件刺激（食物、衝撃等）は動機性の刺激と同じだということもわかった。つまり、条件付けを引き起こせる刺激はすべて、同時に動機的な価値も持っているということだ[21]。それでも、理論上の二律背反が深刻な疑念をつきつけられたのは、一九七〇年代になって、もっと精緻な実験が行われるようになってからだった。

こうした実験により、次のような点が示された。

- これまでは動機づけできないと思われていた反応の多くは、その反応の直後にインセンティブをあげれば、動機づけによる形成が可能である。したがって、人間における非自発的な反応は、適正なバイオフィードバックを提供すれば自発的なものにできる。クスリがきれた麻薬中毒者は生理的な禁断症状を起こすが、それをショックによって罰するとその症状を起こさなくなることさえ報告されている[22]。
- 条件反応同士も、表現をめぐって争わなくてはならない。元中毒者がかつてのドラッグ利用を連想させるものを見ると、時にはドラッグでハイになった気分を味わうが、時にはドラッグへの渇望を味わうこともある。報酬付きの反応が相互に争うのと同様に、可能な各種反応も争わなくてはならない[23]。
- 条件付け刺激は、それと逆らう刺激と競合するし、時にはそれにより圧倒されることもある。決定的なテストは、その行動が差をつけた報酬の適正なターゲティングによって変化抑圧できるかということだ。そしてこれは、時には可能であることがわかった。たとえば、避けられないショックを告げる警告を聞いて心拍数を上げるよう条件付けられたサルは、心拍数を下げれば追加のショックがなくなると学べば、心拍数を下げることを学習できる[24]。

●条件付けと目標誘導型の学習とのオーバーラップがある以上、どちらが振る舞いを律するか決定する共通の方法が存在するはずだ。

この二つの仮定が別々の「学習法則」を必要とすることはあり得ない。なぜなら、別々の法則があったとしても、選択の瞬間においてその生命体が、どちらの法則を採用すべきか「決定」するような基盤が存在しないからだ。(25)

●これが最も重要な点かもしれないが、よく検討してみると、条件付けられた反応は無条件反応が新しい刺激に割り付けられただけのものではない。それは違う種類の反応であり、一から仕込み直す必要があるものだ――そして別の強化が引き起こされない限り、報酬によって教え込まなくてはならない。(26)

よくある行動実験をコンピュータモデルにすることで、古典的な（押すタイプの）反応と目標誘導型（引くタイプ）反応のどちらも、単一のプロセスで説明できることが示された。これにより、多くの人が主張してきた理論の細部が詰められた。(27) 条件付けを左右する強化と、選択を左右する強化とが同じだということを必ずしも認めなくても、単純な対合だけで結びつくのは**情報だけ**だと結論づけている――つまり**反応はすべて**、適切な動機づけに依存しているということだ。(28) だから、自然界で条件付けられている（押されている）ように見える反応は、実際には何らかの報酬要因（引く要因）によって形成されているということだ。ひょっとしたら、唾液の分泌は食物の味をよくするのかもしれない。そして緊張すると痛みの度合いが減るのかもしれない、等々[29]。

条件付けが行動に影響する独立した選択力だという理論の問題点は、別に条件付けが実験や一般的な欲求において存在しないということではない。それどころか、条件付けはよくある現象だ。問題は、条件付けそれ自体は、情報を結びつけるだけだということだ——ある刺激を別の刺激と結びつけるにすぎない。たとえばベルと食物の味を結びつけたりはする。でも自律的なものだろうと、おそらくは感情的なものだろうと、反応のほうは伝達しない。唾液分泌のような反応は、確かに条件付け刺激に対応して発生するし、そうした反応はしばしば無条件刺激で生じる反応とそっくりではある。でも私がいま概略を述べた証拠を見ると、それらは動機づけによって起きているにすぎない。

二種類の反応選択があるという発想が生じた理由は、おそらく条件付けが快適な反応と回避反応の両方を引き起こせるのに、報酬ベースの選択は快楽だけを求めるとされていたことだろう[30]。たとえば伝統的な理論では、ドラッグによるハイの追体験ならば報酬として説明できるが、苦しいだけの渇望に参加したがるよう動機づけられるなんてことがあるだろうか？　条件付けが説明として不十分なら、この問題は説明がつかないように思えるかもしれない。実は私が今ここで解説している研究は、その説明を提供するものなのだが、これにはもう少し背景説明が必要だ（第4章3－1節と第10章1節を参照）。ここでは深入りせずに、衝動の原因として条件付けを持ち出す、第二のもっと単純な議論を述べよう。

2－1－2　条件付けられた動機であっても、やはり重みづけはされる

条件付けが、反応選択原理として別種のものかどうかにかかわらず、条件付けられた欲求がほかの欲求とちがうべき理由は何もない。他の欲求だって好きで感じているわけじゃない。いったん自分の欲求

がデザートカートに対してどう反応するかがわかれば、将来の見通しについて通常と同じ重みづけができていいはずだ。デザートが欲求を刺激し、その欲求から期待される報酬が増えれば、その体験もまたおなじみとなって、他の体験との比較の中で評価されるはずだ。伝統的な効用理論によれば、もし「食欲の後で食物」という経験が、「我慢のあとで、食物が手元にきたときに得られる何らかの便益」という経験よりも高い価値を持っていたら、その差は未来のことであっても同じはずだ。中毒者は、他の将来的な願望を避けないのと同様に、条件付けられた渇望を避ける理由もまったくないはずだ。どんな条件付けだろうと、それは通常の動機づけメカニズムの一部でしかない[31]。

2-2 衝動性は、脳化学からくるのだろうか?

多くの科学者は、報酬の肉体的基盤を理解すればこの質問に答えが出ると期待している。そしてこの方面の知識は、一世代前よりは格段に高まった。当初は、この問題は手のつけようがないように思えた。一九五〇年代に、研究者たちは報酬となるものの共通特性を見つけるのに絶望しかけていた。行動心理学者デビッド・プレマックは、各種の報酬が確実に共有している特徴といえば、報酬性があるということだけだ、と述べている――世に言う「蓼食う虫も好き好き」を心理学者的に言い換えただけだ[32]。

だが、プレマックがそう述べているまさにそのとき、神経生理学者たちは脳電極を使って脳の中で報酬がどこでどんなふうに起こるか調べていた。そして、中脳にいくつか場所が見つかった――下等脊椎動物から人類まであまり変わっていない部分だ。それらの場所に電気刺激または化学刺激を与えると大きな快楽が生じる。なぜそれがわかるかといえば、(1)そこに電極を当てた動物は、その刺激を繰り返すために飢餓も積もる疲労も忘れはて、時にはそのまま死んでしまったこと[33]、(2)痛みを抑えるために電極を埋め込んだ人も、そうした快楽を報告することがあったこと[34]。それが自然に起こる通常の報酬にとってどんな意味を持つかはまだ断言できない段階だったが、電気的な報酬に敏感な脳部位を刺激すると、飢餓、のどの渇き、性欲といった欲求も生み出すことが多かったのは事実だ。

近年になって、脳の報酬研究はもっと正確になった。神経生理学者は、娯楽用の薬物のほとんどあるいはすべては、アルコールからマリファナ、コカインやヘロインに至るまで、中脳の小部分である脳核と側脳における神経送信物質ドーパミンの刺激性の放出によって媒介されることをつきとめた[35]。動物たちが疲弊しきるまで電気刺激し続ける部位は、まさにクラック濫用者たちが疲弊しきるまで化学的に刺激し続ける部位だ。この脳核の近傍を刺激したり記録したりすることで、複雑な動機的効果がいろいろと報告されている。たとえば次のようなものだ。

- 多くの部位を刺激すると、満足している動物には欲求が生じ、渇望している動物には飢餓が生じるので、これらのプロセスが単純に反対ではないということがわかる[36]。
- 関心は惹くがそれ以上の報酬や罰をもたらさない感覚的なできごとは、そうした部位から活動を引き出す。つまり、関心の方向性は報酬と密接に結びついているらしい[37]。
- 報酬に反応する部位の一部は、痛みや脅しにも反応する。つまり神経系は、こうした一見すると正反対に見えるものに、何らかの形で共通の意味を見いだしているらしい（第4章1－4節を参照）[38]。
- 予想外の報酬に反応する部位は、報酬を予測する情報にも反応するようになり、そして完全に予測ができてしまえば、その報酬自体には反応しなくなる――つまり報酬プロセスの中のあるステップは、意外性を持つイベントでしか引き起こせないらしい[39]。

別の方向での研究により、衝動性そのもの――小さい目先の報酬を、後の大きな報酬以上に求めること、あるいは遅れてくる報酬を待てないこと――は、他のセロトニンを送信物質として使う神経細胞の活動を変えることで操作できることもわかった[40]。

これはわくわくする研究だ。ドラッグによる報酬に負けやすい内部構造を持つ人を作るメカニズムが予想されるし、長期にわたってドラッグを摂取すると他の報酬に対する脳の感度が下がることも説明できる。また選択というのが根本的に、何らかの快楽評価に基づいている可能性も裏書きしてくれる。だがそれでも、伝統的な効用理論の欠陥はなおらない。なぜ人々が、自分でもわかっているのに効用を最大化できないかは解明されない。つまり、なぜ人々が自制を必要だと思うかについては応えられない。

2-3 選択には単一の次元があるはずだ

認知志向の論者によれば、報酬は結果がよいかどうか判断する理由の一つでしかないし、まちがった理由であることもある[41]。なぜかといえば、何をもって報酬と感じるかを決めるのは自分自身だからだそうだ。われわれが「何かを重要と考える」とき、われわれの理性はどんな情熱が自分を動かすかを設定しているかのようだ。だが、報酬が脳の中で直接いじれるのなら、それはアリストテレスの発言を裏付けるものとなる――人は合理的な信念を持つだけ無駄かもしれない、なぜなら「人を動かすのは欲求である、なぜなら欲求はそれぞれの（身体）器官を直接動かすからである」[42]。
神経生理学的な報酬が、他の懸念事項すべてに優先できるなら、それは認知と動機が効用論的な基盤を持つという発想につながる。効用理論家たちが述べたように、理性は長期的なものにせよ報酬を提供しなくてはならない。フロイトは、情熱を「快楽原則」、理性を「現実原則」と呼んで簡潔にこう述べている。

実際には、快楽原則を現実原則で置き換えても、快楽原則を廃することにはならず、単にそれを安全に守っているだけである。後への影響が不明な瞬間的快楽は放棄されるが、それは新しい方向性により後でもっと確実な快楽を得られて得をする場合だけである[43]。

これはつまり、理性に目的を与えるのが報酬だという意味で、理性は報酬に依存しているということだ。だが同時に、短期の快楽は長期の快楽の敵らしいので、長期の快楽は理性などで「安全に守る」必要があるというわけだ。

すでに述べたように（第1章1節）、理性が多少なりとも力を持つには、動機と何らかの結びつきが必要だと初めて指摘したのは、フランシス・ベーコンだった。その論点を拡大したのは哲学者スピノザだ。認知がいかに情熱をコントロールするかを述べたスピノザの説明はこうだ——「正しい善悪の認識は、その正しさだけによって感情を抑えることはまったくできない。そうした認識自体が一つの情熱と理解されたときにだけ、それは他の感情を抑えられる」[44]。そして「情熱はもっと強い反対の情熱によってのみ、抑えたり動かしたりできるのである」。つまり、理性がときに情熱を圧倒するためには、理性も情熱と同じ種類の力、同じくらい人を動かす力を獲得しなくてはならない。理性と情熱は、人の行動をコントロールするにあたり、同じ手札を使って競合しなくてはならない。この一見すると当たり前の論点は、実は驚くほどの論争を引き起こし、何度も再発見されている。たとえば比較的最近のロシアの文献を見てみよう。

二つの(価値)中枢が同時に形成されるとき、片方の欲動を消すためにはもっと強い欲動を使うしかない。たとえば、快楽の願望(性的な欲動)が自尊心への渇望によって乗り越えられる場合などだ。これは概念と結びついた感情が欲動と結びついた感情とは別物であるとか、知的行動と本能的行動とが別だといった二元論的な見方を廃するものである(45)。

神経生理学者ピーター・シツガルとケント・コノヴァーは単なる再発見にとどまらず、脳に数々の欲望の対象を比較するための手札そのものを作り出すような、「評価回路」が存在するという証拠を見つけている。かれらが指摘するように、

秩序だった選択が可能となるためには、あらゆる競合リソースの効用が、単一の共通な次元において表現されねばならない。

だがもし情熱と理性がどちらも共通リソースの分配に影響するのであれば、そこで必要とされる共通の次元というのは報酬のようだ(46)。

したがって、完全に動機主導の意志決定プロセスでも、理性の役割を定義づけることは可能となる。でも相変わらず中毒の謎は解決されない。人の認知力が、報酬最大化に向けて形成されていたらどうだというのか？　効用理論家がそれを報酬最大化と呼ぼうと、強化だの効用だの、果てはお金とすら呼ぼうと、どれがよいもので、どれが悪いかを見極める手段はない。効用理論によれば、報酬は追求されるものであり、少ないより多い方がいい。おしまい。後でやってくる報酬は割り引かれるけれど、でもそれだけでは、ある時点で却下した報酬をなぜ別の時点で求めるようになるのか、という問題は解決しない。相変わらず意志を持つべき理由はないし、その意志が努力を伴うべき理由もない。

3　まとめ

自己破壊的な行動の謎は、二種類の説明を生み出したが、どちらも十分とは言えない。認知理論は意志の内省的な体験とその失敗を検討し続けてきたが、系統だった因果関係の仮説には尻込みしてきた。これはそれが人間をあまりに機械的に見せてしまうからなのかもしれない。効用に基づく理論は、選択の多くの側面をうまく説明するが、自己破壊的な行動の存在も、それを防止する仕組みも登場の余地がない。自己破壊的な行動を効用最大化で説明しようとして、無知、近視眼、条件付けられた渇望、報酬の生理学的な性質などが理由として挙げられてきたが、そのどれもが経験論的に、または論理的に十分な説明となっていない。

第3章　人の未来評価にはギャップがある

頭痛が酩酊に先立って起こってくれさえすれば、アルコール中毒は美徳になるだろう。
——サミュエル・バトラー

人々が自分の将来の嗜好を信用しなかったり、時にはそうした嗜好を持つ将来の自分を出し抜くべく、戦略的な計画をたてることとさえあるという話はいくらでもお目にかかる。セイレーンに直面しようとするユリシーズや、自分をアヘン中毒から守るために医師を雇うコールリッジなどはその例だ。こうした異時点間のゲームにかかる費用は、時には悲劇的なほど大きいことも知られている。それなのにこのゲームは、人は自分の期待収益を最大化しようとするという効用理論の基本的な骨肉部分とは折り合いがつかない。賢い人が馬鹿なことをするという皮肉——あるいは、馬鹿なことをしないために自分自身を出し抜かなくてはならないという皮肉——は何度も何度も文献に登場するのに、説明はまったくない。

認知論的な説明が人気を持つ理由の一つは、こうした難題のせいかもしれない。認知論的な説明は少なくとも直観に近いものではあるからだ。それで効用理論家たちが引き下がったわけではないが、いささかメンツはつぶれた。効用理論はこれまでファイナンスや社会生物学といった分野で連戦連勝を飾り、計算マシーンのように機能する個人を厳しい競争が選び出すのだと主張してきた。ところが合理的な基盤に基づいて自滅的な行動を説明しようとする試みは、説得力があまりない。一番有名なのは、経済学者ゲーリー・ベッカーとケヴィン・マーフィーの理論で、将来を大幅に割り引く人物なら中毒行動によって期待快楽を最大化するかもしれないと述べている。この提案とは基本的に、将来を割り引くことが中毒行動につながり、その中毒がさらに割引率を増す、というものだ。未来の選択を恐れる根拠は何も提供されず、まして将来の選択を抑えようと努力すべき理由は何もない[1]。効用理論家たちは、おおむねこの問題を避けてきた。一部の論者は完全にあきらめて、相互に交換はできても比較はできないような選択肢があるのだろうと結論づけてしまっている[2]。こうして科学が首を傾げて手を出せずにいる間にも、人々は自分の生活を台無しにし続けている。

1　未来事象を割り引く双曲線

昔から、自己破壊の謎を解決する可能性は理屈の上ではもう一つあったが、効用理論家も認知理論家もそれを排除してきた。これを導入すると、合理性についての基本想定を考え直さなくてはならないからもしれない。その可能性とは、人々は確かに期待報酬を最大化するが、期待を割り引くときには明らかに合理的なものとちがった公式を使っているのではないか、というものだ。この可能性をきちんと示すには、ちょっと算数が必要となる。

人々が未来の効用を割り引くときに、銀行と同じやりかたをするという想定を疑問視する効用理論家はほとんどいない。その方法とは、それが一定期間遅れるたびに、将来得られるはずの効用から一定の割合を差し引くという方法だ。今日、わたしの手元に新車が届いた場合の価値が一万ドルで、私の割引「率」が年二〇パーセントなら、同じ車を必ず今日配達してくれるという見通しは、一年前には八〇〇〇ドルの価値があり、二年前なら六四〇〇ドルの価値があり、等々というわけだ（インフレは無視しているが、それは時間一単位あたり一定の比率を差し引けばすむ）。

効用理論は、報酬そのものについても同じ考え方をする。ただし、ドルの代わりにわざとらしい「効」とでもいう単位を使うことになるだろう。今、ウィスキーを一びん飲む価値が一〇〇効あって、私にとっての飲酒の割引率が一日二〇パーセントなら、昨日の時点で今日の飲酒の見通しは八〇効の価値があり、その前日には六四効、という具合になる。さらに、飲んだ一日後に二日酔いや家族の冷たい視線等という形で一二〇効のコストがかかるなら、それも同じ率で割り引くことになるので、今日お酒を飲むことの純効用は 100－(120×80%)＝100－96＝4 となる。これはゼロより大きいので、私はお酒を飲むべきだということになる。この状態を一日前に検討したとしたら、その時点での純効用は（100×80%）－(120×80%×80%)＝80－76.8＝3.2 となる。だから一日前に考えても、やっぱりお酒を飲もうと決意しただろう。

算数はごく単純だ。それぞれの割引価値は、一日遠ざかるごとに八〇パーセント割り引けばいい。一日前なら三・二、二日前なら二・五六、という具合だ。この割引手法は、どんな期間の場合でも次のようにあらわされる。

$$価値＝「客観」価値×(1－割引率)^{時間}$$

この割引関数は「指数」割引と呼ばれる。価値は割引率の指数、または累乗に基づいて計算されるからだ。[3]

指数割引だと、実際にお酒を飲む日がそれを検討する日からどんどん先になるにつれて、効用はどんどん小さくなる。でも重要なのは、それが決してマイナスにもゼロにもならないということだ。目の前にあるお酒を飲もうと決断するのであれば、その機会が一週間後だろうと一年後だろうと、飲もうという決断は変わらない。少し前に考えて、飲むのはやめようと決断するのであれば――たとえば割引率が一日一〇パーセントだったらそうなる――目の前にお酒があるときでもその決意は変わらない(ちなみにその場合、飲酒の純効用はマイナス八効になり、一日前に検討したときにはマイナス七・二効となり、二日前ならマイナス六・四八効という具合になる。

この算数は、大きな買い物をするときに多くの人――少なくとも銀行家や、その他「合理的」に決断する人――が示す一貫性はうまく表しているようだが、酒飲み(少なくとも二日酔いや家族の冷たい目にあうほどの大酒飲み)にはあてはまらないようだ。飲酒に強く惹かれる人――あるいは麻薬やギャンブルや窃盗癖など後悔することが多い習慣に惹かれる人――は、それにおぼれる期間と、もうやめようと思う期間の間を行ったり来たりする。そしてその揺れ具合は、その耽溺機会がどれだけ目の前に迫っているかで決まってくることが多い。悪癖から抜けようとする人は、自分に対してその機会を作らないように努力する――好きな酒場のある通りを避けたり、といった手口を使って。[4]

こうした選択の不安定さ――経済学者はこれを「動的非一貫性」と呼んだりするが、要は一時的にダメな選択肢に走る傾向ということだ――に直面して、各種の論者はいろいろその場しのぎのごまかし変数を考案し、人々が指数割引に基づく報酬見通しを絶対に最大化するという原理を温存しようとしてきた（本章の導入部を参照）。一番ありがちなのは、人々が報酬ごとにちがう割引率を使うというものだ。飲酒は一日四〇パーセントで割り引くが、翌日二日酔いにならないという効用（一二〇効の価値を持つ）は二〇パーセントでしか割り引かないのなら、目の前の暴飲の純効用は $100-(120\times80\%)=4$ だけれど、一日前で考えるなら、$(100\times60\%)-(120\times80\%\times80\%)=60-76.8=-16.8$ となる。機会が目の前にあれば飲むけれど、それが先のことなら飲まないことにするわけだ。

　こういう解決策の困ったところは、多くの異時点間選好では、選択のどっち側でも報酬の種類が同じだということだ。これだとちがった割引率は適用できない。ギャンブルの場合、報酬はお金を儲けることだが、罰はお金を失うことだ。また実験してみると、人は近い将来に短時間だけ騒音から逃れるよりも、もっと後になって長時間にわたり騒音から逃れることを選ぶ場合が多いけれど、でもその短時間の騒音がすぐ目の前に迫るとそれが逆転する。同じ騒音なのに、最初の解放は四〇パーセントで割り引かれ、後の同じ種類のものからの解放は二〇パーセントで割り引かれるというのは、筋が通らない(5)。

　ずっと昔から哲学者たちは、強欲が悪習である理由の一つとして、それが自己破壊的だという点に気がついていた(6)。つまり、富をせっかちに求めすぎると、人は長期的にはかえって貧しくなってしまう。高等動物すべてにおいて、この報酬の重みづけ機構が基本的に同じなら――こう思うからこそ、たとえばラットでドラッグ中毒の試験をしたりするわけだが――定量的な実験では明らかにこの自己破壊的な現象が見られる。たとえば、ハトは近い将来の手軽な少量のエサよりも、遠い将来の大量のエサを選ぶ。でもその近い将来の少量のエサがいますぐ目の前にある場合には、そちらを選んでしまう。そして目先の少量のエサという選択肢をもたらす色つきボタンの他に、それを将来的に無効にするような別の色つきボタンを用意しておくと、ハトの一部は実際にそちらのボタンをつつくことで、自分にとって不利だ

が魅力的な選択肢を避ける——つまりハトですら、目先の小さな報酬に流されがちなのはよくないと認識しているわけだ。(7)

こうした発見を見ると、衝動への報酬が合理的・理性的な選択への報酬よりも大きく割り引かれるというのでは不十分だ。指数割引は、被験者たちがわかったうえで行う一時的選択を説明できない。一方で、指数割引以外の割引関数を使ったら、適応力の劣る行動が生じてしまうはずだ。

指数曲線に対抗できる主要な理論的ライバルが双曲線だ——指数曲線より深くしなっている。指数曲線と双曲線を比べたとき、直近と遠い将来での評価が同じなら、その中間期間では双曲線のほうが低い評価となる(8)(図3−1)。将来の財をその待ち時間に比例する形で割り引けば、その割引曲線は双曲線になる。

しなりが激しいということは、双曲割引人が、指数割引人と取引をしたら、すぐにぼられるだろうということだ。たとえば毎年春になると、指数さんは双曲さんの冬のコートを買いたたけてしまう。次の冬までの期間は遠いから、双曲さんの価値評価は指数さんの価値評価よりずっと低くなるせいだ。そして秋になって冬が目前に迫ると、双曲さんの冬着に対する価値評価は跳ね上がる。だから指数さんは同じコートを双曲さんに高値で売り戻せる。この数学的なパターンがあるので、指数曲線を使う人にぼったくられずにすむのは、同じく指数曲線で評価を行う人だけだ。(9)だから、指数曲線は一貫性があるという意味で合理的であるだけでなく、適応性も高い。ちょっと考えると、将来を双曲的に割り引くような生命体は進化の中で淘汰されてしまったはずだと思える。

それでも、人々の自然な割引曲線は指数曲線ではなく、まさに双曲線なのだという証拠は次々に出てきている。中でも最大の証拠は、ちがう時点でちがった報酬を提示された場合にこうした曲線が交差することがある、というものだ。

　被験者の割引曲線が交差するかどうかを試す実験は簡単だ。被験者に、D時間後にもらえる小さな報酬と、そのD時点からさらに一定期間のL時間すぎた後にもらえる同種のもっと大きな報酬とでどっちがいいかを聞くだけだ。被験者は、選択を行った時点からD時間後に小さな報酬をもらうか、あるいはD＋L時間後に大きな報酬をもらうことになる。選択肢の割引が伝統的な理論通りの指数曲線になって

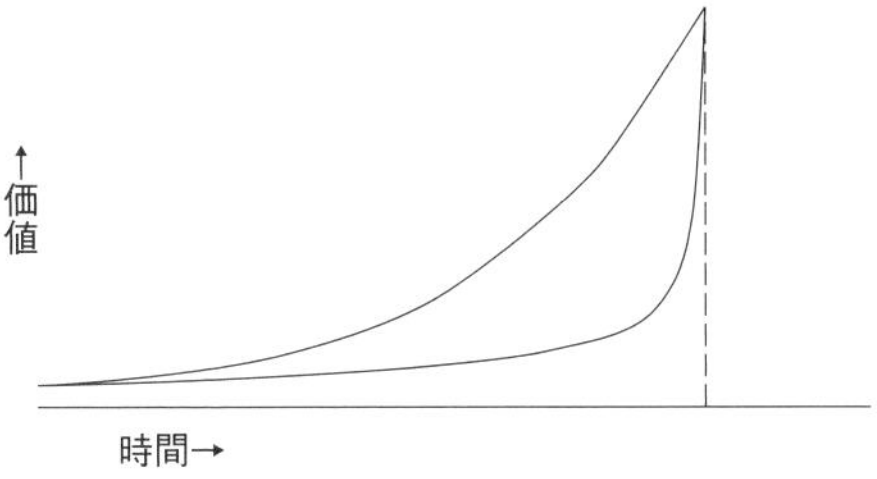

図 3－1　同じ報酬に対する、指数型の割引曲線と双曲型（もっとしなった）曲線。時間がたつにつれて（横軸を右方向に進むにつれて）、被験者の目的が持つ動機的なインパクト—価値—はその割引前の大きさ（垂直線が示したもの）に近づく。

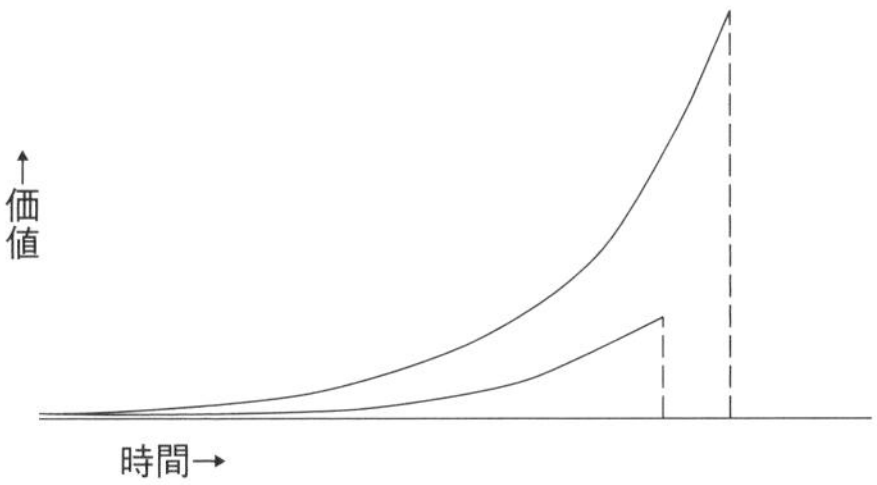

図 3－2　従来型の（指数的）割引曲線。ちがった時点で手に入る、大きさのちがう報酬を検討すると、被験者が早めの報酬と遅い報酬とをいつの時点で比較検討しても、その値はその客観的な大きさに比例している。

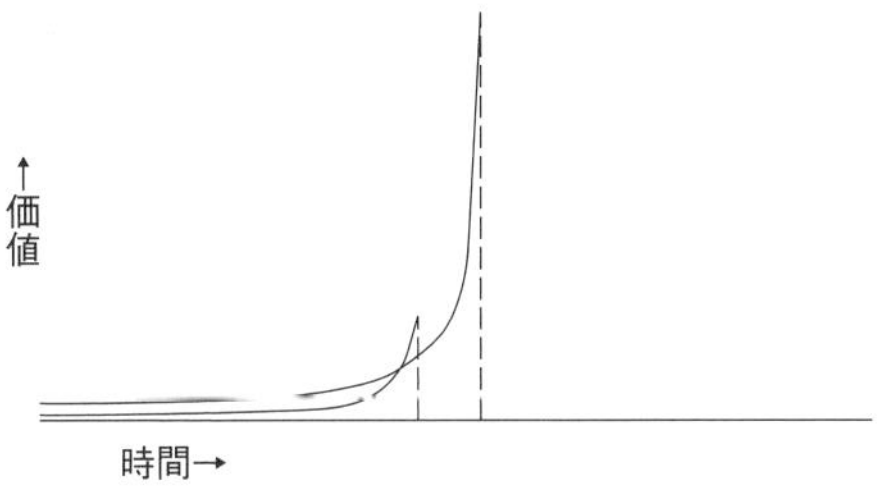

図 3－3　ちがった時点で手に入る、大きさのちがう報酬を双曲型割引曲線で見たもの。手に入る直前になると、小さい報酬のほうが一時的に魅力的に思えるようになる。これは後の大きな報酬の曲線よりも、先の小さな報酬の最後の部分が一時的に上にきていることからわかる。

いるなら、両者の曲線は幾何学的に合同で、各時点での比率は一定だ（図3－2）。一方、Dが大きいときには未来の大きな報酬を選ぶけれど、Dが小さくなったら小さい目先の報酬を選ぶということなら、その人の期間選好は、指数関数よりしなった割引曲線となっているはずだ（図3－3）。

この研究戦略には潜在的な問題が一つある。もし人が本当に、このように交差する曲線を使って将来を割り引くなら、Dが大きいときには将来の大きいほうの報酬を選ぼうとするだけでなく、Dが短くなるにつれて発生する嗜好の変化を何とかして防止しようとするだろう。目先のエサをくれる色つきボタンの誘惑を避けようと、別の色つきボタンをつつくことを覚えたハトと同様に、被験者たちも自分の傾向を補う手口を編み出した。そうでないと、こうした傾向に気がついた人たちにカモにされる危険を冒すことになってしまう――さっきの冬のコートの例が示した通り。したがって、この実験が明らかにするのは本当の自然発生的な嗜好ではなく、むしろ後天的に習得した、回避手口によって補正された嗜好になってしまうかもしれない。この種の学習による補正は、観察の大きな障害となりかねない。

この障害を回避する一番の手法は、被験者が受け取ったその場で経験する（「消費」する）報酬を使うことだ。さらに頭の中であれこれ計算の対象にならない報酬を使おう。実験者がこの種の報酬を使うと、人々はDの変化に伴って選好を逆転させる傾向を常に示した。つまり基本的な割引曲線は交差しており、指数的ではなくむしろ双曲的だということを示している。騒音にさらされた人が、早めに短時間そこから解放されるのと、もっと後で長期間解放されるのとどっちがいいかを選ぶとき、Dが小さいときは短時間の解放を選び、Dが大きければ長時間の解放を選ぶ。大学生を使ってテレビゲームへのアクセスを報酬にしてみても、同じパターンが出る。精神薄弱児で、食べ物の量を報酬に実験してみても同じ結果だ。直感的な判断の場合、人々の割引曲線はまちがいなく交差している[10]。

さらに、双曲割引を補正すべく各種の手口を学習したところで、それは一時的選好実験の障害にはならないことがわかった。原型的な代用報酬であるお金――なぜ「代用」かといえば、それは被験者たちが後で自分の欲しい物を買えるようにすることでしか影響を持たず、さらに代替案の計測と比較をうながすからだ――ですら、Dに応じて選好が変わる。同じ部屋にいる多数の人に、コンテストに入賞してすぐに換金できる一〇〇ドルの小切手と、保証つきだが三年間は現金化できない二〇〇ドルの小切手とどっちを選ぶか尋ねてみると、半数以上はすぐに一〇〇ドルもらうほうがいいと述べる。じゃあ六年後の一〇〇ドルと九年後の二〇〇ドルではどうかと尋ねると、ほとんど全員が二〇〇ドルを選ぶ。でも、後者は前者と同じ選択を六年手前で行ったに過ぎない。

この実験はだれでもできる。人々の将来見通しのこうした意外な飛躍について、直接的な体験ができるから是非試してほしい。いろいろな人に右の質問をしてみよう。そして被験者に対し、期間によって選好が変わったことを指摘して、その理由を説明してくれと頼んでみよう。インフレがどうしたとか、後のお金を入手できるか不確実だとかいった理由づけは、もちろんまったく筋が通らない。どちらの例でも、二つの選択肢の間の期間は同じだからだ。一部の被験者は、目の前にあるお金には、少しでも先のお金に比べて、ある種の感覚的（官能的？）な性質があるのだと示唆した。また別の被験者たちは、同じ待つならそこに三年追加されたところで大差ないのだ、と述べている。この説明のどちらも、短期間の遅れだと価値がはねあがるという考え方と矛盾しない。指数割引を支持する唯一の説明は、その学生が三年以内に卒業する予定であり、したがって三年後、六年後、九年後と比べて現在のほうがずっとお金が入り用だ、というものだ。しかし、こうした一時的選好を示すのは、別に若くて一時的に手元不如意な被験者ばかりではないし、別に小さい方のDをゼロにする必要だってない。多くの被験者集団は、各種のD値のもとで選好の変化を示している。これと似たような数量vs遅延の実験を行うことで、被験者の割引曲線の正確な形を割り出す優れた研究も登場している[11]。その形はどの被験者集団でも明らかに双曲線となっている。ただし高齢被験者は、若い被験者よりも将来の割り引き方が少ないし、内向的な人間のほうが外向的な人間よりも割り引き方が少ない。また普通の成人は、薬物中毒者や喫煙者と比べても割り引き方が小さい[12]。

実際に現金をもらえるような実験にすると、被験者たちは必ずしもこうした時間選好を示さない。この選好の有無を決める要因については、まだ研究が始まったばかりだが、初期の成果だけ見ても非常におもしろい。たとえば、被験者たちが、最初にやたらに大きい報酬がもらえてその後の報酬がとても小さい選択肢Aと、最初の報酬が小さいがその後の報酬はそこそこ、という選択肢Bを提示されたら、結果はその実験設計の重要な条件に左右される。最初に大きい報酬を選ぶと後で選択できる報酬が小さくなってしまう場合には、ほとんどの被験者は目先では小さめの報酬を選んで、後でよい選択ができるようにした。でも、最初の段階で大きな量を選ぶと、続く選択の遅れが大きくなり、一定期間内の試行から得られる総所得を減らすという場合には、被験者はいつまでたっても目先の大きな報酬を選び、結果として報酬総量が少ない選択を続けた。かれらはうっかり、実験者たちが「メリオレーション（向上）」と呼ぶもの、つまり目先だけよく見える選択をして、もっと大きな構図を考えない選択をしたことになる。量ははっきり定義されているし明白であり、意識的な検討がしやすいけれど、遅れは秒数をはっきり示さない限り、漠然としている。当然予想されることだが、目先の大きな報酬は次の選択までの遅れを長くしますよ、ということを指摘されると、被験者たちも目先では小さなほうを選ぶようになった[13]。

双曲割引は、下等動物ではもっとずっとはっきりあらわれる。だからこれは、ヒトだけの変な特徴ではない。大量の実験において、動物は常に遅れに反比例する形で報酬を選んできた——そして同じことだが、処罰は遅れに比例する形で選んできた。動物たちもまた、交差する割引曲線から予想されるような行動をとる。量と遅れを対比させる実験では、Dが短いときには小さい初期の報酬を選び、Dが長くなれば後のもっと大きな報酬を選ぶ。動物実験で得られる結果があまりに一貫していたので、ハーンスタインはほぼ四〇年前に選択の普遍法則を提案した。これをかれは「マッチング則」と呼んでいる。つまり報酬はその大きさや頻度に比例する形で選択され、遅れと反比例する形で選択される、という法則だ[14]。その後、多くの研究者たちはマッチング則を微調整するような変種をいろいろと提案し、短気さに関する個体差を反映させようとしてきた。でも、結局は最も単純なものが最高らしい[15]。

価値＝量／{定数$_1$＋(定数$_2$×遅れ)}

現実には、この二つの定数はだいたい一・〇あたりのようなので、方程式はさらに単純になる。今後、双曲割引から起こりそうな影響を議論するときには、この式を使う。

2　双曲割引が持つ意味合い

このように、一見すると双曲割引は普遍的に見える。ということは、効用理論家たちはこれまでずっとまちがってきたのか——つまり哲学者や銀行家や厚生経済学者たちは、図3-3の深くしなった曲線をつかって財の価値を計算すべきだったのだろうか？　だがこれもあり得ない。さっきのコートの例で見たとおり、指数割引人と双曲割引人とが競合したら指数割引人のほうが勝つのだから、その意味で指数割引は双曲割引より優れている。

伝統的な答えはおおむね見えている。指数曲線だけが一貫性ある嗜好を生み出すので、客観的に見て合理的なのは指数割引のほうであり、人々はとっさの評価をねじふせて指数割引へと補正しなければならない、というものだ。というのも、各種の主観的体験の強度は双曲曲線で描かれることは、科学的には昔からわかっていたし[16]、人々がそうした印象を矯正するよう学習できることもわかっている。遠くにある電柱は、網膜上では小さく見えても、実際には手前にある電柱と同じ高さだ。子供はすぐにこれを身につけてほとんど第二の本能としてしまう。とっさの印象が誤解を招く場合であっても、客観的な大きさを測るための道具を信用するようになる——光はカメラの露出計ではかり、移動距離は距離計や地図ではかる、等々——そしてそのときに、何か内的な抵抗と戦っているなどとは感じない。「客観的一貫性」を発達させるようになる。だったら報酬だって、客観的な量と比例する形で評価するように学習できないものか。明るさや距離ではそれができているじゃないか。

伝統的な効用理論はこれを要求する。が、時計やカレンダーからのデータを使っても、こうした調整はぎくしゃくしており、調整がまったく行われないことさえある。現在の小さい満足が、将来の大きな満足よりも望ましくないのだ、という評価を下すには多少の努力（つまりは意志力）が必要だ。時間的な遅れを他の感覚的な印象と対比させるアナロジーは、こうなると通用しなくなる。人は空間の中を通って建物に近づくように、目標に向かって時間の中を移動する。そして、とっさの判断を表現するマッチング則の式は、建物の見かけの高さをはじきだす式と同じだ[17]。でも建物は近づくにつれて大きくなるようには見えないが、目標の価値は高まるように思えることが多い。価値は、見た目の大きさのようには補正できない以上、手近にある劣った目標は、もっと優れた遠くの目標よりも大きく見えがちだ。もちろん人々は、効用補正のための仕組みを多少は発達させるものの、これには努力が必要だし、決して慣れることはない。

この洞察は、前に論じた質問について追加の手助けを与えてくれる。つまり、認知的な評価と動機的な評価とどっちが基本なのか、というものだ。最終的に選択を左右するのが認知的な判断なら、建物の大きさの判断と報酬の大きさの判断とでは何もちがわないはずだ。どっちの場合でも、完全な知識をもとに評価すれば対象の客観的な大きさだけが問題となって、その評価に基づく選択には何の迷いも生じない。だが快楽的な効果が主なら、建物と報酬とでは判断がちがってくる。目に映る映像が大きくても、それ自体は人の判断を左右しないので、認知的な変換にも抵抗はないだろう。でも報酬が選択を左右する基本的な力であるなら、それをどう知覚して分類しようとも、その直接的な印象が何よりも行動を決めてしまう。劣った選択でも、それが目先にきていればそっちを選んでしまうだろう。そして各種の研究が示しているのもまさにこれだ。したがって経験からわかるのは、報酬をそのまま処理することで価値が大きく決定づけられるということだ。それを抽象的に捉え直すことはできても、その抽象化によって行動が変わることはない。

次頁の二本の線を比べると、二番目のものが長く見える。物差しではかって、両方とも同じ長さだというのがわかっても、長く見えるという印象は変わらない。

同じように、デザートをもう一品追加するとか、歯医者にいくのを先送りするとかいう選択は、長期的には自分にとって不幸になるとわかっていても、それだけではこうした行動をとりたいという欲望は

減らない。とはいえ、常識のある人なら、そういう行動は避けるよう学習しなさいと主張するだろう——常にとは言わないまでも、ほとんどの場合には。ということは、人は自分の割引曲線を変えるよう学習したということでは？

答えはイエスでもありノーでもある。実際に表に出てくる選好をもとに曲線を推定したら、確かにその人物が歳をとって賢くなるにつれて、見かけ上の曲線はだんだん平らになり、しなり具合が弱くなる。将来の財を、インフレ率プラス三パーセントくらいで指数的に割り引いているとしか思えない行動をとることになるだろう。でもこれまで見たとおり、状況次第ではその人ももっとせっかちになり、一貫性を欠くようになる。これは別の曲線がまだ残っていることを示している——もっと急で、選好の逆転を起こしかねない曲線だ。銀行家のような曲線は、あくまで追加的なものでしかなくて、基本的な曲線が変わったわけではなさそうだ。

これは予想通りではある。人が生まれつきの割引曲線を変えるような学習ができるなら、できるだけそうした学習をしようという強いインセンティブが常に働くからだ。何か将来の見通し——たとえばクリスマスプレゼントでもいい——が今のあなたに三効の価値しかないとする。でも、なにやらお手軽なテクニックでその価値が五効に上がるとしよう。このテクニックを使うだけで、二効分豊かになるわけだ。自分の割引曲線を直接左右できれば、報酬を自分で作り出せてしまう。だったら、みんな常になるべくこのテクニックを使おうとするはずだ。このテクニックは、その場限りしか効かず、必要に応じて繰り返し実行しなければならないかもしれない。その場合、それはアメや精神安定剤みたいなもので、せっかちになりそうな都度、実行するテクニックということになる。もしそれが、一度やったらあとはその効果が永続するというようなものなら、飲酒や喫煙や買い物に対する衝動はそのまますっぱり消えるはずだ。ここで言いたいのは、人間を観察する場合には――それを言うなら動物でもいいが――すでにそうした曲線平坦化のテクニックが目一杯導入された後の状態を観察しているのだ、ということだ。実験で検出される双曲ぶりは、この学習を経て生き残ったものだ。曲線が指数曲線であるかのように振る舞うのは、努力の結果として生じる一時的なもので、基本的な曲線が改変されたわけではないということだ。

もちろん、自然は必ずしも物事を最も単純な形でまとめるわけではない。双曲割引が広範に見られるからといって、それが普遍的なものだとか、その他すべての価値パターンの基礎となるパターンだとかいうことにはならない。ある時には双曲割引が見られ、あるときには指数割引が見られるという事実には、今はまだ解明されていない説明があるのかもしれない。だが理論は最も単純なものから出発するほうがいい。あちこちで見られる双曲割引が基本的な割引曲線なのだと仮定してみよう――つまりわれわれは本能的に、将来のできごとを遅延量で割ることで評価するというわけだ――そしてそこから何が導けるかを見てみよう。

2−1　効用理論から一貫性の欠如を予測する

最も基本的な含意として導かれるのは、人は小さい報酬が目先に迫ってくると、その迫り方次第ではもっと大きい将来の報酬よりもそっちのほうを選んでしまいがちだということだ。だとすると、表に出てくる選好を指数っぽく見せるにはどうすべきか、というのが当然問題になってくる。双曲割引は、効用理論にとってはショッキングだろう。足下の地面がまっぷたつに割れたようなものだ。期待報酬を最大化するという単純な概念が、これまで思っていたような人間の基本的性質じゃなくて、人が実装しようとして努力する規範でしかないわけだから。こんなへんてこな価値評価方式の下で一貫性を保つには、かなり運がいいか、あるいは能力がなくてはならない。

だがよい面もあって、双曲割引とそこから導かれる期間選好は、効用理論を認知理論とのにらみあいから脱出させてくれる糸口となる。両者がアクラシアを説明しようとして直面していた問題を振り返ってみよう。認知モデルでは、人は最終的には自分の感情の外に立っていることになる——この場合の感情というのは、認知論的には動機にいちばん近い存在だ——そして「この経験はまちがいのもとだわね。じゃあ行動基盤としてこれを採用するのはやめて、価値の正確な計算に基づいた行動を選びましょう」と考えるわけだ。困ったことに、価値の計算にはいろいろな道筋があることは当の認知論が示している。価値の計算方法が何通りかある場合、どれを使うかどうやって決めたらいいだろう？　だれしも、自分の感情を信用しなかったり否定したりするような体験は持っている。われわれは時に感情を禁止したり「育んだり」する。確かに人は、自分自身を形作るような影響を、ある程度までは意図的に形作れる。だが人が自分の感情の外に立つとき、それは何を足場にしているのか？　言い換えると、自分の認知選択を決めるのは何なのか？

認知論と効用学派との論争は、選択が最終的にはヒトの内部にある市場によって決定されるのか、それとも計画経済によって、いわば内的な原則と論理の官僚システムによって決定されるのか、ということだった。ヒトの自己制御構造に関する伝統的な見方はどう見ても官僚的で、企業や軍隊のようなモデルとなっている。そこでは上位のエージェントが下位のエージェントに有無を言わせず命令を渡す。だが実際の企業や軍隊を見てみると、階層型の指揮系統は確立されてはいるものの、上官や上司たちは単に命令を下すだけでなく、部下たちを動機づけてやる気を起こさせなくてはならないという意味で市場的な部分も残っている。[18] 官僚たちが何度も何度も思い知らされたように、命令を出すだけで人がすぐに動くわけではないのだ。規制によって行動を統括しようとするシステムはすべて、動機の地下経済を作り出す――便宜や妨害や、監督手続きからの隠れ家などだ――そしてその地下経済が最終的な結果を決めてしまう。[19]

効用理論によれば、報酬体験こそが基本的な行動の選択要因となる。だから人はその体験の外に立ったりはできないし、外の立場から冷静に報酬を選んだりもできない。それはまるで「温度計によれば寒く感じる必要はないので、寒いと感じるのはやめよう」というようなものだ。効用主義者の問題は、人が報酬（や感情）を評価するときに指数的に割り引くと想定し、したがって時間がたってもその一貫性が保たれると想定したことだった。結果として効用理論は自滅的な選択を説明できず、それらを避けるために人が持ち出す人間独特の各種努力も説明できなかった。単に将来見込まれる報酬を最大化するなら、自分をコントロールする必要なんかないじゃないか？　強い意志だの自由意志だのなんて、出番がないじゃないか？

報酬最大化プロセスの中で指数割引の代わりに双曲割引を使うことで、効用理論の不足部分が補えそうだ。これを使えば、効用理論は自滅的な選択の持つ魅力を説明できる。そして人が自分の期待割引報酬を絶対に最大化しなくてはならないという想定を使えば、なぜ人が物の大きさや距離の場合とちがって、自動的に客観的になるよう学習できないのかも説明できる。報酬は直接的に効果を持つし、知的な調整はあくまで補正としてしか効いてこない。指数割引ではなく双曲割引を使うことで、遠くの大きな報酬より目先の小さな報酬を選ぶのが人にとっては自然なのだということを効用理論で説明できるようになる。人は選択時点まで割り引かれた中で最大となる報酬を選ばずにはいられない。アクラシアは、大きくしなった曲線を使って割り引かれた期待報酬を最大化しているということでしかないのだ。

2-2 集団としての自己

双曲割引は、効用理論にとっての主要な問題を変えてしまう。もはや、近視眼的な選択の説明に困ることはない。こんどはむしろ、人々が銀行家的に振る舞うような適応コントロールをどうやって学習するかを説明しなくてはならない。目先の報酬を必要以上に大きく評価するような内的市場が、どうやったら認知論者的な理由づけを行う自己だの、伝統的効用論者たちの長期報酬最大化人間へと生長するんだろうか？

もはや人がたった一つしか選好を持っていないと見るわけにはいかない。むしろ人は、多数の対立する選好を持っていて、それぞれがタイミング次第で各時点ごとに優勢になったり劣勢になったりする。伝統的な効用理論では、秩序だった内的市場だったものが[20]、実際には複雑ななんでもありの市場となる。ある選択肢が勝ち残るためには、競合する選択肢よりも多くを約束するだけでなく、その競合相手たちが後に事態をひっくり返さないよう戦略的に行動する必要がある。競合する報酬が形成する振る舞いは、選ばれたときの報酬を妨害するものと対処するだけでなく、目先の代替案に出し抜かれて選択肢からはずれる危険にも対処しなくてはならない。

双曲的に割り引かれた選択肢の市場が、どうやったら一人の人間としてまとまりを持てるのだろうか。

もし将来の報酬を双曲的に割り引いて、選択時点で割引期待報酬を最大化するような選択を手当たり次第に実行したら、その人の選択は時間を追うにつれて、目指す目標があれこれ変わってしまう。理性や指数的に割り引かれる情熱に従った場合の一貫した同じ目標群とはちがう行動となる。誘惑に弱い人間[21]が、ウィスキーのボトルやチョコレートの箱を前にしたり、あるいは怒りやパニックを招くような挑発を受けたら、それらに対する反応はそれが遠い将来の場合と目先の場合とではちがってくる。それがずっと先の場合とすぐそこの場合とでは正反対の選択をすることも多い。つまり、何かをやってはそれを取り消すようなことを繰り返すわけだ。もちろん、ある状況で行う行動が後からしょっちゅう取り消されるなら、いずれは学習して最初からそうした行動をやめるだろう――でもそれは、後で取り消す自分と合意するからではなく、単なる現実論からそうするだけだ。そして現在の立場の自分は、自分が求めるものを何とか手に入れようと努力し、さらに行動が後になって取り消されないために、将来取り消そうとする自分を阻止するような対策を取るだろう。つまりこの人は、一人の個人と言うよりも、多数の人々の集団のような存在になるわけだ。そしてその人々はジキルとハイドくらいちがっている。

　報酬を双曲的に割り引く行為者は、指数的に割り引く行為者のようなわかりやすい価値評価者ではない。むしろそれは、結論のちがう評価者が入れ替わり立ち替わり登場するようなものだ。こうした評価者の中で、共通の目的を目指す者同士は協力し、排除しあう目的を目指す者同士は競合するが、時間がたつにつれてこれらは相互に立場を変える。セイレーンに会おうと計画しているユリシーズは、実際にセイレーンの歌を聴いているユリシーズを別人として扱わなければならない。その別人に対し、可能なら影響を与え、それがダメなら阻止しなくてはならない。

　ありがちな例をあげよう。あなたは決まった時間に寝るのが嫌いだとする。でも、起きたときに寝不足なのはもっといやだ。だから今朝起きたときのあなたは、昨晩夜更かしした自分を呪い、今晩はちゃんと早めに寝るぞと未来の自分に縛りをかける。でもここで双曲割引曲線が効いてくる。あなたの心は報酬を求めるプロセスをたくさん抱えており、それらはお互いに矛盾していてもそのまま生き残るようになっていて、打ち消しあわずに独立して存在し続ける。[22] だから、結局夜になって朝がまだずっと先の時になると、やっぱり夜更かししようと思ってしまう――長期的な報酬から言えば早く寝るほうがいいのだが、それを実現するようなインセンティブを夜の自分に対して提示できない限り、この状態は続く。

そのためにはどうしたらいいだろう？ 人というのが、報酬の選択行動を通じて同じ心の中で育ってきたプロセス群であるなら、その群れに対して統一性を課すような要因とは何だろうか？ それぞれの瞬間についてなら、統一性は簡単にモデル化できる。多用なニーズが相互に作用して一つの決断をもたらすプロセスは、社会集団を動機づけて合意に達するときのプロセスと変わらないからだ。

人がちがえば利害もちがうし、それぞれの利害はお互いに対立する。それぞれの人は別々の報酬対応器官を持っていて、それぞれの働きがそれぞれの時点でちがうからだ。一人は不幸のどん底で、隣の人はもう有頂天に幸せかもしれない。一人は宴会がしたくてたまらず、一人はまったく宴会気分でないかもしれない。こうした選択同士では必ずしも対立しないこともある。だがこういう別々の人間の多様な利害を調整するのは、資源の制約だ。二人が同じ部屋に閉じこめられたら、悲しい人とうれしい人はお互いに顔を見合わせて、相手の気分が自分に与える影響を自分なりに処理しなくてはならない。二人がルームメイトなら、その日にその部屋を宴会に使うかどうかについて、何か決断をしなくてはいけない。一人の人間の中でも、競合するプロセスを統合するにあたって似たようなリソース制約が多少は効いてくると考えてもよさそうだ。でも、矛盾する目的が共存できる以上、この統合は不完全だということもわかる。

報酬ごとに神経中枢がちがうかどうかはわからない。すでに論じたように、報酬プロセスは脳全体に散らばっているのではなく、特定の部位（またはその群れ）に集中しているという証拠はある。[23]だがこれはどうでもいい話だ。どうせ手足は一組しかない――つまり、その手足を導くための関心の対象は限られているからだ。心にはたくさんの人間または人間部分がいるかもしれない。でもみんな、この先ずっとルームメイトで居続けるしかないので、調整せざるを得ないように制約されている。ある振る舞いが複数の中枢に影響されるのであれば、そういう中枢はそれぞれどれだけ影響力を及ぼすか競合しなくてはならない。そしてこの競合を司るプロセスが、実質的には単一の包括的な報酬中枢のように機能する。[24]各種の振る舞いが交換可能なら、それぞれは他の振る舞いと競争して実行されようとする。そしてこの競争は、交換可能な振る舞いすべて――その人が選べる各種の振る舞い――に関する単一の報酬クリアリングハウスとして機能する。これがそれぞれの瞬間に人の行動をまとめあげる制約だ。

異時点間の統合はもっとむずかしい。まともな説明なら、われわれの観察結果のうち、統合性だけでなく各種の非統合性についても説明できなくてはならない。つまり「普通の」人の選好の逆転から、ジキルとハイドのような現象までの多様な現象だ。重要な要素はまちがいなく、図3-3の割引率の深くしなった形だ。これは選択の市場が時間の中で人々の目的を統合させる手段を限定してしまう。家に帆走して帰りたいというユリシーズの願いと、セイレーンの歌を聴きたいという願いとは、個別の瞬間でのみ統合される。こうした場当たり的な統合は、その選択の起こる時点によって支配的な選択肢を変えてしまう。セイレーンの歌が支配的なときに勝つ心的な作用と、旅を終える見通しのほうが支配的なときに勝つ心的作用との間には、絶え間ない抗争が起きている。

このように、ある特定の報酬のために選ばれる心的作用をその報酬に対する「利益／関心（interest）」と呼んでいいだろう。人間の中の利益は、社会集団の中の利益団体と非常によく似ている。そうした派閥が受ける報酬は、その集団の名前となる。人の目標は、対立する報酬が交互に支配するような場合を除いては一貫性を持つはずなので、利益／関心に名前をつけるのはそれが対立する場合だけにしてもかまわないはずだ。人がチョコレートへの関心とバニラアイスクリームへの関心を別個に持っている、というようなことは言わない。両者はしばしば代替選択肢になっているけれど、チョコレートのほうがいいと思っているときには、アイスクリームに切り替える可能性を排除しても別に報酬見通しは増えないからだ。でもアイスクリーム的利益とダイエット的利益という話はできる。それぞれは、自分の期間内で相手の支配可能性を下げれば、自分の報酬見通しを上げることができるからだ。言い換えれば、チョコレートを選ぶという選択を、アイスクリームに切り替える可能性から防衛したところで、長期的にも短期的にも自分の報酬見通しは増えない。でもダイエットをアイスクリームから防衛すれば、長期的報酬の見通しは高まることになる。そしてアイスクリーム欲しさにダイエットを中断する口実を見つけたら、それは短期的な報酬の見通しを高めることになる。それぞれの時点で、最大の割引報酬を約束してくれる派閥が、その時点での私の動きを決める。そうした動きの連続が、最終的にはどの派閥が勝ちを収めるか決めることになる。

代替報酬が別の時点で提供されるとき、それぞれは自分の利益を作り出す。一つの利益が他を追い払えるのは、他の報酬が支配的になるのを防げるような持久力のあるコミットメントを残せる場合だけだ。ダイエット利益が何らかの手を使って、私がアイスクリームに近づかないよう手配できたら、アイスクリームの割引見通しはダイエットからの報酬の割引見通しを決して上回らなくなり、ダイエット利益は実質的に勝ったことになる。だが、アイスクリームの価値がダイエットの価値から飛び出すたびに、アイスクリーム利益は何日にもわたる我慢の成果を台無しにしかねない。究極的に人の選択を決めるのは、単純な好みではない。それは僅差の法案が実際に可決されるかどうかを決めるのが、その議会での単純な投票力だけではないのと同じことだ。どっちの場合にも、戦略こそがすべてなのだ。

このプロセス――表現手段が限られているために必要となった権力交渉――こそが、人を統合する唯一のものらしい。哲学者や心理学者は、「自己」という統合器官を持ち出したがる。この自己というやつは、自律的だったり、分裂したり、孤立したり、脆かったり、幾重にも縛られていたり等々ということになっているが[25]、別にそれが本当に器官として存在する必要はない。人の各種報酬から生まれる、多数の行動傾向を統一に向けてうながす要因というのは、それらが実質的に同じ部屋に閉じこめられているのだ、という認識なのかもしれない。

この部屋が分かれていて、その人が学習したプロセスのうち特定の表現リソースにアクセスできるのがほんの一部だったら、その人物は二人の人間のように振る舞い始める。これは神経外科医がてんかんの手術で、脳の右半球と左半球とをつなぐ主要な接続経路である脳梁を切断したときに実際に生じる。脳の右半球は左手をコントロールし、左半球は右手をコントロールしている。双方に別々の情報を流すと、左右の脳半球は決断をめぐってけんかを始め、右手が左手の手首を押さえ込んだりすることさえある。逆に、因習や必要性のために二人が長期にわたって協力することになると――たとえば一部の双子や結婚など――市場の現場はある程度、個人からそのペアに移行するようだ[26]。とはいえ、そのペアのどこに移行するのだろう？　ここで選択を行っているのは明らかに単一の器官ではなくあるプロセスであり、それはその双子や夫婦の共感的な結びつきの中にある。そしてペアでそうなら、それが個人の場合や、神経外科医が作った半人前の脳半球同士でもそれが成り立つはずだ。限られた表現リソースという制約だけで、自己が実現できてしまうのかもしれない。そして、現在支配的な利益が、将来支配的になる利益とうまく交渉できるかどうかが、その人物の実現する統合性の性質を決めるのかもしれない[27]。

一般人は本当に、何かもっとガッチリしたものではなく、そんな利益の群れなのだろうか？　自分自身がそんなに流動的で、そんなに潜在的に不安定だと考えると、あまり心穏やかではない。それがその場にある報酬の、揺れ動く影響によってまとまっているだけだとは！　原子というものがほとんどはスカスカだと聞かされて、そんなものが重さを支えられるとは信じられないときの気分だろうか。だが、社会の中では利益団体の交渉はきわめて安定した組織を作り出せている。だったら人の報酬が作り出す内的な利益だってそうなのかもしれない。まもなく、双曲割引者が従いそうな選択パターンを検討するので、そうしたパターンが人格のおなじみのパターンに見えるかどうか判断してほしい。

基本的な割引現象そのものについては、もはやほとんど疑問の余地はない。驚いたことに、双曲割引は観測可能なあらゆる時間範囲で生じるようだ。仮想的なお金の数年単位の遅れを選ぶ被験者たちは、数秒単位での食料や快適さや直接の脳刺激を選ぶ被験体たちと同じく双曲割引を示している。経済学者チャールズ・ハーヴェイは、実際に行われる超長期的計画——環境を保護しようという選択や、孫にお金を残そうといった選択——は、当の計画者が指数割引を使っていると主張する場合でも、実は双曲割引パターンになっていることを指摘した。数十年先の目標を指数割引すると、競争経済の中では相対的にほとんど無価値になってしまう、とハーヴェイは指摘する。遥か未来のことを考慮できるようにしてくれるのは、双曲線の比較的高めのしっぽだけなのだ。同じように、今から二五年後、五〇年後、一〇〇年後に命を救うことの仮想的な価値について、無作為抽出した家計調査の結果を見てわかったことは

「もし（指数）割引率が時間とともに変動するとして計算すると、現在の割引率は七パーセントで一〇〇年後は〇パーセントということになる[28]」。つまり、選択肢が先にいけばいくほど割り引かれなくなる。これはまさに双曲割引の予測するパターンだ。

経済学者デヴィッド・レイブソンとクリストファー・ハリスは最近、人の生涯の貯蓄／消費パターンを双曲線でモデル化してみた。すると実生活では観察されるのに指数曲線では説明できない行動の多くを説明できることを発見した。たとえば、双曲線は流動性の低い貯蓄選好を合理的なものとする――そうした貯蓄はコミットメントとして機能する――ので、なぜ人が金利一八パーセントのクレジットカードで借りてまで、ずっと低い利率の貯蓄を取り崩すのを避けようとするのか、というのも説明がつく（第6章2節参照[29]）。

3　双曲割引の適応性

ヒトの基本的な割引曲線が双曲線なら、文明の最大の任務とは、人々の直感的な選択をねじまげて、内的な争いや選好の逆転を減らすようにすることだったはずだ。それがその通りだったと想定する前に、もっと当然の疑問を考えるべきだろう。双曲割引は、個人を競争において不利にする可能性を多分に持っているのに、どうして自然選択のプロセスを生き延びてこられたのだろうか？

社会生物学者は、かつては動物が長時間にわたるリソース摂取を最大化するのだと信じており、基本的な割引率が双曲線型であることを示す実験を行っている[30]。だがこうした論者は進化に関心を持っているのに、自分たちの発見を適者生存と調和させようとしていない。深くしなった割引曲線がどうして自然選択を生き延びたか、二つの仮説をここで提示しよう。一つは、それが個体を犠牲にして遺伝子を温存するのに役立ったということ、そしてもう一つは、それがごく最近までは無害な副産物でしかなかったので、進化には影響しなかったのだというもの。進化適応に関する議論は、証明はできない。もっともらしいかどうかで評価するしかない。だから以下の説も、みなさんのお好きなほうをどうぞ。

1. 種の進化は個体の生存ではなく、遺伝子の生存によって生じる。遺伝子の生存を最大化するために、個体が自分を犠牲にしなくてはならないケースはいろいろ知られている。ひょっとすると、双曲割引率は動物に自己犠牲を強いるための手段なのかもしれない。子供を守ろうと動物が戦うときの怒りは、兵役募集官が戦時に利用する兵役志願者たちの怒りと大差ないものだし、そうした怒りはいずれもその個体自身の長期的な利益にはならない。冷静な理性が栄えたら、個体が生き残る場合が増える代わりに、遺伝子を担う子孫の生き残りは減ってしまう。同じように、出産は、おそらくその母親個体の利己的な利益には絶対にならない。もちろん、これまでの時代における人間の母親の多くが、出産時の死亡率およそ一五パーセントという危険をおかしたのは、愛他主義のせいもあるだろうし、文化的な圧力のためにそうしない場合の代替選択肢がもっとひどいものだったということもある。でも衝動的なロマンスだって大きく貢献したはずだ。現代においてすら、次のような指摘がされる——

求愛はロマンチックな愛につながるが、これは一時的な理性の停止であり、そのときカップルは短期的な報酬の中でも最も説得力あるものに動かされて、結婚という一生ものの約束に縛られることになる。[31]

2. 個人が大きな集団のために自分自身の合理的な効用を減らすのはなぜかという問題は、エラスムスが子作りの愚かさや政治家になるといった、見かけ上の愚行を称揚して以来、議論を呼んできた。[32] 双曲割引はその一因かもしれない。

また、双曲割引が脊椎動物の基本的な知覚ツール構築の副産物であり、それはこれまで無害だったという可能性もある。すでに述べたとおり、高等動物はすべて、感覚的な印象の強さを刺激の絶対的な水準ではなく、その**変化率**に比例する形で受け取っている。明るさの変化や温度の変化は、それ以前の水準との比率に応じて知覚されるが、同じような知覚プロセスが遅延や待ち時間の評価にも使われているのかもしれない。[33] 自分の進化する周辺環境を変えられない動物にとって、これは大した問題ではなかったはずだ。生存のために先を見通す行動が必要となったとき——ある時間に眠るとか、食物をため込むとか、ある季節に交尾するとか——には、本能というメカニズムが発達して、長期的な利害を短期的な報酬に変換した。動物は、寝たい、ため込みたい、交尾したいという即時的な欲求を感じるだけで、異時点間での利害の対立などというものは、意地悪な実験者が仕掛けない限り生じなかった。

ところがヒトは、環境もいじるし自分自身の本能的な欲求もいじる。眠りと闇とを切り離し、必要もないものをため込む欲求を育て、セックスと子作りとを切り離し、あげくに交尾に伴う報酬の多くを、フィクションや妄想を通じて代償的に獲得する手法を編み出し、全般的に自然のインセンティブを圧倒するような動機を作り上げた。また、自分がその中で進化してきた環境も、大幅に作り替えてしまった。ますます長期的な計画を自分で行うようになり、それに伴って自分自身の双曲割引関数に脅かされるようになってきたわけだ。貧困や原始的な技術がもたらす歴史的な制約を克服するにつれて、こうした割引関数が直接左右するような意志決定の範囲もますます広がる。進化はこうした変化に対応する時間がなかったし、そのためのメカニズムがあるかどうかもわからない。たとえば現代人にとって、足より車輪をはやすほうが適応性は高いかもしれないが、それが起きるとは考えにくい(34)。

つまり、人類は将来を評価するに際し、非常に正則的だが深くしなった割引曲線を持つよう進化してきたと十分に考えられるし、それを否定する材料はまったくない。この仮説は、人々がなぜ自分の計画をかくもあっさり蹴倒すのか、という理由をかなり説明してくれる。だが、答えより多くの疑問がわき起こるのも事実だ。人はどうやったら一貫性ある選択者になれるのだろうか。苦痛な選択と快い選択とはどういう相互作用をするのだろうか。なぜ人はしばしば論理的なカテゴリーに基づいて選択するのだろうか。「高次の」精神機能はどこに効いてくるのか?

この答えは、一時的選好のクセが個人の内部にどんな選択の市場を作り出すか演繹することで導かれる。この振る舞いは、指数曲線から導かれる単純な価値比較よりはむしろ戦略に依存したものとなる。だからこそ私は、このアプローチが経済学的な思考の中でも最も微視的な発想——ミクロミクロ経済学、あるいはピコ経済学なのだと主張した(35)。

4 まとめ

多くの証拠から明らかなように、ヒトも下等動物も直感的には、将来のできごとを期待される待ち時間に反比例して評価する。結果として出てくる双曲割引曲線は、秒単位から十年単位まであとあらゆる水準の期間で見られる。双曲線は、多くの効用理論が前提とする指数曲線よりもしなっているので、そこから出てくる選好パターンは、効用理論的には不合理となる。つまり、劣った早期の選択肢が、目の前にくると一時的に魅力的に思えてしまうことになる。すると通常の一時的選好から考えて、個人の中でも無数の対立する利害が生まれては生き延び、それが長期的には自己破壊的な選択につながることもあると予想される。こうした利害の市場としての自己は、伝統的な自己のイメージからは大幅にずれたものなので、詳しく検討する必要がある。

第4章　そのギャップが自発的でない行動を生み出す──痛み、渇望、感情

人々が近視眼的な代替案を一時的に好むような状況がそんなにしょっちゅう起きるのなら、その体験について当人たちは何と言っているのだろう。本来なら起きないはずの状況だ。近視眼的な選好は長期的な計画を追求する障害になるし、その一時的な選好を知った人々にもカモにされやすくなる。だから人はそんな選好を阻止しようと努力するはずだし、それができなければそれを隠そうとするはずだ──時には自分自身からも。その阻止手段が、本書の主要なテーマであり、次章からはその説明となる。でもまずは、その一時的な選好が実際にどう感じられるのかを検討する。そうしないと、この議論が実感と無縁なものに見えかねなくなるからだ。特別なメカニズムを考えないと説明できないと思われていた多種多様な体験が、実は双曲割引率を使うと説明できてしまうのだ。

1　一時的選好の持続期間

とりあえず、一時的な選好が生み出す体験は、その持続期間に応じてちがうだろう。きわめて短ければ、それが選好だとは認識されないかもしれず、長続きするものなら一時的とは思えず、心底からのものだと感じられるだろう。

1-1　中毒

中間くらいの期間から始めよう——秒単位や年単位のものではなく、数時間や数日単位のものだ。このあたりの例がいちばん明確で、よくある臨床的な悲劇や個人的な悩みの種がいろいろ登場する。これらは「悪癖」というやつで、自分でも避けるべきなのはわかっているのに、ついつい身をゆだねてしまうような行為だ。暴食、禁煙の誓いを破る、馬鹿なリスクを背負い込む、まちがった相手に腹をたてる、あるいはさっさと実行すべきことを、明日やろうと言ってどんどん先送りにする等々。この種の例は、一回だけなら「衝動」と言われる。それが繰り返し行われると、中毒っぽくなる。もちろん、はっきり中毒症と診断されるほどの面倒にはつながらないことも多いが。二度と繰り返すまいと思ってはいるのに、そういう状況に直面したら、人は嬉々としてその悪癖に没頭してしまうのだ。そして後になって、後悔したり罪悪感を感じたりして、二度とやらないようにするにはどうしたらいいか、などと考える。時には、人生すべてこういう事態ばかりに思えることもある。「われわれはやっておくべきことをやらずに残しておいた。そしてすべきでないことばかりやってしまった。なんと不健全であることか[1]」。それでも、人は自分たちが基本的には一貫性のある計画者だと思いたがり、単に変な逸脱、「肉体の弱さ」の犠牲になっているだけなんだ、という発想にしがみつく。

すでに述べたとおり、中毒というのはドラッグやアルコール固有の化学的な性質から生じると考えられがちだが、ギャンブルなど薬物を伴わない活動でも、禁断症状など固有の肉体的な症状は起きてしまう。もちろん人間や下等動物でも生まれつきの神経生理学的な個体差があるし、それによって各種の性向が習慣性と依存性を持つようになることはわかっている[2]。だが、これは単にある物質から受ける快楽の度合いに個体差があることを示唆しているだけだ。快楽の度合いがちがうというだけでは、なぜその個体がその薬物摂取のコストと便益を正しくはかりにかけられないのか、という説明にはならない。あるできごとに報酬性をもたらす脳内メカニズムがわかったからといって、その報酬がほかの報酬とちがう扱いを受けるべきだということにはならない。

いずれにしても、対立する二つの目標に対する選好がまちがいなく交互にやってくる実例として、物質中毒はいちばんわかりやすいというだけだ。一時的に選好されるのに、明らかに報酬とがっちりむすびついていないような活動はほかにも無数にある。ギャンブルがなぜ魅力的なのかは謎だが、でもそれが中毒性を持つのは否定しようがない[3]。また人によっては、お金の使いすぎ、窃盗癖、危険なセックスといったスリルにはまったりする。ここで私が使っている意味での「中毒」を特徴づけるのは、目先に迫っていればきわめて高い報酬性が感じられるのに、それがずっと以前の時点で予見されたときには避けたいものとして感じられ、そして後からは後悔の対象になるということだ。その人の選好がどっちに向くにしても、それが決断につながるくらい長続きするなら――その人が意識的にその活動を避けようと努力して、それから急に気を変えて同じくらい意識的にその活動にふけるなら――そういう活動は、耐性や禁断症状など生理学的に計測可能な変化の有無にかかわらず、「中毒と呼べる期間を持つ一時的選好」だということにする。(4)

各種の中毒を比べてみても、選好が逆転する期間が長いものもあれば短いものもある。禁煙を破りかけた人物でも、たばこに火をつけた一瞬後にそれをもみ消したりするし、大酒飲みが一、二週間ほど禁酒できたりする。中毒と呼べる期間内での一時的選好が持つ共通の特徴は、意図的な振る舞いが完全に逆転するということだ。(5)

1-2 強迫観念

一時的選好の一部は中毒より長続きするし、その人が「本当に」求めるものらしく見えることもある。つまり、その人が本気でそれを避けようとする期間がまったく存在しないかもしれない。それが一時的なものだったとわかるのは何年も後だったりするし、時には一時的選好でしかないことを示す唯一の証拠はどっちつかずの態度だけだったりする。たとえば後悔だけは起きたりするし、その行動にふけっている時点ですでにこれは後悔するぞと予想したりする。でもその行動自体は、中毒よりももっと意識的で一貫性が備わっている。それどころか、その悪しき行動が、いわばすべてを圧倒してしまうこともある――拒食症になるまでダイエットを続けてしまったり、強迫神経症と呼ばれるまで細部にこだわってみたり、臨床医が「失感情症」と呼ぶ、何も感じなくなるまで感情を殺したりといった行動だ。(6)

中毒と同じく、こういう長期的だがあいまいな選好は精神障害的な状態だとは認識されないかもしれない。むしろ「人格上の欠陥」と呼ばれることのほうが多い。その人はケチだとか仕事中毒だとか、威張り散らさないと気が済まない人物だとか言われる。こういう人たちは通常、自分がほかの人よりも少ない満足しか得ていないことをある程度は自覚している――自分でもそうした規律の暴走めいた行為が変なのはわかっているし、いずれ後悔することも自覚している。でも、わかっていてもはまってしまい、改めようとしてみてもすぐに戻ってしまう。ケチや拒食に捕まってしまい、それが長期的には最善の選択ではないとはっきり自認しているのに、そうした習慣を体系的に育んでしまう。そうした行動には、その人物が捨てきれない安心感があり、そしてそれが自分の幸福を最大化しているのだと強弁できるような魅惑的な理屈もある――自分の富が最大化されているとか、安全や自己コントロールそのものが最大化されているとか。その人はそうした行動に「身を投げ出してしまった」と言ってもいいだろう。以前の著作では、このような最長期的な利益とはならない長期的選好について「投身」という表現を使ったこともある。でもこうした選好のほぼすべては、意図的な制御のきいた体系的な性質を持っているので「強迫観念」という表現のほうがなじみ深いし適切だろう(7)。

強迫観念や中毒を特徴づけるのに、なぜ一時的な選好なんかに注目するのか、と疑問に思う読者もいるだろう。手持ちの現金最大化が賢いと信じて疑わないケチや、飲酒の悪い面を知らない大酒飲みは、そうした性癖と必死で戦っている人物と同じだけの損害を被っている。だからかれらだって、先見の明さえあればそうした振る舞いを後悔すると考えてもよいのでは？　その選好が一時的だとかあいまいだとかいうだけで、そんなに大きな差があると言えるんだろうか？

ここでも答えはイエスでもありノーでもある。社会厚生的な観点から言えば、短期的に人々を誘惑するが長期的には裏切るような選択は、その人物が自分の被った損を理解することがあろうとなかろうと、罠として捕らえるべきだということになる。でも、知らないで有害な行動を続ける場合の説明なら、効用理論も認知理論も難なく提供できる。喫煙は、その害が示されて公表される以前から有害だったが、でも喫煙という行動は簡単に説明がついた。新たな説明が必要なのは、後悔するとわかっていて、やめようと努力さえしているのに、それでもそうした行動を続けてしまう人々の場合だ。伝統的な理論で説明がつかないのは、一時的な選好だけだ。この意味で、中毒や強迫観念は内的な自制の問題を表しているのであり、だからこそ大きな謎となる。

1―3　癖

こんどは期間的に短いほうを見てみよう。きわめて短時間しか選好されないために、意図的だとはまるで感じられないような、望まれない行動がある。そうした行動は、あなたの参加を必要とするが、意識してはっきり選好する期間はない。明らかな例としては、心因性のかゆみがある。掻かなければ消えるのに、それでも掻きたくてたまらないようなかゆみだ。ツメを噛む、あるいはことばの端々に「えーと」を入れたり、髪の毛を引っ張ったり、不安からくる咳払いなども、意識すれば止められるという意味では自発的な行動だ。でもそれを行う動機は、欲求というよりは衝動と言ったほうが適切だろう。[8] 病理学的な例としては、トゥーレット症候群で見られるチック障害（これは突発的な恥ずかしい発話をもたらす）や、絶え間ない自意識過剰、強迫観念的な疑念や不安などがある。臨床医の報告では、てんかん患者の一部が自分から発作を起こしたり、精神分裂症患者が自発的に幻覚を生じさせたりする例さえあるという。[9] こういうパターンと中毒とのちがいは、こちらのパターンの場合にはその行動の真っ最中でさえ、衝動に従うのを避けようとして対策を講じることだ——気をそらせたり、防止器具を使ったり、薬を飲んだりする。そんな行動を「求めて」はいないし、気をしっかり持てばその衝動を減らしたりなくしたりできる。それでも、ついつい気がゆるんでしまう。こうしたパターンはすべて心因性のかゆみや癖と同じ一時的な性質を持つので、ここでは「癖」と呼んでおこう。

癖が報酬性を持つと言ったら、このことばの直感的な意味合いから逸脱気味になるかもしれない。だが、「報酬」ということばの最も基本的な意味——つまりそれに先立つ行動を繰り返したくなるものすべてという意味——で考えれば、この種の衝動を維持させるものには報酬性があると言わざるを得ない。実はこの一見不合理なパターンは、伝統的な報酬とそれを与えない期間とを繰り返せば動物にも引き起こせてしまう。

行動実験で、ハトが一定量の穀物を得るのに必要なボタンつつきの回数をだんだん増やしてみよう。必要つつき回数が一定量を超えても、ハトたちはつつき続けるが、つつく機会そのものをなくすような選択肢があるとそっちを選んだ。さっき挙げた人間と同じように、そのハトはひたすらつつき続けるけれど、でも同時に、そのつつき行動を引き起こす刺激を避けようとする。この誘惑とその回避というプロセスなんかなくても、ハトたちとしては、必要なつつき回数が増えすぎて割に合わなくなった時点でつつくのをやめればすんだ話だ。同じように、サルをコカイン漬けにする実験でも、時にサルたちはコカインが手に入らなくなるような選択をする。でも、それが入手できるときには、がんばってそれを入手しようとする。[10]

散歩が好きだとしよう。散歩ルートは二種類ある。一つは三キロ、一つは四キロほどだ。でも三キロの道のほうには五〇メートルごとに、ちょっと道からそれたところに五円玉が置いてある。四キロの道のほうには何もない。五円玉を拾うのにいちいち道からそれてかがみこむのが六〇回ほど繰り返されると、三キロ歩くのに一時間ほどかかって、その分の苦労とひきかえに一時間で三〇〇円ほど手に入る。四キロの道のほうも一時間かかる。よほど金に困っている人でもない限り、ほとんどの人は五円玉なしの道を歩きたがる——少なくとも何回か経験した後ではそっちを選ぶようになるだろう。もちろん、五円玉をいちいち拾わないぞと決心することもできるけれど、これには余計な努力が必要になる。この散歩の不愉快さは、ちょっとでも楽しい空想にふけりはじめたと思ったら五円玉が視界に入ってきて注意がそれることからくるのはまちがいない。五円玉が道の最初か最後に五メートル間隔でまとめて置かれていれば、不愉快さはかなり減るだろう。

癖は、この五円玉を拾いたいという衝動と同じく、選択の市場の中でほかの衝動と競合する。そして癖が時には勝つということは、基本的な選択プロセス——報酬——が起こった証拠だ。図4-1は、すぐに飽きるがまたすぐに再生するような報酬パターンを示している。こうした報酬を選ぶと、他の源からくる低くても安定した水準の(「ベースライン」)報酬は阻害される。そしてそのベースライン報酬は、次の短いトンガリ状の報酬が生じてきた頃に、また再生してくる。その時期がやってくると、ベースライン報酬の価値総和は、トンガリの価値ほど急速には上昇しない(図4-2)。トンガリが示す衝動は、一分に数回起きることもあり、個々の衝動から得られる一時的な開放感はあっても、かなりうっとうしいものとなる。その人物が個別の衝動に反応したくても、反応することがその再現を引き起こすので、ほとんどの場合にはその衝動と解放のサイクルそのものをすべてなくしたがるだろう。

中毒と癖とのちがいは、それが好まれる期間の長さにある。中毒が持つきわめて強力な報酬の期間は、ほんの数分から数時間、あるいは数日にわたることもあるし、そうした報酬が再び得られるようになるまでの二日酔い期間は、その報酬期間に比例して長くなる。図４－１でのトンガリ間隔が数秒単位ではなく数週間なら、これはまさに大酒飲みの行動パターンだ。一方、癖からくる満足は数秒しか続かないが、でもその数秒後にはそれがまた得られるようになる。爪を噛んだら、爪を噛みたいという衝動から

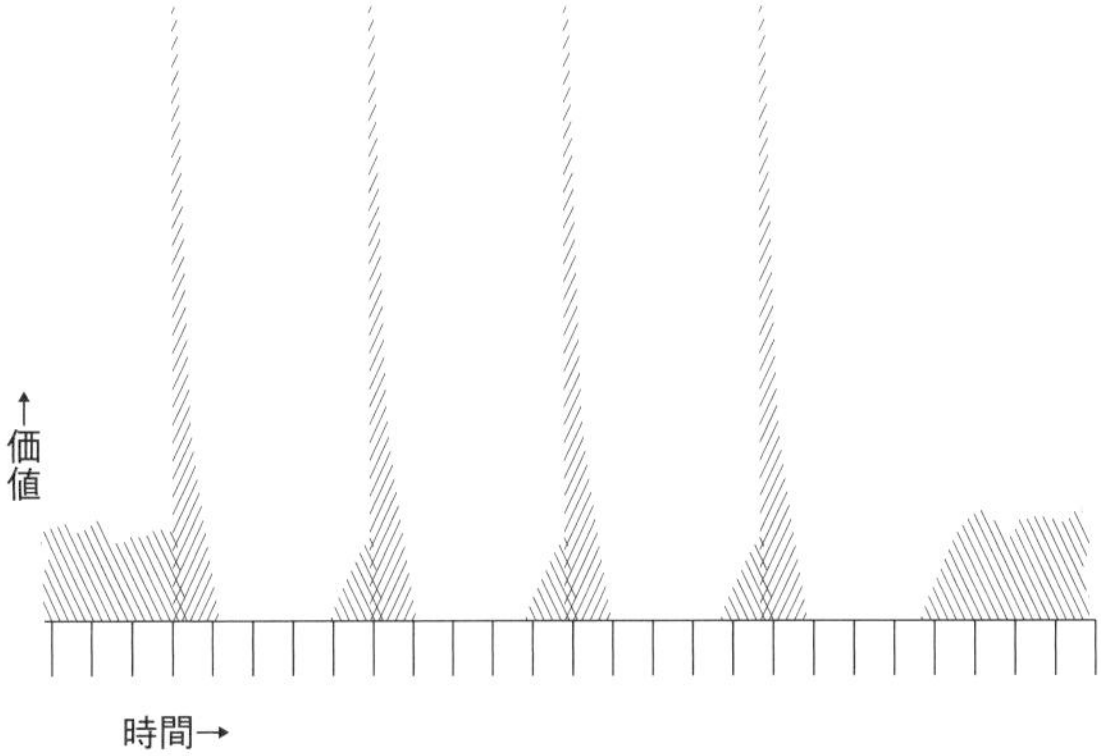

図４－１　短く強い報酬（右上がりの斜線部）が、相対的に長続きする継続的なベースライン報酬（左上がりの斜線部）を妨害する様子。時間軸の単位が日なら、これは中毒を示すものとなる。単位が秒なら、これは癖だ。瞬間単位なら、これは痛みを示す。

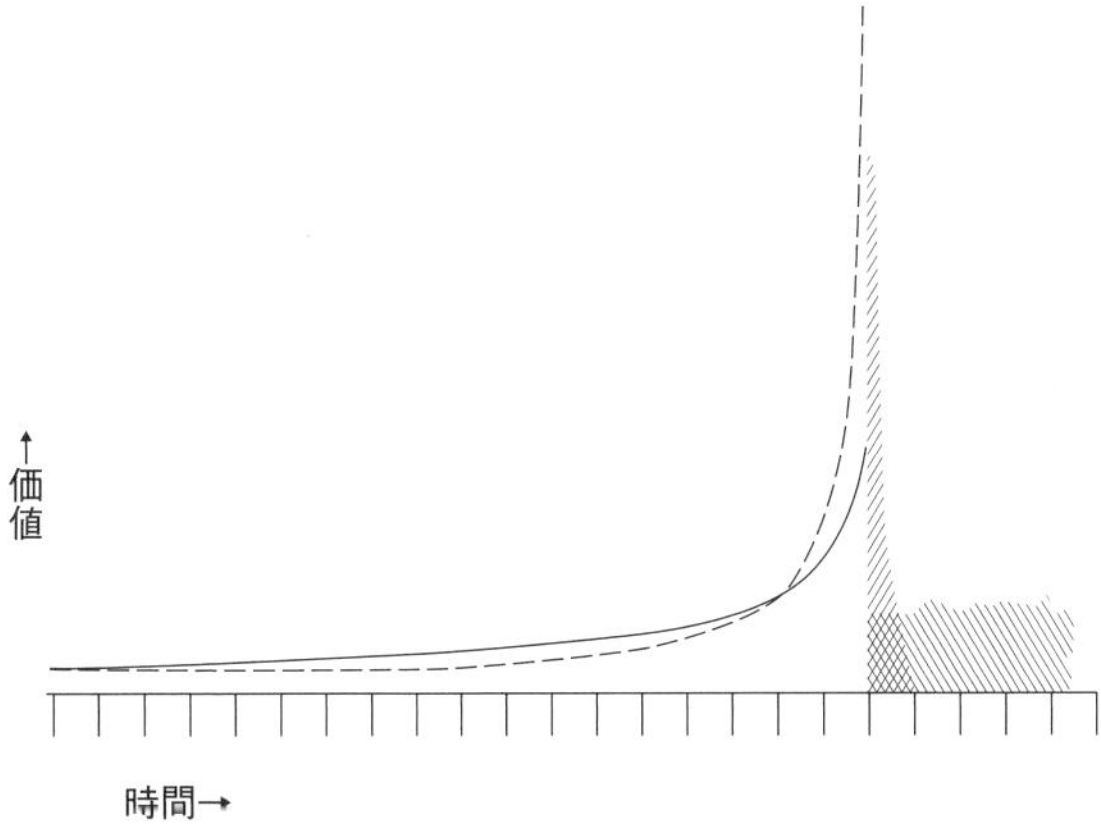

図４－２　図４－１にあるような回避シーケンスにおける単一のトンガリを見た図（それぞれの曲線は、報酬の各瞬間における曲線の総和となっている。図５－３、５－４とそのキャプションを参照）。トンガリは、その代替物であるベースライン報酬に比べて面積が小さい。でも背が高いので、それが目の前にやってきたらそちらが選好されてしまう。

解放されるが、でもその解放は一瞬しか続かない。

癖と中毒とでは、特徴づける選好期間にはっきりした境界の一線はない。満足しきった喫煙者が、タバコに火をつけてはもみ消す動作を繰り返すのは、選好期間の長さから見て中毒の範囲と癖の範囲との境界くらいだろう。自分のステロタイプ的な自己刺激症状をひたすら続ける知恵遅れも似たようなものだ。

癖の例は重要だ。非常に嫌なこととして体験されるものですら、報酬とその欠如の繰り返しだけで組み立てられるということを示すからだ。一時的選好の期間が短くなるにつれて、それは「自分自身の」ものだという主観的な性質、つまり精神分析家が「自我親和的」と呼んでいる性質を失うようだ。だがそれでいながら、それを選択するときにあなたがそこに参加しているのは明らかだ。別に掻いたり、口の中の傷をつついて悪化させたり、爪を噛んだりする必要はまったくない。そうしなくても肉体的に痛いわけじゃないし、我慢すればやがてその衝動自体がなくなる。それでもそうした活動は堅牢だ。こんな例があるなら、もっと短い期間しか続かない一時的選好がどんなものかを検討するのも有益だろう。

1−4 痛み

継続期間の最も短いものには、よい部分と悪い部分とがあまりに急速に繰り返されるために、両者が意識の中で一体化しているようなものがあるだろう。かゆいのを掻いて得られる報酬は期間が短いが、そのトンガリがもっと短期間となり、それに続いて必ず一瞬の報酬なしの期間が起こる場合だ。この組み合わせは関心といったきわめて速効的な反応にとっては報酬となるけれど、筋肉を動かすといった遅延の大きい反応には阻害となるだろう。この場合、図4－1のトンガリの間隔は数分の一秒となるので、トンガリ同士が残像のように融合することとなる——映画のフレームが連続して見えるように、経験同士の重なり合いが生じる。

さっきの五円玉の散歩の代わりに、おもしろい小説を読むことになったが、そこに気を散らせるものがあると考えてみよう。近くにテープレコーダがあって、まったく関係ないがもっとおもしろい小説を、三〇分置きに五分ずつ再生するようになっているのだ。この間隔だと、いつもは手元の小説を読んで、テープがかかるときだけそっちに注意を向けるようにしても、あまり苦痛ではないだろう。だがその間隔をだんだん縮めると——たとえば、六分ごとに一分のテープ朗読、三〇秒ごとに五秒の朗読——読書がじゃまされるために、もともとは楽しめた朗読がだんだんカンに障るようになってくる。録音朗読のほうが、癖のような感じになってくるわけだ。気の散る朗読の間隔がもっと短くなって、たとえば六秒ごとに一秒ずつきわめておもしろく刺激的な音や単語の再生になったり、あるいは〇・六秒ごとに〇・一秒ずつの再生が起こったりすれば、それはもっと気に障るようになり、自分の意志で関心を朗読のほうに向けているという印象もなくなってくる。短時間の朗読が、中休み期間でも関心を完全に圧倒するようになり、もはや二つの独立した体験、つまり読書と気の散る朗読が並立するのではなく、気を散らされつつ読むとか、まったく本が読めないとかいう一つの体験が生じることになる。

他の選択肢にもよるが、時間的間隔の面から言っても五分の朗読を三〇分間隔でというパターンが望ましいだろう。サイクルが短くなると、朗読と読書との間で注意が行ったり来たりするコストは、遠くの時点から見れば望ましくないものとなるけれど、そのテープがまさに再生されようとしている時点では、やっぱりそれを聞きたいと思うことになる。サイクルがさらに短くなれば、サイクルの途中でも積極的に逃げ出したくなるだろうけれど、でも短くておもしろい朗読がかかっている途中では逃げだす気にならないかもしれない。間隔がどんどん縮まると、どこかのポイントで、サイクルの中のすべての時点で逃げだしたくなるはずだ。相変わらずその朗読のほうに注意は引かれるけれど、努力すればそれを意識から振り払えるようになる。そして肉体的な行動の面からは、もはやその朗読に向かおうという傾向はいっさいなくなる。心底、そこから離れたいと思うようになる。つまり完全に魅力的な要素だけで構築されているにもかかわらず、関心は引いても行動としては逃げ出したくなるような体験ができたことになる。

この可能性が現実の生活でどれほどの重要性を持つかはわかりにくい。二つの要素が意識の中で入り交じってしまえば、内省によってそれを見つけ出すこともできないし、ごく短い報酬が無報酬期間と交互にやってくるような状況を実験室で研究した人もいない。だがこのモデルで説明できそうな問題が一つある。伝統的な効用理論による説明では非常に大きな穴があるのに、それが見過ごされてきているその問題——それは痛みという問題だ。

痛みというのは何となく、快楽や満足の正反対だと思われているし、多くの哲学者や心理学者の動機観も、この二項対立に基づいて構築されている。でも、初期の行動心理学者たちが行動の構成要素を厳密に研究しはじめると、この両者がきちんと対立していないのはすぐにわかった。快楽はそれに先立つ行動の記憶と結びつき、その行動を繰り返す傾向を生み出す。痛みは、それに先立つ行動を繰り返さない傾向につながったが、でもその痛みの記憶は消えない。痛みの体験の記憶は快い記憶よりも明らかに鮮烈で、しかも快いものよりずっとよみがえりやすい。そして強い感情を引き起こすし、新しい痛みがないとその感情はふくれあがり悪化しかねない[11]。

報酬に基づかずに関心を割り当てるような、動機の外側にある独立知覚器官を想定するなら、こういう非対称性があっても快楽と痛みを正反対のものとして扱える。でもそうすると、記憶が人間の関心をめぐってどう競合するのかという問題が残ってしまう。人が苦痛なできごとを記憶するのが合理性のためだけなら――たとえば怪我を避けたり、避けるべきだと判断するために記憶するなら――なぜ痛みに満ちた記憶を事前に再演してみたりするんだろうか？　そんなことをしても無意味どころか有害ではないか？　歯医者にいく時に、なぜ前回の歯医者での最悪な記憶をよみがえらせて自ら状況をつらくするのか？　そして痛みの記憶が時間とともに強くなったりする場合があるのはどうして？

人が痛みを記憶するのは、どうも合理性のためではないようだ。痛さを記憶するのは、それが鮮烈だからだ――痛さの記憶は、喜びや情熱と同じように関心を引き寄せるものだが、ただこの場合の引き寄せは、満足を得るありがたい機会としてではなく、欲しくもない衝動として体験される。肉体的行動と同様に、関心をめぐっても市場が存在して、痛い記憶は癖やタバコへの渇望と並び、関心をめぐって競合しているようだ。

こうして考えてみると、人はなぜ痛みそのものに関心を払うのか、という問題につきあたる。それは反射、つまり意図しなくてもやってしまう行動に思えるかもしれない。でもよく観察してみると、軽度の痛みについてはこれは成り立たないし、出産や歯科治療や手術といったすさまじい痛みですら、人は逃げずに反応することを学んだりする。医師たちは昔から、痛みというのが主観的な反応に左右されることに気がついていた。スポーツ競技や戦闘の真っ最中に怪我をした人たちは、その活動が止まるまで怪我に気がつかない。いつどこでその怪我が起きたかは認識しているけれど、それが感情的な意味を持つようになるのは後になってからだ。この理由の一部は、興奮した肉体が生成するエンドルフィンの麻酔効果だ。でも、活動が止まって怪我に注意が向いた時点でもまだエンドルフィンの分泌は続いていることが多い。怪我に注意が向くと、痛みに「降伏」したいという衝動が生じる。つまり、強烈で避けたいような感情的反応を自分に許したいという衝動だ。この衝動に負けたら、卒倒したり、循環系の停止に陥ることさえあるのだが、それでも抵抗するのは難しい。でも、それができるようになる人もいる。たとえば第二次世界大戦の沖縄戦で、アメリカ兵たちは大したことのない怪我でもショック状態に陥ったのに、地元の農民たちは、おそらく痛みに慣れっこになっていたせいか、大けがをしていても、落ち着いて治療を待っていたという医師たちの報告がある[12]。

痛みが予測可能で避けがたい場合、人々はこの感情的反応への衝動に抵抗するため、関心のパターン化技法を編み出すことが多い。たとえば「自然」分娩では、出産という他に刺激のない長期間に実行する反復行動をしっかり練習しておくことが肝心だ。そうした行動は、何の実用的な効果も持っておらず、自分の痛みに注意を向けたいという衝動から気をそらすための気晴らしを提供しているだけだ。同じように、歯医者では音楽や会話などの聴覚的な刺激があると、歯を削るときの痛みの訴えが減るという。これが謎の「聴覚無痛」効果というやつだ。関心を集中する特別な能力を持つ人――「優良催眠術被験者」――なら、麻酔代わりに催眠術的な示唆を使うだけで大手術が可能だったりする。こうした患者は、いつどの部分で切開が行われているか、はっきり感じ取っている。でもその感覚に、痛みの伴わない解釈（たとえば浜辺で太陽を浴びて暖まる感覚）を与えることで対処するという。そうした解釈が、自分が切り刻まれているという当然の解釈とうまく競合してくれるのだ[13]。

読者のみなさん自身も、こうした競合を体験できるかもしれない。今度、歯に詰め物をするなどかなり痛い体験をするときに、局部麻酔なしでやってもらおう。自分の思考の流れと、すさまじい何も考えられないほどの痛み体験との間の競合がわかるし、刺激（つまりは歯の研磨）が絶え間なく続けば続くほど、そちらに流されたい衝動がますます強くなるのもわかる。この観察で何が重要かというと、痛みというのも選択の市場において、快楽の機会と同じように支配権をめぐって努力しなくてはならないということだ。もちろん痛みを特徴づけるのは、だれもそれを欲しがらないということだが、でもそこには癖や中毒の持っている特徴と共通する部分がかなりある——癖や中毒というのは、基本的には求められないけれど、でも一時的には選好されるので問題を引き起こすような選択だが、痛みにもその特徴があるのだ。

つまり痛みというのは、癖の周期を急速にしたものではないだろうか。ちょうど、癖というのが中毒の周期を急速にしたものであるのと同じことだ。この仮説は、痛みの謎——肉体的行動は抑止するのに関心は引き寄せるのはなぜかという謎——に対するすべて揃った初の答えとなっているのではないか。これが本当に痛みの具体的メカニズムかどうかはわからない。でも少なくとも痛みというのが、痛みの口火を切る部分では報酬をもたらし、そしてそれに続いて必ず報酬性のない部分が続くという組み合わせなのはまちがいない。その口火を切りたいという衝動がある以上、人は癖に参加するのと同じ形で痛みに自発的に参加するのだが、その反応が急速すぎるために、そこで選択が行われているとは感じられないのだろう。人はわざわざ教われば、それが選択の余地のあるものだと理解するようになる。たとえば、痛み抑制プログラムなどは存在する。そしてそれが選択だと知った後でも、その口火を切りたいという衝動はやはり強い。

他の体験も、痛みと同じような動機的特徴を持っているようだ。たとえばパニックやトラウマを招くような回想は、だれも敢えて求めはしないけれど、でも抵抗しがたい。そうした回想は完全に非自発的に起こるように感じられるが、関心パターンを学ぶことで多少はコントロールがきく。強迫神経障害性の衝動はしばしば痛みに近いものだが、これについても同じことが言えるし、一向に解消されずにわだかまる悲しみなども似ている。[14] 歯医者にいかなくても自分で実験できる簡単な例としては、身震いがある。寒い日にコートなしで外に出て、身震いしたいという衝動を観察してみよう。意識的に努力すれば、身震いは止められる。でも意識がそれると、考えなしに身震いが始まりがちだ。そしていったん身震いが始まると、それを止めるのはむずかしい。身震いはそんなに嫌なものではないし、臨床的な問題にもならないが、他の嫌な反応——ここではそれらを総称して「痛み」と呼ぼう——を避ける技術を教えることこそが、行動療法の大きな一部となっている。[15]

1-5　報酬と快楽とはちがうものである

報酬が、痛みなどの嫌な体験の必然的な一部だという仮説は、最初はばかげて聞こえるはずだ。まるで痛みは基本的に快いものだとか、人はみんな実はマゾだというように聞こえるだろう。でも、そんな主張をしているわけじゃない。確かに痛みが感覚的な快楽を増す場合はあるし、動物をだまして、痛みがどんどん増す方向に行動をうながすような実験もある。[16] でもこれらは痛みの現れ方のごく一部でしかないし、ここで論じていることでもない。

私がむしろ述べているのは、双曲割引が「報酬」と「快楽」を別物として扱うようにし向けるのだ、ということだ。伝統的な効用理論では、この二つは同じだ。報酬はそれ自体が快いものだし、それが後になって無報酬や、痛みと呼ばれる別のプロセスを引き起こすのであれば、それがコストに見合うものかすぐ判断できるはずだ。伝統的な報酬の定義――「それに続く行動の反復を引き起こしがちな体験すべて」――は、快楽の定義とほとんど同じだ。快楽の定義は、「望ましいと感じられる体験すべて」とでも書けるだろう。だが双曲割引の下では、後からもっと大きな報酬欠如につながることがわかっているような短い報酬であっても、人を誘惑できる。さっき論じたような癖や痛みは、ほとんど抵抗しがたいほどの衝動を作り出すが、それが望ましいものとして感じられることは決してない。この仮説の予想では、短期的な報酬は長期的な報酬とまったくちがう体験を生み出すことになる。

痛みが報酬のように「思えるか」と尋ねてみても役には立たない。この質問は直感的に、報酬と快楽を同義語として扱っているからだ。報酬の影響は、痛みが抵抗できない――いやむしろ、抵抗が非常にむずかしい――ものに感じられるという経験から推測しなくてはならない。その難しさこそが、それに対抗するために用意すべき報酬の量を示しているわけで、したがってそれがすなわち痛みの持つ報酬の量というわけだ。嫌な刺激が関心にどれだけの報酬をもたらすかという直接の証拠はほとんどない。でも報酬をもたらす刺激に反応する細胞の中には、報酬刺激にも忌避刺激にも反応するものがある――これは少なくとも両者のメカニズムの一部は共通かもしれないと示唆するものではある。[17]

痛みと言うとき、私は快くない報酬だけではなく、自発的でない行動も含めている。これは二枚舌ではないのか？　そういう印象は、一時的選好を大きなパラドックスにしているのと同じ思考習慣から生じたものだ。人々はちゃんと情報に基づいて自分の願望を管理する存在になりたいと思っている。すべての意志決定が一貫したものとなるようにチェックして、よく考えてからでないとOKを出さない存在だと考えたがる。したがって報酬というのは、人が期間によらず一貫性を持って選択する対象だと思われている。そして「意図的」な選択というのは、その意味での報酬を最大化するもので、それ以外のものは不合理となるはずだ。しかしながら、こうした検討プロセスは意識的な注意を必要とするし、時間もかかる。たとえば関心がどれほどすばやく短期報酬に反応するかを考えれば、それがもたらす結果のために選ばれるプロセスのうち、自発的と感じられるものはごく一部だろう。

結果に基づく他のプロセスも、膝をたたくと足が跳ね上がるような本当の反射とはやはりちがっている。こうしたプロセスも、先立つ刺激に動かされている点は同じだ。でもこれらは快楽を生み出さない。一部は単に「習慣」だ。人はだれでもちょっとしたどうでもいい行動パターンをいろいろ持っていて、自分でもそれに気がついていない――仕草、呼吸パターン、そしてだれかに怒ってるようだとか不安そうだとか言われて初めて気がつくような表情など。でも、そうした振る舞いを選りだして変えてみようとすると、それが実はいい加減なものではなく、ほかのものより気持ちが落ち着くのだということがわかる。研究によれば、快適さのちがいによる行動の形成は睡眠中ですら生じるそうだ。[18] したがって、「意図」と呼ばれるよく観察されたプロセスがなくても、行動は報酬を求めて形成されるわけだ。報酬に反応する選択というのは、自発的選択とか意図的選択、あるいは意識的選択と呼ばれるものよりも広いものだということになる。

こうした例は別に驚くほどのものではない。報酬依存型行動というのが、意識していたら意図的に思える行動のことだと言っても、だれも反対はするまい。だが、報酬依存というカテゴリーはそれより広いはずだ。痛みという感覚が、ごく一部でも報酬性を持つなどと言うのは変に聞こえるかもしれないが、ここで「報酬」というのはそれに続くプロセスの将来的な発生を増す要因すべてを指すのだ、ということを思い出してほしい。自分が何に関心を払うか選べるという意味で、癖や痛みのような現象も、快楽として体験される感覚と同じように報酬性を持つとしか考えられない。さもないとそれらは鮮烈さを持てず、人は自分が自己コントロールの努力の中でいちいち判断して必要と思ったものに注意を向けるしかない。

つまり、痛みが関心を引くなら、必然的に何らかの報酬性を持つはずだということだ。そして報酬が少ないか皆無な期間がそれに必ず続いたり、その感覚と混じり合ったりしていたとしても、全体としての経験は関心を引く部分のラベルを与えられることになる。というのもよいラベルとして機能するのは、関心を引くようなものだけだからだ。歯痛が嫌なのは、最終的にはそれが他の継続的な快楽のじゃまをするからだ――「痛みのせいで」食べたり遊んだり集中したりできない――でもその問題に名前を付けるときには、失われた快楽よりはむしろ歯での鮮烈な感覚が使われる。鮮烈な感覚と快楽不在との組み合わせは、痛みという現象のおなじみのパターンだ。パニックといった他のいやな感情についてもこれはあてはまる。

したがって「動機づけられた」というのは別に意図的だったり快かったりする必要はない。すべての反応はその結果次第だが、痛みのような一部の不快な結果が関心といった反応を強化すると考えるなら、快楽とその強化要因とをある程度区別する必要が出てくる。すでに述べた通り、パニックを起こしたい、悲しみに沈みたい、強迫観念にとらわれたい、あるいは歯科治療や出産といった苦痛な刺激に対して忌避的な感情パターンで反応したいという衝動でさえ、訓練次第で抵抗できる。でもそうした訓練を受けた後でも、こうしたマイナス評価の反応には人を引きつける何かがある。引きつけるのであって、押しやるのではない。人がこうした体験に身をゆだねるのは、何らかの意味で報酬性があるからだろうが、その報酬が快楽でないのは明らかだ。

図4－2に見られるトンガリは、痛みだけでなくパニックや悲しみ、満たされぬ渇望などの「とっか

かり」を示していることになる。痛みと同じく、追求せずにはいられない鮮烈な感覚が、量の多少はあっても不快感と不可分に結びついている。

報酬と快楽の関係を直感的にいちばんよく示す現象が、中毒性の習慣に耽溺しすぎたときの境界あたりで起きる。喫煙者二人が、タバコの量を増やしすぎたら快楽がなくなったので、量を減らしたら快感が戻ってきた、と語るのを聞いたことがある。喫煙は、量が多いときにも少ないときにも明らかに報酬として機能していた。そうでないと喫煙行動が続いたはずはない。それが飽和に近づくと、快楽としては感じられなくなったわけだ。でも快楽がなくなったときでも、タバコをやめるという選択肢よりは喫煙を続ける選択をさせるだけの有効性は持っていた。同じように、被験者に自分でモルヒネ注射をさせると、快楽を感じるには少なすぎる量の注射を続けたりするのが観察されている。プラシーボ（偽薬）だとこの行動は生じない[19]。

報酬性は明らかにあるのに快楽をもたらさない行動は、実は珍しくない。人々はしばしば、そうした行動の機会を避けようとする。幻覚を見たり、強迫観念にかられたりする人物は、そうした衝動から気をそらすようなものを探す。爪を噛む癖のある人は、爪に辛いものを塗っておく。食料を十分に持ってこなかったハイキング参加者は、食欲を喚起するような思考を避けようとする。でもこれらの戦略は、伝統的な効用理論から見れば異常なものだ。伝統的な理論では、爪を噛むには十分な効用があるかないかのどちらかだ。パニックに陥るという選択肢があるなら、その選択は十分な価値があるかないかのどちらかだ。自制心の入る余地はない。快楽をもたらさない報酬などという可能性は、完全に無視され、明らかに不快なものが選好されるという事態は、古典的な条件付けを持ち出すことで説明がこじつけられる。「それは本当は選好されているわけではなく、条件反射の転移でしかない」というわけだ。

2 利益は選択を求めて競合する

ハーンスタインのマッチング則は、効用理論に欠けたものを与えてくれる。双曲割引曲線だ。これだと人は、あらゆる時点で期待割引効用を最大化しつつ、一時的でしかない選好も形成できる。この単純なツールを使えば、効用理論はこれまで謎とされてきた不合理で対立する目標を説明できる。そしてこのツールを使えば、心の中にいる小人さんは要らない――自我だの裁判官だの内的な哲人王だの、統合や連続性の器官だのを持ち出す必要はなくなる。そして、そういう器官があったとしたらそれがどう機能するはずかも予測できる。このモデルでは、人は各種の利益――報酬を求めるプロセス群――で構成されている。それらのプロセスは、自然選択によって形成されてきたものだ。そのどれが選択されるかは、双曲的に割り引かれた報酬に基づいており、その利益は種の自然選択とほとんど同じくらい自由な市場で、選択を求めて戦略的に競合する。こうした利益の競合が、個人の心の中でアダム・スミスの「見えざる手」を動かすわけだ。

双曲割引曲線は、こうした相容れない報酬追求プロセスが、自然の中の動物のように競合することを示してくれる。それぞれが支配的となれる範囲が、そのプロセスにとってのニッチだ。そのニッチの中では、そのプロセスは自分の基盤となる報酬を手に入れるチャンスがあるし、競合プロセスがそうした報酬を奪おうとするのを回避できる。つまり動物種と同じように、環境によってはある利益が競合する利益を攻撃できるし、別の環境ではその利益は攻撃される側にまわる。この相互作用は、それぞれの報酬が支配的となる期間に応じ、特色ある体験を生み出すことになる。

もし割引が指数関数で行われるなら、こうしたモデルは筋が通らない。人の利益は完全に統合されて唯一無二のものとなり、自分自身の将来の望みを制限しようなどという動機は生じない。内心の葛藤をめぐるアレゴリーは昔から人気があるが、指数関数割引ではまったく説明できない。たとえばルネサンス期には、人に宿った美徳と悪徳の闘いという話がよく持ち出されたし、道徳家たちは自己統御についての寓話をいろいろ語り、また複数の人格が一人の登場人物の中に宿る話は小説で人気がある。双曲割引を使えばこれは解決する。人間が自分自身と対立できるようになり、セイレーンの歌を聴くユリシーズと、故郷に戻ろうとするユリシーズとが敵対できる。この競合での単位となる「利益」とは、同じ目標を目指すすべての行動で構成される存在だ。

ちょうど動物を濾過摂食者、略奪者、狩猟者といった形で分類できるように、利益も相対的に短期的、中期的、長期的といった特徴づけができる。短期的な利益の一部は、長期的な利益をつぶすことでしか実現されない。たとえば中毒患者の心の経済の中では、ドラッグ中毒が社会的な報酬追求に勝ってしまう。だが実際によくあるのは、短期的な利益が長期的な利益を殺すのではなく、そこに寄生することだ。たとえばクレジットカード濫用中毒という利益は、貯金したいという長期的な利益を食い物にする。この場合には、長期的な利益は短期的な利益が消費するためのお金を提供してくれるわけだ。

期間のちがう利益は、食物連鎖のようなものを形成することになる。魚が小さいものから大きなものへと並び、それぞれが自分より一つ小さいものを食べようと口を開けている有名なマンガがあるが、あれと似ている。でも利益の場合は、期間の短いもの（つまりはおそらく「合理性の低いもの」）が長いものを食い物にする。図4－3は、報酬が連続する場合に双曲割引曲線がどう働くかを示したものだ。後のほうにいくにしたがって報酬は大きくなり、順次支配的となる。でも実際に選ばれてしまうのは、一番最初の小さい報酬となる。ただしそれが、もっと後の大きな報酬に基づくプロセスに妨害されなければの話だが。

理論的には、両立しない報酬を含むような体験は、短期的なものから長期的なものまで無数にあって

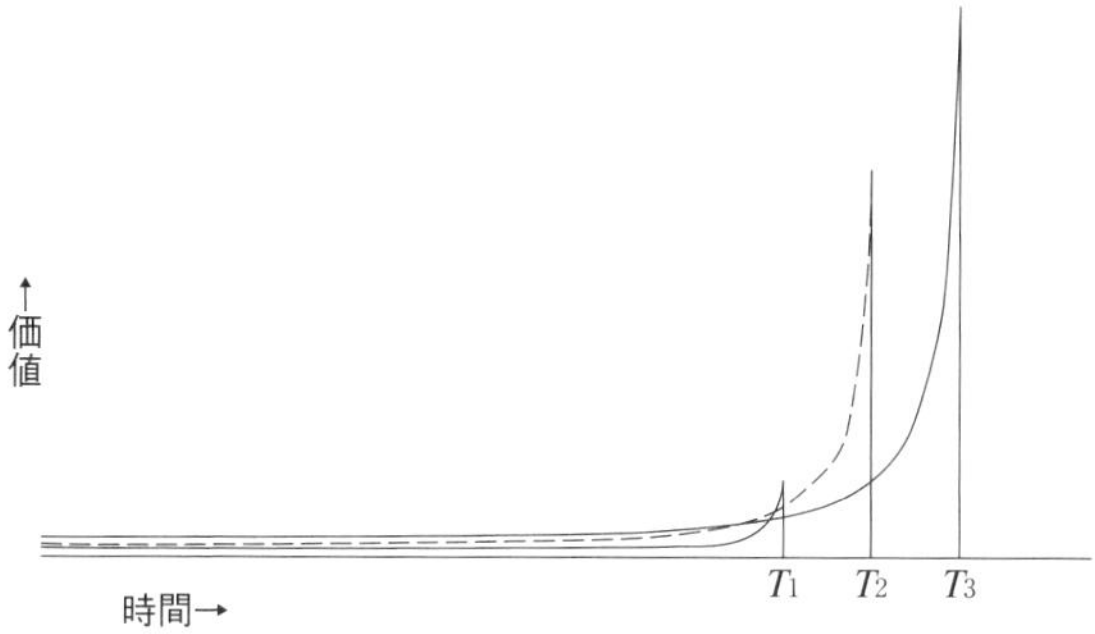

図4－3　報酬の大きさが13：70：100の関係にある3つの代替報酬の割引値。図の時間関係では、最初の報酬（T_1に発生）は2番目のもの（T_2に発生）より一時的に選好され、2番目のものは第3のもの（T_3に発生）より一時的に選好される。最初の報酬がドカ食いで、2番目のものが翌日に体重計でよい気分になれること、そして第3の長期的で最適な代替選択肢が、過食症を克服してよい気分になれることだとすると、上の関係ではドカ食いがほかのよい気分を制して選ばれる結果となる。

表4－1　一時的選好期間の範囲

分類	特徴	サイクルの期間	問題として認知されるまでの期間	事例
最適	忌避されない	なし	なし	対立のない満足、「愛して働く」
強迫観念	意志で制御、回避したいか曖昧	数カ月～数年	数十年	「仕事中毒」、ケチや神経性拒食症などの人格的制約
中毒	快楽と回避の期間が明確	数時間～数日	数日～数年	薬物中毒、爆発的な感情習慣
癖	快楽期間は曖昧だが参加は意識的に行う	数秒	数分	肉体的な癖、オブヤッション、チック、習慣、憂鬱症
痛み	快楽なし、意識的な参加なし	数瞬	数瞬	肉体的な痛み、パニック

もいいはずだが、これまで述べてきた四種類と、決して後悔されない最長期の報酬以外のものはなかなかはっきり区別できない（表4－1）。たとえば過食症を克服しようとする患者を考えてみよう。この人の最長の利益は食べ物にこだわらなくなることだが、でも自分の摂食を厳しく制限しようという強迫観念を持っている。この強迫観念は、自分が過食中毒だという認識から発生するもので、この中毒はときどきドカ食いとなってあらわれる。仮にこのドカ食いが、食物が汚染されているのではないかという脅迫観念的な不安に食い物にされることがあるとしよう。これは癖くらいの期間を持つ衝動で、食べる楽しみを台無しにする――そしてそこでこの人がつま先をぶつけて、あまりに痛くて目下の心配すら忘れてしまったとしよう。こうなると、「捕食連鎖」とでも言うべきものが生じていることになる。ここでは表4－1に登場する別々の経験がそれぞれ登場している。痛みが不安（癖の範囲）を邪魔する。不安はドカ食い（中毒の範囲）を台無しにした。そしてドカ食いは拒食（強迫観念の範囲）を無駄にした。そして拒食は理性的な食事（最長の範囲）を犠牲にしていた。短期の選好が長期的な選好を食い物にしている。ちょうど、無駄遣いしたいという衝動が、そのお金を貯めた慎み深いプロセスに寄生したように。

ある範囲の見返りを持つ利益が、他の期間の利益と手を組むことも十分可能だ。ちょうど教会が「カジノ・ナイト」を設け、一時的にギャンブルを許して人々に強欲さを克服させて資金集めをしたりするようなものだ。生き残るために、ある利益が競合する利益たちに対して戦略的に対処しなくてはならないことも多い。だから成功する利益は、自分の報酬が提供されるまでの時間を有効に使い、他の範囲で支配的となる競合利益を退けておくような行動を用意してある。この問題については次の章で扱う。それより先に、快楽ではない短期的な報酬が、渇望や感情を理解するのに使えることを見てみよう。

双曲割引を導入すれば、条件付けを持ち出す必要はなくなる。これは痛みの場合に限らない。短期的な報酬による誘惑という単純なメカニズムを使えば、現代社会で人々を動機づけるほとんどのもの――実にさまざまな欲求（渇望や感情）――ですらさらに深い動機を持つものとして理解できるし、従来の効用理論が考えるような、刺激物の放出といったものとはまったくちがった制約を持つことも明らかとなる。この議論は何度か採り上げる。まず、飢餓や感情が本質的に同じものだと指摘し、それが各種の動機と連続性を持っていることを指摘しておこう。

3　感情は一種の欲求だが、対象を持たない

一般に感情と呼ばれる体験は、多種多様だし範囲も幅広い。まずは下等動物でも見られ、明確な神経細胞の活動で制御される三つか四つの基本プロセス（最低でも恐怖、性欲、怒りという「中核感情」）が存在する。その次の段階では、生理的なプロセスは同定されていなくても多くの文化で名前を持ち、表情の写真を見せると文化を超えて理解されるような数十種類の特徴的なプロセス（喜びや軽蔑など）がある（こうした追加プロセスを「定型感情」と呼ぼう）。そして潜在的には無数にあるはずの微妙な感情的状態、たとえば羨望や皮肉などは、個々の文化や時代に特有なものであることが多く、それを引き起こす状況を描くことで同定される（この追加的なプロセスを「微細感情」と呼ぼう[20]）。渇望はもっと数が少なくて、その渇望により「消費」が促進される刺激――食物、暖かさ、薬物など――によって定義づけられる。渇望と感情との間には、明らかなちがいが二つある。

1. 渇望は明らかに、固有で具体的な刺激物の欠乏と供給によって制御される。とはいえ、特定の対象に対する渇望は、「嗜好」という後天的な習得プロセスに大きく左右されるので、感情にありがちな文化固有性も多少は持っている。納豆やイモムシ焼きへの嗜好を抱くには、その味わいを満足と関連づけるよう学習しなくてはならない。濫用物質への嗜好を抱くには、アルコールの化学的な味や、ヘロイン注射に伴う嫌悪と吐き気を陶酔時の多幸感と結びつけるよう学習が必要となる。

2. 感情はもっと独立したものであることが多く、はっきりした消費フェーズにはつながらない。たとえば怒りは復讐を必要とする場合もあればしないこともある。性欲はしばしば渇望とも感情とも呼ばれるし、肉体的な満足を得る機会がないときにも、それ自身のためにもてあそばれたりする（たとえばポルノを眺めたりする場合など）。

これらの点を除けば、渇望は感情と実に似ているので、この問題になじみのない人なら、刺激物による制御可能性さえなければ両者は同じものだと結論づけるだろう。ヤン・エルスターも、中毒から生じる渇望と感情について似たような結論に達している。かれは両者のちがいを二つ指摘する。中毒は自然の渇望（そしておそらく感情）を司る脳機構を乗っ取る。そして中毒は感情よりも「信念依存性」が低い、[21]つまり具体的な刺激物に依存している。これらはいま私が記述した、渇望一般を定義づける特徴でもある。

渇望と感情をまとめて表すには「欲求」と言うのがいちばんいいだろう。ただしこれは、渇望と感情の本質的な類似性を前提としているのだが、この類似性は一般の用法ではあまり認識されていない。欲求は、どうも何らかの消費様式――たとえば食物、セックス、ドラッグ――の前段として機能するらしい。その前段が不安である場合には、消費されるのは痛みだ。前段が快楽に備えてのものなら、欲求は渇望と同じものとなる。感情の場合、おそらく前段とか後段とかいうものはなく、その欲求が唯一の段階だ。悲しみや喜びは、それに続く消費フェーズを特に持っていない。ここでは、渇望と感情のちがいが重要でない限り、両者をまとめて欲求として扱う。ちがいが重要なら、渇望と感情を分けて使おう。(22)

さて感情と他の欲求との境界線がはっきりしないだけでなく、欲求と、何かを求める他の理由との境界線もはっきりしない。専門家が挙げる感情の一覧は、その範囲も分類の細かさも、人々が通常の動機と呼ぶものとは大きくちがっている。目前に迫った死を恐れて行動するのと、まぬけに見えるのが怖くて行動するのとでは、生理的なプロセスがちがっている。でも恐怖が感情ではなく、単なる言葉の綾になる境界の一線はあるんだろうか？　羨望は特殊な精神プロセスなのか、それとも欲望の自覚の一カテゴリーにすぎないのか？　好奇心はどうだろう？

「感情」ということばは、単に何か人を動かすものを指すだけだ。これだと、動かされなくても生じるような行動があると言わんばかりだ。でもこれまで見たように、あらゆる行動は「動機づけられて」いる――何らかの形で動かされているわけだ。感情とほかの動機との唯一のちがいは、それがどのくらいはっきり表れるか、ということしかないようだ――ある程度の強度や本質的な規則性を持っていて、人がそれに十分気がついて名前をつけたかどうか、というだけの差だ。「感情」ということばは、動機の科学にとっては地形学における「丘」と同じようなものらしい。背景があまり特徴がなければ際だって見えるが、でも背景と同じものでできていて、特徴的な存在として名付けられるかどうかは観察者の便宜次第というわけだ。純潔主義者にしてみれば、「感情」ということばはむしろ「山」に似ている。つまり純潔主義者は、特別な名前を与える場合には通常の動機と大きなコントラストが存在することを要求する。でもどこから山になるかを明確にしようとすると、ふもとで同じ問題に直面することになるだろう。

デビッド・ヒュームはこの本質的な連続性を二五〇年前に認識している。

さて、確かに一部では穏やかな欲望や性向が存在する。これらは、本物の情熱ではあっても、心の中にあまり情動を引き起こすことはなく、その直接的な感覚や気持ちよりもむしろそれが引き起こす影響によって知られている。(中略)こうした情熱のどれであれ、平穏であり魂をかき乱さないのであれば、それらは理性の決定であると捉えられがちだ。[23]

3-1 欲求は行動である

これで準備ができたので、私の議論に戻ろう——一見すると自発的でないプロセス(忌避性だけでなく渇望や感情一般も)は報酬の独特な時間関係のために、一種の誘惑として機能しているのだという議論だ。望ましい(遠くからでも選択される)ものと、単なる報酬依存との区別は重要だ。というのも多くの理論は、科学的なものであれ常識であれ、主観的に求められていない行動を、古典的な条件付けといった仮想メカニズムなどの動機づけられないプロセスのせいにするからだ。

第2章で、条件付けが快楽を求める衝動を引き起こせない理由は説明した(第2章2-1節)。でも回避したい体験を押しつけるためには条件付けが必要ではないかと思った人もいるだろう。もし報酬を狭く定義して快楽と同じものだと考えるなら、そうしたメカニズムは何らかの形で不可欠だろう。そうでなければ、なぜ痛みに注意を払ったり、落ち込むような感情を抱いたりするのか？　だが、きわめて短期間だけ働く報酬が、全体としては回避したいようなプロセスを抵抗しがたいものにするということに気がつけば、ずっと簡潔な想定が可能となる。代替可能な行動すべてと、それを律する心的プロセスはすべて、その期待される結果、つまり私がこれまで報酬と呼んできたプロセスだけに厳密に基づいて選ばれるという想定だ。行動を反射によって（つまり押す形で）律するような、仮想的な事前の原因は、実は必要ないのだ[24]。

つまり、双曲割引で作り出される短期の報酬を認めさえすれば、一見すると自発的でない心的プロセスを説明するために副次的な選択要因を持ち出す必要はなくなる。前に説明した条件付けの二要因理論（第2章2－1節）では、欲求はその人が左右できない刺激物によって引き起こされなくてはならない。二要因理論の二つの想定は、反応が単純に移転できるという仮定と、指数割引だ。移転できるというのは、欲求というのが特殊なプロセスで、最初は生得的に分泌される刺激物に依存しているのに、それがやがて対合だけで任意の信号に反応するようになる、という想定だ。こうした想定は、少なくとも回避性の欲求の場合には不可欠となる。というのも、伝統的な指数割引では、人がそんなものを体験できるメカニズムはないからだ。恐怖をなくす最も手軽な方法は、それを無視することだ――穴に頭をつっこめばいい。それができないのは、恐怖が有無を言わせずこちらの関心をつかむようになっていると考えるしかない。

でも、すでに見たように（第2章2－1節）、現状で最高の証拠を見る限り、反応を対合だけであっさり転移させたりはできないし、割引は双曲関数に従うようだ。逆に、双曲割引が作り出す短期報酬は、痛みのみならず、パニック等の感情、渇望、各種欲求、あらゆる非自発的で望ましくない心的プロセスが、快い代替物と競合できるメカニズムを提供してくれる。図4‐1、4‐2で見られるスパイクは、痛みだけでなく、パニックや怒り、事前にふける悲しみ、渇望の衝動、満たされぬ渇望からくる苦痛などの「とっかかり」を示すこともできる。痛みと同じく、無視しにくい鮮烈な感覚が、各種の報酬阻害と不可分に混合しているわけだ。

だから欲求は行動だという議論も十分に可能だ――もちろん自発的で意図的な行動ではないが、目標を持ったもので、(1)欲求を持たずに何かを消費するより持って消費したときに増える報酬の増分と、(2)欲求自体が生得的に持つ報酬性（これは痛みが生得的に魅力を持つと述べたのと同じ意味だ）の二つで形成される行動だ。同じように、欲求を引き起こす刺激は、何か生得的なドアを開ける鍵ではなく、欲求の報酬性に差が出る時点を予測するのに便利だから選ばれた機会なのだ。欠乏→欲求→消費というシーケンスを峻別するのは通常はむずかしいが、場合によっては観察可能だ。欠乏が渇望につながるのは、その渇望が多少なりとも消費につながる可能性がある場合だけだったりするのだ。

人は、食物が提供されるとき、たとえば食事時間にだけ空腹を感じるように学習できる。食物がまったくないとき、つまり渇望状況では、人々はまったく食欲を起こさないように学習する。船乗りは、「喫煙可能」サインが点灯していないときにはタバコを欲しがる気を起こさないよう学習するし、正統ユダヤ教徒は安息日には喫煙したいという気を起こさない。丸一日吸わなければ強い欲求が生じても当然なのに、である。同じような報酬反応は、アヘン中毒者に対してアヘン物質を決まった日にしか提供しないプログラムでも見られた。禁断症状を起こすと罰を加えるプログラムに参加させると、中毒者たちは禁断症状を起こさないことさえあるとの報告もある。ヤン・エルスターによれば「渇望は、きっかけ依存であり、信念依存（つまり満足を得る方法があるという信念に依存）であるだけではなく、『コスト依存』でもある」。この実際的な性質は、

もっと純粋に内臓的な衝動である、排尿欲求にもあてはまる。通常許容されている排尿手段が手近になければ排尿欲求は低下し、まもなく排尿機会がやってくると被験者が知ったとたん、その欲求は急速に高まる。[25]

確かに、渇望が何か目標に誘導された行動だと考えるのはむずかしい。渇望はそれ自体として報酬性を持たないんだから、数百回くらい起きてもその後に求めるものが手に入らなければ消滅してしまうのではないか？　でも、この計算は食べ物が欲しいイヌの場合でも大差ないはずだ。実際の報酬の価値に比べれば、哀願するのは安上がりだから、その時間にはほとんど絶対に食べ物が手に入らないとしても、やってみても損はない。同じように、屋外型のペットを屋内型のペットに変えるというのは、ほとんどの人の忍耐を超える作業だ。何カ月にもわたり外に出られない状況が続いたとしても、だれかが外に出るのを見ただけでその動物は外に出たいという欲望をかきたてられる。渇望の場合も同じで、少しでも希望が見えたとたんにそれがかきたてられるわけだ。

消費財の有無に制限されない感情も、非自発的なものとして経験される。では何が感情を制限するのかという議論は後出（第10章1節）。[26]ここでは単に、感情が自発的な行動と共通して持つ一部の性質を見ると、それが究極的には報酬依存だと述べるにとどめる——つまり感情は引かれるものであって、押されるものではない。でも、それが報酬依存ではないと信じるエルスターは、それが思考だけで引き起

こされる性向により育成できると指摘する。感情は意図的に中断できるし、さらにはある感情を抱いたことについて、それが意図的に選ばれたものであるかのように、後ろめたく思うことさえあることを指摘している。[27]

4　まとめ

双曲割引が引き起こす一時的選好は、その持続期間に応じてちがった経験をもたらす。それが最もはっきり表れる活動というのは、数分から数日にわたって強く選好されるが、事前には同じくらい強く恐れられ、事後的には強い後悔をもたらすようなものだ。これらは私が、中毒的な持続期間と呼ぶ期間で選好されるような刺激であり、麻薬中毒はその一部でしかない。もっと長期の選好は、回避期間がこれほど堅牢ではなく、しばしば強迫観念として体験される。ごく数秒しか続かない選好は衝動（私の呼び方では癖）として体験され、普通は望ましいこととは思われないけれど、でもその当人の参加を動機づける。私の仮説では、さらに急速に繰り返すもっと短い衝動は、行動的な参加は引きおこさず関心だけに報いる。痛みがここに属する。これでなぜ痛みが鮮烈なのに回避したいものとなるのか、そして人の関心を引きやすいけれど、それに抵抗することも不可能ではないのかが説明できる。こうした期間範囲に応じた一時的選好は、一貫性のある長期的な選好も加えれば五種類のちがった利益形態を作り出し、それらが各個人内部の動機の市場で支配をめぐって競合する。

このモデルは、快楽と、それより大きな報酬というカテゴリーを区別する。報酬の中でも短期に働くものは、明らかに不快な活動へと人を誘い込むことができる。ごく短期間だけ選好される報酬という考え方を使えば、古典的な条件づけといった怪しげな二次的選択原理に頼らなくても、主観的には非自発的に思える多くのプロセスを説明できる。こうしたプロセスには、肉体的な痛みだけでなく、渇望や感情も含まれる。この渇望と感情は、どうやら私が欲求とよぶ共通カテゴリーに含まれるようだ。

II　意志を分解してみると——異時点間取引の構成要素

第5章　利益の基本的な相互作用

賢い利益が多数存在し、それぞれが自分の報酬が選好される期間範囲に基づいて自由に競合するというモデルを説明してきた。このモデルで最も重要なのは、それぞれの利益には競合利益を阻止するための戦略行動を学習する内的インセンティブが生じる、という点だ。

個人の中にこうした同宿者たちがたくさん群れていて、それぞれが声高に部屋の使用権を主張しているのなら、決断はどうやって下されるのか？　ある利益が競合相手を排除したいと思ったら、平均で、またはある時点で他より多くの報酬を約束するだけでは不十分だ。競合相手が将来のどこかで支配的になったら、今行った選択が取り消されるかもしれないからだ。一方で、それぞれの利益が存在を続けるためには、どこかの時点で最高の入札者にならなくてはいけない。さもなければ消滅させられてしまう。これを実現するには、それぞれが他の利益を制約する必要があるが、一方で自分はあまり制約されすぎてもいけない。ある利益がある時点で支配的だからといって、思い通りの報酬が得られるわけじゃない。その利益は、自分が支配的であるうちに他の利益を阻止して、自分の基盤となっている報酬を実現させなくてはならないのだ。

1　ある利益が別の利益を縛るには

長期的な利益の場合、これは将来支配的になりそうな短期的利益に目移りしないことをその人物に約束遵守させる、という意味となる。長期的な利益同士が対立することはあまりない。せいぜいが、非常に似通った選択肢の間で迷うくらいだ。というのも遠い将来の報酬の影響は、その「客観的」な大きさに比例することが多いからだ。同じくらい長期的な利益のうち、報酬の少ないほうは生き延びないことが多いし、その利益が消滅の運命に抵抗するインセンティブを持つ期間も存在しない。つまりそうした抵抗が、将来の割引報酬を高められる時点が存在しない。したがってこの種の選択は検討するまでもないので外す。

短期の利益の場合、生き延びるというのはおおむね長期的な遵守を回避させるということだ。同時に、他の相容れない短期利益に目移りしないことをその人に約束遵守させられたら有益だ。そして長期の利益を裏切るようにし向けることさえできる。たとえばドカ食いの最中には、ダイエットを連想させるようなカロリーに関する情報は避けるようにするし、同時に食事への没頭と互換性のない誘惑、たとえば性的冒険などの誘惑も阻止される。

ある利益が将来の選択を遵守させるのに使える戦術には四種類あるようだ。

1－1　心理以外による尊守の強制

将来的な代替案選択を物理的に不可能にしたり、将来の自分に影響するような外部のインセンティブを追加で手配したりする手がある。多くの場合、これは長期的な利益が短期的な利益をコントロールしようとする時に使われる。

この問題も、その解決方法も基本的なものだ。別に高度な人間の認知力はいらない。鳥ですらこれをやることが実証されている。すでに述べた通り、もっと後にもらえる大量のエサという報酬を待つしかない状況に自分を追い込むようなボタンがあれば、ハトはそれを押すよう学習する(1)。

この基本的な戦術の例は、現代にも見られる。多くの著作家がよく持ち出すのはユリシーズの問題だ。たとえば経済学者ロバート・ストロッツは、明らかに合理的な消費者が、自分の将来の選択肢を狭めるためにわざわざお金を払う、ということを指摘している。映画スターは財務マネージャーにお金を払って、自分が浪費しないようにしてもらう。そして多くの人々は利息のつかないクリスマスクラブ口座に貯金して、貯金する追加インセンティブを作り出す。ヤン・エルスターはユリシーズの問題を自分の著書の題名に使っている(2)。

中毒療法家たちはジスルフィラムに大きな関心を寄せた。これはアルコールの代謝を変えるので、酒を飲むと吐き気が起きたりひどく気分が悪くなったりする。ジスルフィラムは一時的選好問題に対する完璧な答えのように思えたが、その結果はかなり期待はずれとなった。これはおそらく中毒が長期的な利益にとってある種の戦略的価値を持つことがあるからだろう。これについては第9章で述べる(3)。

一部の自己制御装置は、完全に指数関数割引で構成された世界でも十分意味を持つ。たとえば、食欲を減退させるダイエット錠剤などがそうだ。合理的な計画者にしてみれば、食事を減らすべきだと決断したときに空腹を感じないようにできたら確かに楽だ。だがそれ以外の、言わば自分をマストに縛り付けるに等しい状態を作る装置は、欲求――飲酒したいとか無駄遣いしたいとか――を減らすことで機能するわけではない。これらは、自分の欲求が強いときに行動を防止するものだ。こうした計画は、従来の効用理論から見ればまったく筋が通らない。効用理論では、人々はずっと一貫性を持って見込みを最大化しようとする。双曲割引では、まさにこうした遵守行動の市場が予想される。そしてすでに見たように、ハトですら時にはそれを実現するように行動する。

物理的に自分を追い込む手段が常に存在するとは限らないし、その有用性も限られている。ある時点まで自分のお金を保管しておいてくれるようだれかに頼めたとしても、そのお金がどうしても必要になることもあるだろう。そうなったら――あるいは単に、もともと見越していた選好が変わったら――自分が構築した計画を取り消すのにずいぶん多くのエネルギーを費やすはめになるかもしれない。たとえば、当初の約束が切れたときに戻ってくるはずのお金を担保にして、借金を手配するなどだ。

もっとありがちなのが、影響を与えてくれる他人を見つけることだ。自分のやりたいことをしている集団に参加する――ダイエットクラブや禁酒クラブなど、あるいはフィットネスクラブや話し合いクラブでもいい。あるいは、ある振る舞いを変えることが重要なのだと友人に知らせるだけでもいい。その振る舞いが実際に変わらなければ、その友人が失望することになる。これはコミュニティ内での自分の評判を賭ける戦術だ。社会学者ハワード・ベッカーはこの戦術について、他人の尊敬や愛をかきたててそれを「副次的な賭け金」にしているのだ、と表現する。そうした人々が承伏しない衝動を避けようという追加インセンティブができるわけだ(4)。

社会的な副次的賭け金は、物理的に自分を追い込むのに比べればずっと柔軟だが、これにも制約はある。たとえば、他人から隠せるような衝動では使えないし、他の人々が特に反対しないような衝動の場合にも役に立たない。かえってほめられたりして、逆効果になってしまうこともある。さらに、社会的な影響に身を任せること自体にもコストがある。特に国際的な社会では、そうした依存を悪用したがる人間に出会う可能性も数段高くなる。こうした問題はあるが、それでも強い社会的動機を持った人々はこの戦術をかなり使う。キャロル・ギリガンは、それが男性より女性で重視されると述べている。この可能性については後述(5)。

短期的な利益のほうも、長期的な利益に対抗するために心理以外の戦術を使うことは不可能ではないが、あまり興味深い例はない。確かに飲んだくれてしまえば、中期的にはしらふになれないという形で自分に遵守を強いることはできるが、こうした行動については特に言うべきことはない。

1-2 関心を操作する

自分の気を変えてしまいそうな情報を避ける手もある。魅惑的な報酬が存在するのを知っていたら、それについて考えないようにすればいい。「噂をすれば何とやら」とも言う。フロイトが抑圧の悪い面を指摘するまでは、誘惑については考えないようにしろというのが最も一般的なアドバイスだった。典型的な例が、二〇世紀初期の『正しい思考とまちがった思考およびその結果』という本にも見られる。この本は読者に対し「心を乱す思考を避ける」ように助言している。その手段として挙がっているのは、可能な限り気をそらすこと、そして必要ならば「もぐら叩きの法則、つまり『頭が見えたらすぐ叩け』を適用するべきである。悪しき考えは、最小限といえども即座に芽を摘んでおくべきなのである」。行動主義論者は今日ですら、衝動を避ける有益な方法として「刺激コントロール」を挙げる。心理学者ジャネット・メトカーフとウォルター・ミシェルは、人々が熱情抑制に使う手段を一覧にしているが、その相当部分がこれに該当する。経済学者ですら、こうした「無視の価値」（これは無料の情報すら入手しないという形で行われる）に注目しはじめている。[6]

関心を使う戦術は、一瞬でも関心を向けたら支配的になるような、きわめて短期の衝動には特に有効だ。前章で、歯科治療や出産の痛みをコントロールする手段として、関心の向け方を意図的に操作する手法を紹介した。同じように、患者によってはパニックや乖離症状やてんかん発作などの襲来時に、そうした事象が起きつつあるという感覚から頑張って心を引き離すことで「戦って打ち負かした」、と証言している。

タイミングよく目を背ければ衝動に負けずにすむ場合は、明らかに存在する。問題は、短期の利益は長期の利益より関心の操作がうまい、ということだ。ある誘惑の存在を認識しないほうが長期的な利益には資するけれど、短期的な利益としては、その誘惑に負けた場合の長期的な影響についての情報を遮断したほうが得だ。長期の利益と短期の利益が競合するとき、関心操作は諸刃の剣となる。実はフロイトやその支持者たちが開発した心理療法の多くは、抑制（意識的にある思考を避けること）、抑圧（無意識ではあるが、ある目標のためある思考を避けること）、否認（ある思考の持つ意味合いを避けること）といった手段を自分が使っていると患者に認識させるためのものだった。自分をだますことさえやめれば、人はあっさり理性的・合理的になれるのだ、とフロイトは考えた。

精神分析家以外にも、ないものねだりが長期的な計画を台無しにすることを述べた論者は多い。すでにアリストテレスでさえ、欲望は信念に対して泥酔と同じ影響を与えると述べている。[7] この観察は、悪癖を捨てようとしながらぶり返しに苦しんだ人もしばしば報告していることだ。将来を指数的に割り引く世界では、知覚を意図的に歪めるなどという行為もやはりまったく筋が通らない。

目先の安寧が一時的に選好されやすい以上、抑圧のメカニズムは簡単に思いつく。関心を都合のいいものにだけ向け、自分の集める情報を系統的に歪める手法はたくさん報告されている。実験によれば、人は記憶に感情的な意味合いに応じたラベルをつけて、そのラベルに基づいて記憶を引き出す。だれかがこちらに向かってくるとき、人がまっさきに思い浮かべるのは、その人の名前でも最後に会った場所でもなく、その人ともっと会いたいかそれとも避けたいか、という印象だ。本棚の本を見たときも、訪れる場所の場合でも、同じことが起こる。その最初の印象がまずいものなら、人は何も考えずに向きを変える。そしてなぜ向きを変えたか、あるいは向きを変えずに相手と対決すべきかどうか、などということは一切思い浮かばない。経済学者マシュー・ラビンは、まさにこうした無意識的なやりかたで手前勝手な道徳的理由づけが生じることを述べている[8]。

1－3　心の準備をする

それ自体が勢いを持つ動機プロセスを、育んだり抑止したりするという方法もある。そうしたプロセスは一般に感情と呼ばれる。これらは少なくとも近い未来において、報酬の期待が選択にどう影響するかを変える。特定の満足に対する欲求が喚起されたら、人はしばらくそれに専念してしまう。その対象が持つ報酬力は高まり、そしてそれを妨害するようなものに対する嫌悪が起きたりする。デザートのワゴンが近づいてくると、突然デザートの魅力が跳ね上がる。あるいはもし怒りがかきたてられたら、自分の安全も含めその他のあらゆる動機よりもそれが大きく感じられる。デートで愛撫を始めたら、セックスの誘惑以外のものは目に入らなくなってしまう。これはティーン向けのデート指南書が昔から警告していることだ[9]。

前章で、欲求の根拠となる報酬が絶対に起こりえないとき、あるいはそれに対して罰が起こるときには、人々は欲求そのものを抱かないよう学習すると述べた（第4章3－1節）。この行動が誘惑をおそれて生じたのなら、これは心の準備をした例となる。感情的になると他人に利用されやすいのを恐れている人は、そもそも感情を抱かないように学習するかもしれず、すでに述べた失感情症を生じることもある。実験室環境では、早期に提供されるあまり好きでない食べ物と、もっと好きな後期の食べ物の選択を与えられると、最低五歳の子供でも自分の思考をあやつって食欲を避け、後の好きな食べ物まで待てるようにする[10]。

これらは精神分析家が「情動の隔離」と呼ぶ衝動制御技法の一種だ。これが機能するには、脇目もふらぬ一貫性が必要となる。感情性などの欲求は、報酬がもらえる可能性が少しでも生まれると、すぐに容赦なく首をもたげる。だが感情によってその程度はちがう。怒りは馬のように馴らせるが、「色欲」の力（性欲）は野生のイノシシやヤギのようなもので、飢えさせてコントロールするしかない、というガレノスの洞察を思いだそう（第1章1節）。

精神分析家たちは、ある感情を育めばその反対の感情が育つのを阻止できるとも述べる──「反動形成」や「情動の反転」というやつだ。母親を嫌いたくなければ、母親の愛すべき点を探そうとする。人に甘いのが自分の問題だと思ったら、人々を自分の敵として見る手だてを考える。ここでの分析家たちは、昔の著述家たちも気づいていたことを広めたにすぎない。「情動と情動を戦わせて、片方をもう片方で制するしかない。かつて獣を獣で狩ったように」（第1章1節）。一八世紀には、自分を追い込む装置として現実的な戦術はこれしかないとすら言われていた。哲学者デビッド・ヒュームは「情熱の衝動に対抗したりそれを抑えたりできるのは、それと反対の衝動だけだ」と述べている。[11]
感情が持つ短期の約束遵守効果は、外的な約束遵守手段や関心操作と同じく、短期の利益にも長期の利益にも役に立つ。長期的な利益は、勇気や美徳を実現するために感情を育むが、一方で理性に対して耳をふさぐために情熱に没頭する場合も同じくらいある。

1-4　個人的なルール

誓いを立てる場合もある。一時的選好に対処するのに最も一般的な方法はこれかもしれない。でもこれは最も不可思議なものでもある。動機の変化への抵抗力を増やすにあたり、「誓いを立てる」ことに何の効果があるのか？　これはまさに意志であり、ギルバート・ライルが分析して実体がないと結論づけた概念であり、またゲーリー・ベッカーのような伝統的効用理論家にとっては入り込む余地のない概念だ。

伝統的な効用理論は意志に何の役割も与えてくれない――でもそれを言うなら、効用理論はもともと一時的選好の問題自体を認識しない。将来を指数関数的に割り引くという想定のために、効用理論は意志ということばが持つまったくちがう二つの意味を混同する。最初の意味は、心身二元論哲学者たちが、心と肉体をつなぐものとして必要とした仮想的な要素（「腕を動かす意志を持った」という言い方に見られる意味）であり、もう一つの意味は、よく「意志力」と言うときの、誘惑に打ち勝つ能力のことだ。割引が指数的なら、誘惑に抵抗するのも肉体と心を結ぶのも同じくらい無意味で、どちらも考慮に値しないことになる。

これに対し、双曲割引は一時的選好を作り出すはずだから、それが今まで述べてきた三つの遵守戦術を動機づけることになる。残る問題は、この三つの戦術が何かを意図する（意志を持つ）という経験を説明できるかどうかだ。

私が話を聞いたほとんどの人は、誘惑に抵抗するときにこうした装置をどれ一つとして使わなかったと述べている。禁煙したり、借金漬けから抜け出したとき、ほとんどの人は「とにかくやっただけ」だと言う。「意志力」だの「人格」「意図」「解決」といったことばが使われることは多いけれど、でも人が実際に一時的選好にどう抵抗するかという説明にはならない[12]。だが、一部の著述家たちは意志の持つ具体的な性質を述べている。

最も堅牢な発想は、意志が個別の選択を主義や原理原則の問題に変えることから生じる、というものだ。紀元前四世紀の時点で、アリストテレスはすでにこの発想を提案している（ただし選択傾向を「意見」と呼んでいるが）。「自制が効かないという問題（アクラシア）の原因を科学的に考えるには、こういう方法もあるかもしれない――ある意見は普遍的であり、もう一つは個別のものを扱うと考えるのだ」。ガレノスは、情熱を制御するには個別の機会を見るよりもむしろ、理性がもたらす一般的な原則に従うのが最善であると述べている。衝動の制御は、続けるのはつらく、やめるとますます再開しづらくなる技法であり、制御しない癖がつくと、その人物は「自分の魂から熱情の汚れを取り除く」のが非常にむずかしくなる、ということだ。

ヴィクトリア朝になると、意志力の性質の一覧表はもっと長くなった。意志は以下のような性質を持つとされた。

●意志は「目下自分を捕らえている主な衝動とは別の新しい力」として登場する
●「弱い側にその力を貸し（中略）ある種の快い感覚が持つ支配力を中和する」
●「ある種の行動を（中略）共通の規則のもとに（中略）統合」し、「それらが一つの総合的な目標に資する行動群の一部と見なされるようにする」
●反復によって強化される
●反復しないととてつもなく弱くなるので「まちがった側が強くなるたびに、正しい側での多くの勝利の効果が打ち消される」
●関心の抑圧や逸脱とは関係なく、「どちらの選択肢もしっかりと視界におさまっている」[13]

この一覧で特に目立つのは、やはりアリストテレスの述べた普遍性だ。つまり、ある種の行動を共通の規則のもとに統合する、という部分だ。また行動心理学派の研究者二人は、自己コントロールのためには被験者は手元の具体的な選択肢を見るだけでなく、もっと広い選択のカテゴリーを使って考えなくてはならない、という発想を研究している。ジーン・ヘイマンによれば、ハトは「局所的」な条件ではなく「総合的」な条件に基づいて選択を行うよう学習するという。ただしそのためには、自分がどっちに従っているかを伝える合図に応じて報酬を与えなくてはならない。この追加の報酬がないと、学習は起こらない。[14] ハワード・ラフリンは、自己コントロールというのが個々の「行為」ではなく、長期にわたる行動の「パターン」を選ぶことから生じるのだ、と述べている。この「行為」のほうは「分子的」で近視眼的だが、「パターン」のほうは「質量的」、つまり大局的で俯瞰的であり、一連の要素を総合的にとらえている。かれがエリック・シーゲルと行った実験では、三〇回の衝動的でない選択が必要とされた後では、ハトたちは衝動的な選択を行う確率が単独の選択の場合より著しく減ったという[15]。こうした実験は、意志をきちんとモデル化できてはいない。でも、人間文化の複雑性が要因とはならない状況ですら、カテゴリーに基づいて選択を行うことで双曲割引の影響を部分的に打ち消す現象が生じることは示している。

認知論系の論者ですら、カテゴリーに基づいて選択すると有益だと指摘している。たとえばバウマイスターとヘザートンは、「超越」が必要だと述べている。これは「関心を目前の刺激より遠くまで広げること」で、これによりその刺激が「もっと長期的な配慮の文脈で」理解できるようになる。同じように、一部の心の哲学者たちは、「意図の安定性」を実現するために「価値ある将来行動シーケンスや、ある状況ではある行動をするという価値ある方針を重視して現在の選択」を行うことが重要だと述べている[16]。

こうした選択カテゴリーがどのように生じ、それが追加の動機をどうやって動員するのか、という問題は残る。バウマイスターとヘザートンは、「望まれない思考や感情、衝動を乗り越えるだけの強さ」という能力を想定するが、それ以上の説明はない。哲学者エドワード・マックレネンは「決然とした選択」というのが「(以前の)自己によって設定された計画に対する遵守感」のせいだとしている。もっと複雑なモデルを使う哲学者マイケル・ブラットマンは、「人が具体的に計画をたてた状況においては、(現在になって自分の選好が変わったとしても)その(事前の)計画を守り通した方が合理的である」と論じる。それは別に遵守するのがよいことだからではなく、「計画者としては、その計画の終わりになって、現在の自分の決断を振り返ってどう思うかを懸念するから」だという。どちらの哲学者も、衝動と計画との対立を描いているが、どちらもこの対立の動機面については触れていない。「過激」行動心理学者のラフリンでさえ、必要とされるカテゴリーは本質的に安定なのだと想定している――その選択パターンは交響曲の音符のようにまとまっているので、いったんそのパターンを認識したら、それを壊したくないという動機ができる、とかれは言う。たとえば、「健康的な朝食」というもののパターンが、ジュースとシリアルとマフィンとスキムミルクで構成されるのだといったん認識したら、マフィンの代わりにアップルパイを食べたらせっかくのパターンが崩れてしまうので、そういうことはしない。それは交響曲の最後の一音を聞かないと、交響曲を聞く体験すべてが台無しになってしまうのと同じだ。同様に、抑制のきいた飲酒家は、節制のパターンを崩すから飲み過ぎないのである、ということになる。[17]

この見方はなかなか魅力的だが、でも完全に正しいという気もしない。そもそも健康的な朝食だの節制だのというパターンはどうやって決まったんだろうか? そして、単にパターンを崩したくないというだけでアップルパイをあきらめるというのは本当か? 特に過食症やアル中といった潜在的な中毒では、人々はむしろパターンを守るよりも破りたいという衝動を報告している。パターンに従うほうが努力を必要とする――交響曲を聞くのとはまったく逆だ。交響曲なら、途中で聞くのをやめるほうが努力を要する。食事制限や決意を強制するのは何だろう?

標準的な効用理論で答えは出るが、そのときの割引曲線は双曲型でなくてはならない。連続した事象の割引報酬力が加算されると想定するだけで、連続した報酬のほうが、単一の事象として提示された場合よりも、その客観的な報酬の大きさに見合った形で選ばれやすくなることがわかる。加算性についてはあまり研究がないが、少数の実験から見る限り、各報酬の持つ双曲割引された影響は単純に加算されるようだ。少なくともハトやラットではこれが示されている。[18] 想定としてこれが最も単純なので、ここではこれを採用することにする。

大きな報酬がいくつか続き、そのそれぞれに対し、少し早めに小さな報酬の選択肢が存在すると考えよう。たとえば哲学者ブラットマンの挙げる例だが、毎晩演奏があるのに、いつも出演前に酒を飲み過ぎてそれを台無しにしてしまうピアニスト、というのを考えてみよう。[19] このピアニストは遠い昼間の時点では、酒を控えてよい演奏をしたいと思っているのに、夕食時になるといつも選好が変わって酒を飲んでしまう。でも図5－1が示すように、夕食時点になっても「将来ずっと毎晩酒を飲み続ける」という選択よりは「この先毎晩禁酒する」という選択のほうが好ましいと思うはずだ。これらのカテゴリーを選ぶときのインセンティブは、それぞれのカテゴリーに属する一連の報酬の期待割引現在価値の総和となる。一夜だけについて選択を行う場合のインセンティブは、単一の曲線のペアの場合と同じで、図3－3で見た通りだ。

一連の報酬からくる割引曲線の総和の絵は、マストの多い帆船に似ている。その「帆」は、どんどん後のほうになるにしたがって低くなる。シリーズの中の残り回数が少なくなるので、加算される割引報酬も減ってくるわけだ。そしてシリーズ最後のペアは、単一の曲線のペアと同じ関係となる。もしこのシリーズが、多くの現実生活でのカテゴリーと同じように遥か未来まで続くのであれば、どんどん後続が足されて、それぞれの関係は毎回おおむね一定となるだろう。いずれにしても、一連の報酬の現在価値を総和すれば、最初の数本の帆は単独の帆よりも明らかに高くなる。

そしてもっと重要な点として、未来の報酬はおおむねその客観的な大きさに比例した形で加算されるので、それを現在価値換算して加算すると、小さい報酬のピークは単独の場合に比べ、大きい報酬の上にあまりつき出さなくなる。そしてある程度の回数を加算すると、やがて小さい報酬の帆が大きな報酬より上に出ることはなくなる。つまり、もしこのピアニストがカテゴリーに基づいた選択を行うなら、酒が目前にある夕食時でさえも、常に禁酒するほうを選ぶようになる、ということだ。一連の報酬を丸

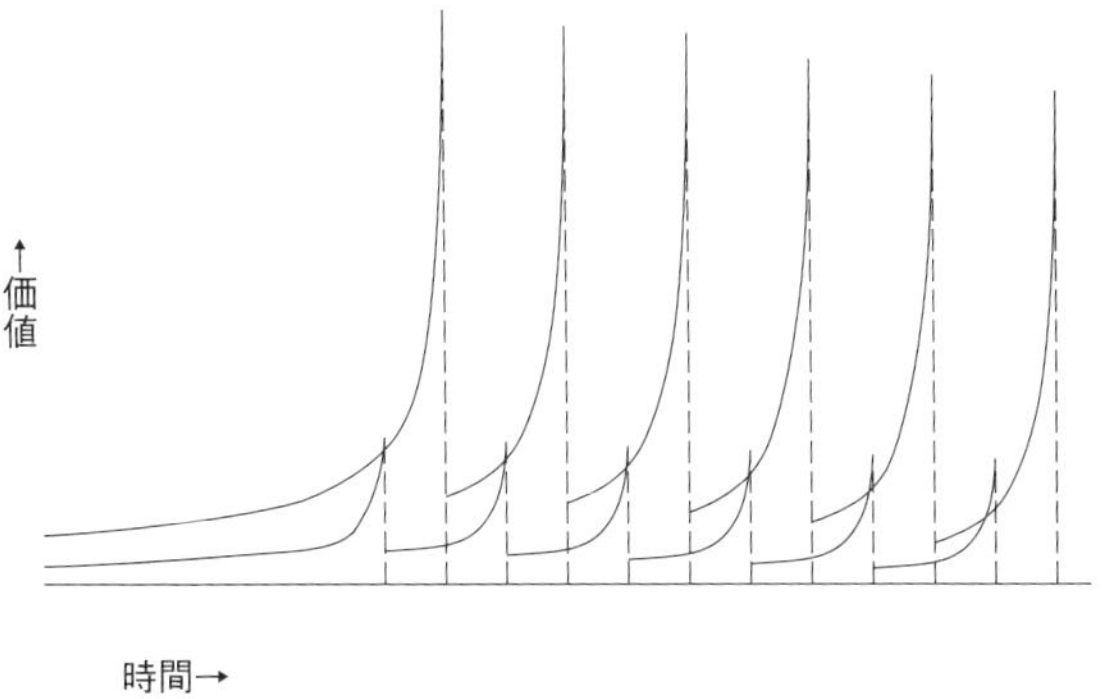

図 5－1　一連の大きな報酬と、毎回それより先にくる一連の小さな報酬との加算双曲割引曲線。シリーズ最初の選択（左端）においては、一連の小さな報酬に対する一時的選好期間はほとんどゼロとなる。最後の報酬ペアの曲線（右端）は図 3－3と同じ。

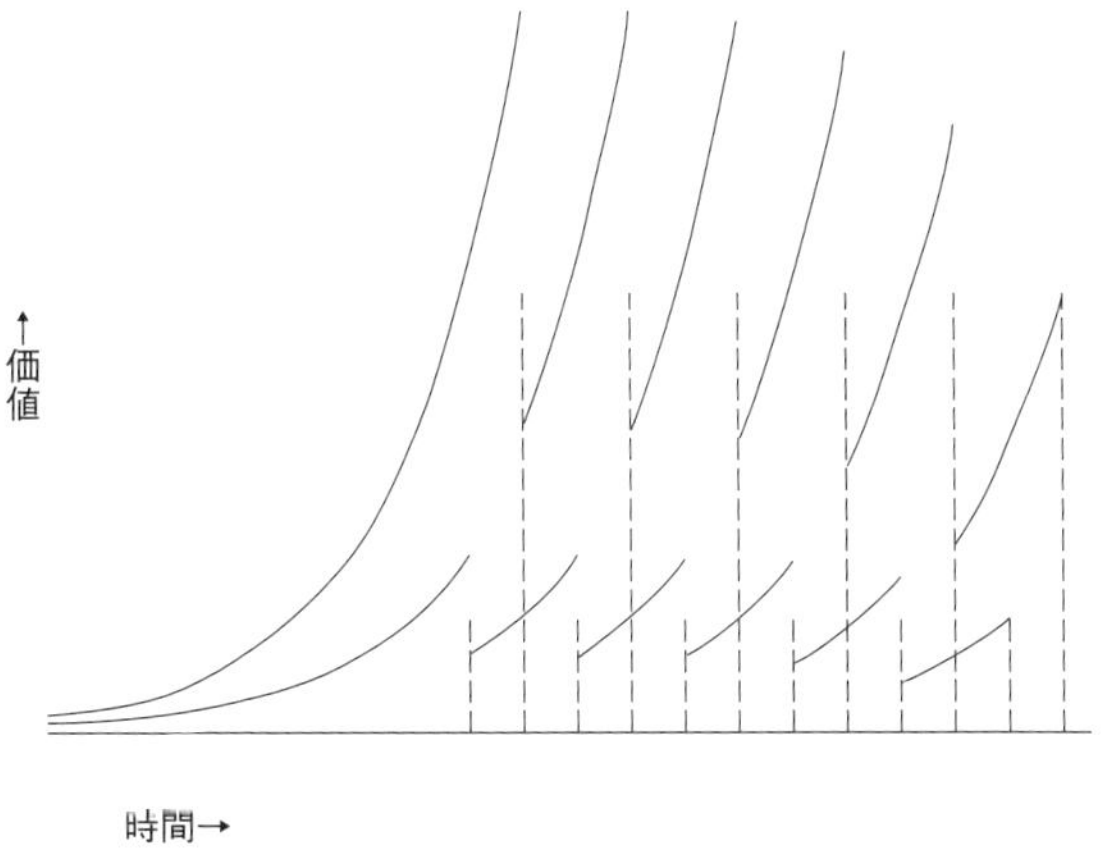

図 5－2　図 5－1の割引価値の総和を指数曲線で行ったもの。加算しても相対的な高さは変わらない（曲線がきわめて急で、小さい早めの報酬が選好される場合にもこれはあてはまるが、その場合には、加算してもその総高さはどのみち大して変わらない。指数曲線のしっぽの部分はきわめて低いからだ）。

ごと選ぶということは、目先のペアだけでなく、その先のすべてのペアを割引加算した値に基づいて選ぶということだ。

最近行われた実験二つの結果、一連の小さな早めの報酬と、一連の大きな遅めの報酬とをそれぞれまとめて選ばせると、大きい遅い報酬のほうが選ばれがちだということがわかった。心理学者クリス・カービーとバーバロース・グアステロによれば、個別に選択を行うときには小さな目先の報酬を選んだ学部生でも、一週間間隔で五回続きの報酬群を比べて選ぶ場合には、長期の遅い報酬に選択を切り替えた。[20]ラットでの実験結果を見ると、この報酬まとめ効果は割引曲線の基本的な性質からくるものであって、何か文化規範によるものではない。

この性質には、きわめてしなりの深い曲線が必要だ。双曲線ならそれが可能だ。指数的な割引曲線は、単一のペアで見ても比例関係は一定だし、一連のものを総和したところでその相対的な高さは変わらない（図5－2）。したがって、もし割引曲線が双曲線ではなく指数曲線だったら、選択をまとめても選好は変わらない。報酬をまとめると、それを得るための我慢が容易になるという現象はしばしば証言されている――そしていまや実験的にも観察される――が、双曲割引はそれを説明できるので、どうやら方向性はまちがっていないようだ。こうした曲線が持つ戦略上の意味は、人間の選択がどのくらいの合理性を実現できるかにとって中核的な意味合いを持つらしい。[21]

長時間にわたる報酬をまとめる

実生活でのほとんどの選択は、強度のちがう短い瞬間がいろいろある中でどれを選ぶか、といったものではない。むしろ、もっと長期にわたる体験を比べて選択を行う場合が多い――いまドカ食いするか、それとも太った気分にならずに週明けにも挫折感を味わわずにいられるか、という選択だったり、怒りをぶちまけるか、それとも仕事や友人を失わずにいるか、という選択だったりする。両者のちがいは、一定時間あたりの満足感の強度ではなく、似たような満足感がどれだけ続くかという点だ。数時間夜更

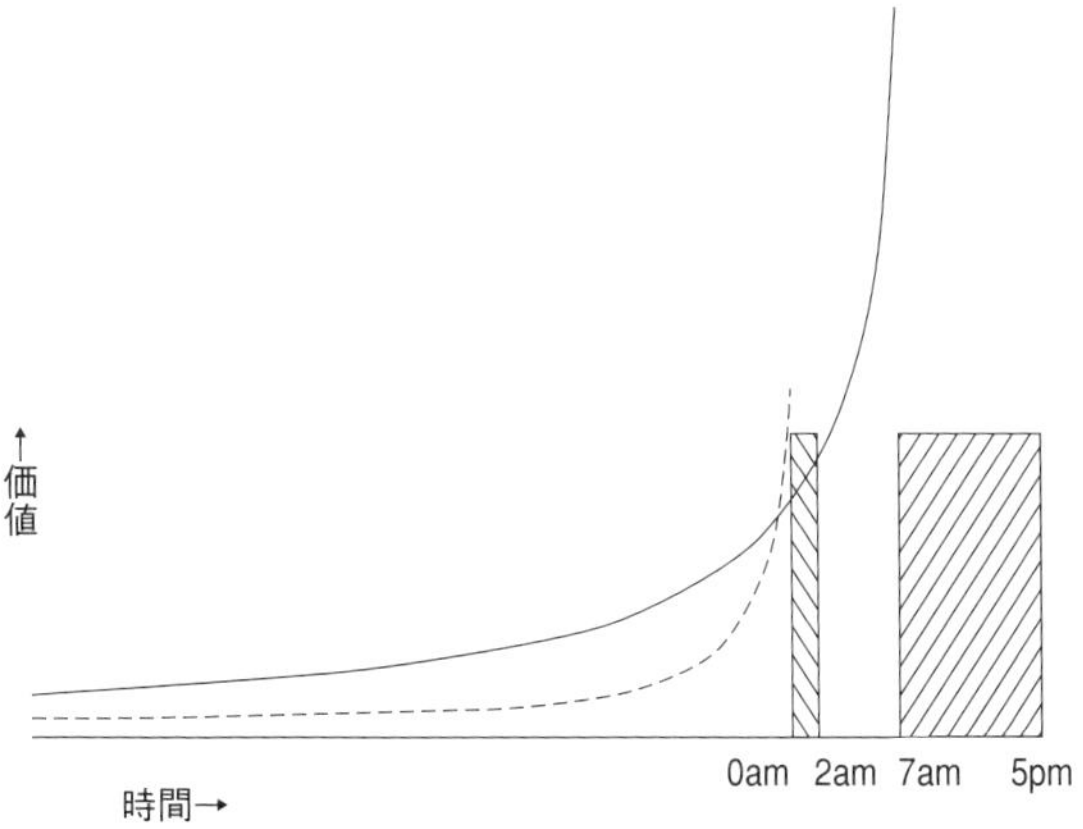

図5－3　報酬が継続的なものであるときの、累積双曲割引曲線。深夜から午前2時まで夜更かしするのと、朝7時から夕方5時まで疲れを感じないことを比べている。

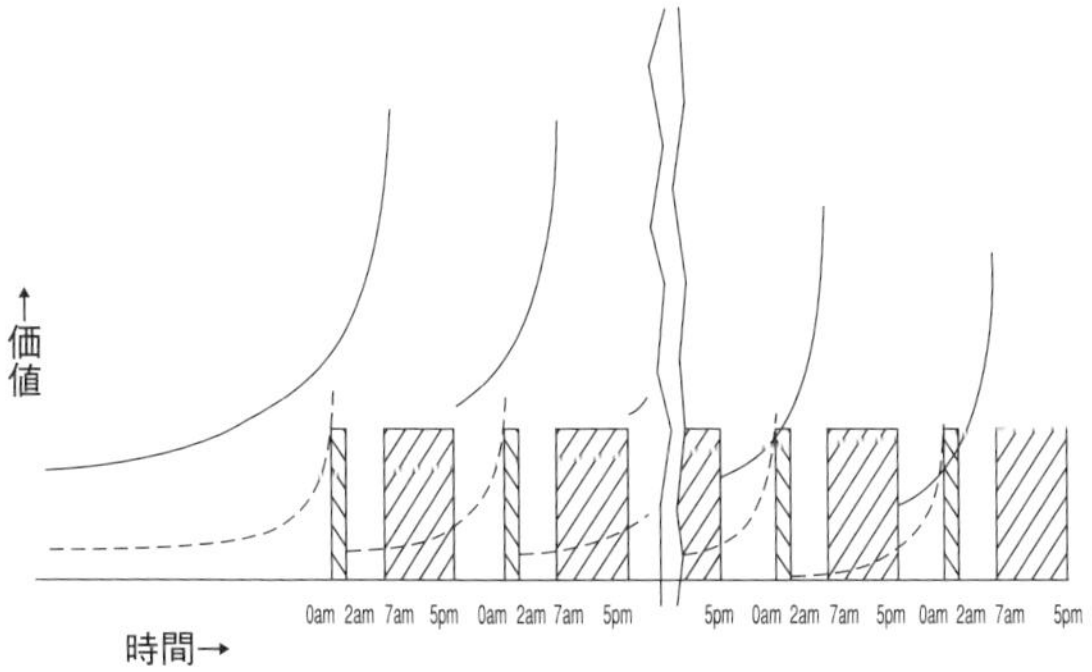

図5－4　図5－3に描いた報酬が10個ペアになったものを総和した曲線。総和の影響は、図5－2における点状の報酬の場合と同じだ。

かしする快楽は、翌日疲れが残らないという快楽と大きさ的には似たものかもしれないが、翌日の疲れは一日中続く。でも、連続した報酬が加算できるなら、期間を総量に変換するのは簡単だ。たとえば、夜更かしの快楽は一分あたり一ユニットで、でも夜更かしをすれば翌朝七時に起きて五時に仕事がひけるまで、毎分一ユニットずつ快楽が減るとしよう。こうした報酬の一日の総和は、図5－3に示したようなものとなる。[22]

もし毎晩似たような選択に直面し、長期にわたる（たとえば一〇日）一連の夜についての選択をまとめて行えるとしよう。その場合のインセンティブは図5－4に示したようなものとなる。[23] もっと離散的な報酬の場合と同じく、体験を一連のものとしてまとめると、インセンティブはもっと大きな遅い報酬のほうに強く働く。

だからあるカテゴリーに従ってまとめて行動を選択すると、まさに哲学者たちが述べたように衝動性が減ることになる。というわけで、自分の長期利益を保護する第四の戦略ができたことになる。あるカテゴリーの要素すべてに同じように作用する、**個人的なルール**だ。哲学者イマヌエル・カントの「至上命令」に相当するものでもある。どんな選択を下すときも、それが普遍的な規則を定義づけるのだと思って下すこと。同じくこれは、心理学者ローレンス・コールバーグの道徳的理由づけの原則における六番目にして最高のものにも通じる——原則に従って決断を下せ、という原則だ。[24]

1－5　意志のアキレス腱

残念ながら、このカテゴリーに基づいて選ぶという洞察があっても、小さい目先の報酬が持つ魅力が消えるわけではない。単に、短期利益を犠牲にして長期的利益に資するような規律があると示せただけだし、それもその人物が一貫してその規律に従おうと動機づけられていればの話だ。今のところ、なぜその人がそんなことをすべきかという理由は何も挙がっていない。劣った単一の報酬が目の前にあるのに、人もハトもそれに飛びついてはいけない理由はない。ラフリンとシーゲル（第5章1－4節）の実験で、一回性の報酬がすぐそこで手に入るんだということを思い出させる信号を導入したら、ハトたちの見かけ上の割引は長期利益重視から双曲的な短期重視に戻ってしまった。

ヒトはハトより脳が発達しているし、もっと長い報酬のシリーズも認識できるはずだ。でも、その知的能力を使えるのは長期利益だけではない。短期利益だってそれを活用できる。残念ながら、カテゴリーに基づいた意志決定の力を知るだけでは不十分なのだ。総合的、包括的に報酬を記録すると有益だと知ったあとでも、元の黙阿弥に戻れという圧力は絶え間なく続いている。

短期の利益に対して徒党を組めるからといって、それを殺せるわけではない。カテゴリー化した利益に基づいて行動しているときにも、そのカテゴリーの「普遍原則」を回避できそうな手口は何でも学びたくなる。頭の回転がはやければ、ルールを好き勝手に構築できるから、抜け穴を見つけるのも簡単になる。コツは、目先にある選択と、あるルールに基づいてまとめられた選択群とをちがうものとして認識することだ。意志についての言及は昔から多いが、人が実に器用にその抜け穴を見つけることも十分指摘されている。ウィリアム・ジェイムズが「意志の努力」に関する先駆的な分析を書いたとき、人の「反衝動的な発想」――つまり、ラフリン言うところの質量的な発想――が、例外という口実に弱いことも指摘している。

飲んだくれは、誘惑がやってくるたびに何と多くの口実を見つけ出すことか！　曰く、これは新種の酒であり、こうした分野における知的文化のために自分にはこれを試す義務があるのだ。曰く、すでに注がれているのだから、無駄にするのは罪だ。曰く、他のみんなが飲んでいるのだから、拒否したら場の空気がまずくなる。曰く、眠り薬がわり、あるいは単にこの仕事を片付けるための気付け薬。あるいは、これは飲酒ではなく寒いので体を温めるだけ。あるいは、クリスマスだから。あるいは、これまでに行ったどれよりも強力な禁酒の誓いを行うための刺激剤として。あるいはこの一回だけ、一回は数のうちに入らない、等々、好きなだけ――実際のところ、自分が飲んだくれだという以外の理由なら何でもありなのだ。[25]

アリストテレスですら、選択の「普遍的」解釈と「個別」解釈の説明を行うにあたり、この両者が絶えず競合することを述べている。[26]

したがって、選択における「高次の」または「豊かな」原理を学んだ人は、それだけでは誘惑から解放されたことにはならない。人の鋭い知性は、ごくはやい段階で以下の倒錯した真実を見抜いてしまうのだ。つまり、カテゴリー的な原則に基づいて行動するほうが、個別の選択をするよりも期待割引報酬が高いのであれば、今回は個別の選択をして、次回からルールに従った行動をするほうがさらに期待割引報酬は高くなる。

困ったことに、大局的なカテゴリーの定義方法はいくらでもある。手元のアイスクリームは、あるダイエットの規則には反しても、別のダイエット方式には違反しないだろう。そしてそれがあまりに脂肪とカロリーまみれであらゆるダイエット方式に違反するものだったとしても、ジェイムズの飲んだくれと同じく、今回だけは例外にできるような条件が何かしらあるはずだ。感謝祭だとか、誕生日だとか、相手が苦労して手に入れてくれたものだとか、今日は自分にご褒美をあげたいとか、自分をなぐさめたいとか。大局的な原則に、この**一回だけ**は例外というのを追加すれば、例外がない場合よりも報酬は増える。というのも図5-1と5-3に示したように、そうすれば目先の一回だけは短期のトンガリが手に入り、その後はもっと大きな遅い報酬すべてが（最初の一回を除けば）手に入ることになるからだ。

むずかしいのは、大局的な記録で長期の利益に対する動機的な支持が喚起されることよりも、このプロセスがどうやって短期の利益から自衛するかだ。この自衛に失敗することもある。長期的な利益を守りたい立場からすると、短期の利益が繰り返し「この一度だけ」という例外を提示し続けるのを止めさせられないものか？

この答えは直感的にわかる。あまりに露骨な口実は、修正版原則に自分が従えるという期待を低下させてしまう。感謝祭の日だったら、今日だけデザートを食べても通常は自分の決めた規則を守れるという信念は揺るがないかもしれない。でも他の休日にだってデザートを食べていいじゃないかと考えはじめたら、だんだん易きに流れているのは自分でもわかってしまうだろう。正月に一杯お酒を飲むとか、感謝祭にダイエットを破るというのは、がっちりしたルールの杓子定規すぎる遵守に対して柔軟性を与える。でも感謝祭はダイエット破りの前例に入らないという原則が自分の誕生日にも適用されてしまい、次は独立記念日、次はセント・パトリック・デー、レーバー・デー、植樹祭、セント・スウィズン・デーという具合に次々とこの一度だけが続くと、ルールの信頼度はどんどん下がってくる。この種の理屈は、個人ルールを一度も破らなくてもそれをどんどん劣化させてしまう。誘惑が高まるたびに自分は例外を見つけてしまう、という期待ができると、一連の大きな報酬群という見通し——ダイエットの累積便益――も信頼性がなくなり、もはや選択対象とは思われなくなってしまう。

このように、双曲割引曲線のおかげで自己コントロールというのは自分に関する予測の問題になってしまう。この効果は、自己コントロールがあいまいな場合にいちばん強くあらわれる。双曲割引は指数割引とはちがって、ダイエットするのがいいか気まぐれに食べるのがいいかを一発で決めて、それにずっと従うというわけにはいかない。遠くの時点では食事を減らそうと計画しても、おなかがすいたときに自分がアドリブで余計に食べてしまわないとはいえない。アドリブで食べるだろうと思ったら、長期的な見通しは意味がなくなる。この場合には、前に述べた三つの遵守手段を使うしかない――選択の余地としてはあまり多くない。

だが、新しい誓いをたてて「原則に従って決断しよう」――ダイエットをしよう――と考え、今これを遵守できたら将来もこれを遵守できるはずだと思って再起をはかったら？　この条件は、誓いを守る動機としては十分かもしれないが、でもそれはこの人がそれを必要十分と考えればの話だ。ダイエットを破って自分への信頼をなくしたら、その原則はもう十分なものではなくなる。個人的ルールは再帰的なメカニズムだ。絶えず自分自身の力を計測していて、それが弱まっているのを感じたら、まさにそれが理由でさらなる弱体化が起こってしまう。

したがって、大局的な原則に従って決断するというのは、単に機械的な判断をするだけの話ではなく、見通し計算方法の一つを、同じくらい強い動機を持つ別種の計算方法から防衛するという問題となる。ある原則を遵守し続けたいという動機は、純粋にそれだけでは理由とはいえない――理由は動機にはならないからだ――でも自分がその原則を遵守し続けるという期待を守りたいというのなら、動機になる。それは「自己強制的な契約」と呼ばれるものの内心版だ。自己強制的な契約とは、長いこと取引関係が続きそうな交易者同士がかわすものであり、この契約があれば握手しただけで取引成立となる。[27] 誓いの信頼性を機会あるごとに賭けるという再帰的なプロセスは、それが成功するたびに、その誓いに次々と力を与える。まちがった行為をしたいという誘惑――これはその誓いに対する致命的な反例となってしまうが、それが起こってしまうのではないかという不安はずっと存在し続ける――が絶えず継続しているからこそ、この自己コントロール戦略は努力を要するものになっているのだろう。それは意図と単なる予想とを区別し、意志の力と習慣の力を区別する。

このモデルは、双曲割引以外にはほとんど何の追加想定も必要としない――あとはそれが単純に加算できるという想定だけあればいい。そしてそれは、人々が自己コントロールに関わる決断をするときに生じる接戦の両サイドについて、何が有効な武器となるかも示す。長期的な利益は原則を定めて武器とし、短期の利益はそれに対する例外を見つけようとするのだ。

2 まとめ

人の内的市場で生き残った利益は、自分と相容れない利益を阻止する手段を備えておく必要がある。その手段は、その利益がたまには求める報酬を得られるくらいに有効なものでなくてはならない。このニーズこそが、効用理論家たちを昔から困らせてきた、自分に何かを遵守させるための戦術を説明するものだ。戦術のうち三つは何のひねりもない。一つは自分の心理以外の縛りや影響を見つけることだ。

これは錠剤のような物理的装置であることもあるが、もっと多いのは他人の意見だ。二番目の戦術は、自分の関心を操作することだ。これはフロイト的防衛機構である抑制、抑圧、否認だ。そして三つ目は、心の準備をすることだ。隔離や情動の反転といった防衛機構がこれに相当する。第四の戦術である意志力は、最強であるとともに最も弱いもののようだが、これまでは謎めいた存在となっていた。

連続した選択からくる双曲割引曲線は、大きいが遅い報酬群のそれぞれからくる報酬を加算することで、全体としての魅力を高める。これは謎の解決策を提示している。つまり、ある原則に従って選択するという装置だ。これはアリストテレス以来提案されてきたもので、選択をまさにそうした連続性のあるまとまりとしてグループ化する。選択の原則、または「個人的ルール」は自分の将来の動機状態との自己強制的な契約に相当する。こうした契約は、人がそれぞれの目先の選択をどう行うかを見て、それが将来の似たような状況における自分の選択傾向を予測する前例と見なすことで成立する。短期の利益は、目先の選択を前例扱いせずにすむ例外の言い訳を提示することで、個人ルールを回避しようとする。意志というのは、将来の自己コントロール力の期待値を、継続して訪れる誘惑のそれぞれに対しててんびんにかける、再帰的なプロセスである。

第6章　内的利益同士の高度な交渉

「意図性は（中略）現代哲学の未解決問題として最も深刻なものである」[1]

再帰的な自己予測は、意志というのが何からできているのかという昔ながらの疑問に答えを提示してくれる。ダイエットを守ろうとする意志は、第二次世界大戦で各国が毒ガスを使うまいとした「意志」や、その後核兵器を使うまいとした「意志」と同じ性質を持つ。この意志というのは交渉状況であって、器官ではない。実は意志は、交渉理論できちんと表現できるものなのだ。

相容れない目標を持っているが、同時に共通の目標も持っている交渉エージェントの関係は、「限定戦争（limited warfare）」と呼ばれる。貿易で有利に立ちたいが貿易戦争はしたくない諸国、相手の顧客を奪いたいけれど、同時に同じ商業法の成立のために協力してロビイングをしている商人たち、夫は休暇に山に出かけたくて、妻は休暇にビーチに出かけたいが、けんかをして休暇を台無しにするのは嫌だと思っている夫婦。今日の時点では、明日の夜はしらふでいたいと思いつつ、明日の夜がきたら飲んだくれたいと思うが、いずれの時点でもアル中にはなりたくない人物。国だろうと個人だろうと個人の中の利益だろうと、限定戦争は多様な動機を持つエージェントたちが、すべてではないが一部の目標を共有しているときの関係をあらわしている。

人々が限定戦争の関係にあるとき、共通利益の分野で対立を起こさないための戦略がある。もちろんみんな相手を信用していない。そして、自分がある便益を取りに行かないことを遵守する――一方的武装解除――だけでは問題は解決できない。他の競合相手につけこまれるだけだからだ。だが限定戦争下のエージェント間には、平和のための現実的なメカニズムがある。対立する動機と共有された動機の混合が作り出すインセンティブ構造は、ある十分に研究された交渉ゲームと同じなのだ。それが「囚人のジレンマ」だ。

刑事が、窃盗犯二人を逮捕する。証拠は窃盗用の道具を持っていたというだけで、それ自体は軽い罪でしかない。そこで刑事は二人を別々に尋問し、それぞれにこんな提案をする。

もしどちらも自白しなければ、窃盗罪は成立しない。窃盗用具保持で二人とも九〇日間の懲役だ。おまえが自白して相手が自白しなければ、おまえは釈放、相手は五年くらう。二人とも自白したら、どちらも二年だ。相手が自白しておまえがしなければ、相手は釈放、おまえは五年くらう。相手が自白しようとしまいと、おまえは泥を吐いた方が得なんだ、わかるだろう?

ここでのジレンマはこういうことだ――ペアとして考えると、どちらも自白しないのがいちばんいい。でも相手の忠誠について追加の確信がない限り、どちらも自分にとっての結果を最適化して自白する。そして二人とも二年の牢屋行きだ。でも、二人を一体として考えれば、九〇日ですませることは十分にできたのだ。
　多くの交渉状況は、実は似たような条件を持っている。複数の参加者たちがいて、全員が協力すれば、だれも協力しなかったよりもよい結果となる。でも一人だけが他の参加者を**裏切れば**、その人はだれよりもよい成果を上げられる。戦争中の諸国は、どこも毒ガスを使わないほうが、みんなが毒ガスを使うよりもよい結果となる。でも一ヵ国だけ他を出し抜いて毒ガスを使えば、もっと効果が高い。表6－1は、ある戦闘でA国が毒ガスを使う価値を、B国の行動別にあらわしたものだ。これが唯一の戦闘なら、A国としてはガスを使うに越したことはない。Bが使うにしても使わないにしても、A国は毒ガスを使ったほうが得だからだ。同じような見通しはB国についても成り立ち、結局はどちらも毒ガスを使って、どちらも使わなかった場合よりも利得は低くなる。

表6－1　毒ガス戦における囚人のジレンマ：A国の結果

		B国の選択	
		毒ガス使用	毒ガス不使用
A国の選択	毒ガス使用	2	10
	毒ガス不使用	0	5

　では、なぜ第二次大戦ではどの国も毒ガスを使わなかったのか？　なぜこの状況が平和への道を開くと言えるのか？　重要な点は、ほとんどの紛争では参加国が戦場で対峙するのは一度だけではない、ということだ。毒ガスの例では、もし戦闘が数回あれば、各国とも毒ガスを使わないだけの理由がある。他国に対して、この面では協力しましょうという譲歩を見せたことになる。これにより、「2」ではなくずっと一連の「5」の利得を手に入れようという提案になる。反復囚人のジレンマでは、相手の手口を真似るというのが一番単純で成功する戦略なので、どの参加者も、ほかの参加者がそれに従うものと十分期待で

きる。このためには、結果が囚人のジレンマ状況にあることをみんなが認識するだけでいい。毒ガス使用が将来の戦闘におけるその国の傾向として前例を作ってしまうこと、そして相手がまだどんな傾向を示すかわかっていないことを考えれば、こちらとしては毒ガスを避けるインセンティブがある。(2)

だがこのモデルがどうして異時点間の交渉に適用できるのだろうか。異時点間の交渉では、限定戦争は次々と入れ替わり支配的となる利益の間で起こる。まず第一に、次々と入れ替わる動機状態は、その定義からして同時には選択できない。単一の囚人のジレンマゲームでは、両者は同時に動くか、少なくとも相手の動きを知る前に自分の動きを決める。もともとのお話に出てきた刑事は、囚人たちを順番に尋問したのだろうけれど、でも二番目の囚人には、最初の囚人がどういう選択をしたか知らせずに動きを決めさせたわけだ。でも反復型のゲームとなると、プレーヤー二人が同時に判断を下さなくても、囚人のジレンマは生じる。それぞれの国は、毒ガス使用についての決断をこれまでの相手の動きに基づいて決める。そして自分の動きと同時に相手が動いても、それが未知であるうちは選択の理由づけは変わらない。だから、対立する利害の持ち主が交互に政権をとる政府も、本物の反復囚人のジレンマに支配されやすい。たとえばある党は軍備増強をしたがり、もう一つは軍備解除したいけれど、どちらもお金を無駄にするのはいやだ。それぞれが政権をとっているときには、協力——中間程度の軍備——と裏切りとの間で選ばなくてはならない。裏切ると、高価な兵器システムを作っては壊し、作っては壊し、というのを繰り返すことになる。

連続する動機状態は、一過性だという点でも人間の交渉者とはちがっている。自分の気が変わった時点で、裏切った以前の自分に対して報復を仕掛けるわけにはいかない。このため、人が後の（または以前の）自分と交渉するなどという言い方には意味がないという反論が行われてきた。(3) 人間同士のゲームだと、人々は少しでも裏切った人間を罰するためにとんでもない手間をかけ、時には自分の利益すら犠牲にしたりする(4)。でも過去の自分に報酬を与えたり罰を与えたりすることはできない。確かにその通りではある。でも交互に支配的となる利益は、本物の囚人のジレンマととてもよく似た形で、お互いの行動に対する利害関係をまちがいなく持っている。反復型囚人のジレンマでは、現在の自分の選択に影響する脅威は未来の自分による遡及的な報復ではない。将来の自分たちが手に入れる結果に対し、現在の自分の影響力を失うリスクだ。

教室を考えてみよう。前の列から順番にまわって、それぞれの学生に「協力」か「裏切る」のどちらかを言ってもらう。「協力」と言ったら、その学生を含む全員に一〇セントあげる。「裏切る」と言ったら、その学生だけに一ドルあげる。そしてみんなに、友情とか礼儀とか公共の利益とかいったものはすべて無視して、自分一人の利益を最大化することだけを考えてもらう。さらに、二〇人を超えたら、どこか予測できないところでゲームを止める、と宣言する。ゲーム終了時点で、みんな自分の儲けを回収する。

個人内部で連続してやってくる動機状態のように、次々に参加する学生は自分以降のプレーヤーの行動に利益が直接的に左右される。そして将来の選択がどうなるかは、これまでの選択の様子にある程度左右されるだろう。そして自分の選択が最も大きな影響を与えられるのは、直後の人物による選択に対してだというのもわかる。こうなると、その人物には確実な一ドルを見送るインセンティブができる。ただし、それは自分の選択が後のプレーヤーにも同じ選択をさせるのに必要十分だと思える場合だけだ。それまでのプレーヤーがみんな裏切り者で、自分だけ一ドルもらう選択が続いていたなら、ここで自分一人が協力してもその流れが変わるとは思えないだろう。でも、それまでのほとんどの人が協力を選んでいたら、自分がここで裏切るとその流れがとぎれ、自分にとってもそれ以降のプレーヤーにとっても有利なトレンドがとぎれてしまうのではと懸念することになるだろう[5]。

他の学生たちの傾向——たとえば欲張りだとかずるがしこいとか——を知っていても、その学生たちが自分の利益最大化を目指しているなら、選択の役には立たない。なぜかといえば、かれらの選択を決めるのは、その選択時点までの過去のメンバーたちによる選択パターンだからだ。裏切りへの報復を懲罰として行うことはできない——現在のプレーヤーは、二度と参加しない過去のプレーヤーに報酬や罰を与えても仕方ない——でも、自分の裏切りが、それ以降のプレーヤーによる見通しの予測とそれに伴う選択に影響を与えることで、実質的な報復が起きることになる。だから、それぞれのプレーヤーの協力/裏切り選択は、やはり戦略的となる[6]。

個人の中で交互にやってくる動機状態も、似たような条件に直面する。ただしこの教室の例では、将来の協力に対する報酬はほとんど割り引かれない（協力一回あたり一〇セントで、割引はほとんど起こらない。個人内の選択は、報酬の遅れに応じて双曲的に割り引かれる）。ダイエットを守ろうとしている個人と同じように、ここでの学生たちは「自分自身を信じる」か信じないかのどちらかだ。たまによろめいても大目に見られるが、裏切りが連続するようになると、何か新しい取り決めでもない限り、集合的な意志力を回復するのはむずかしい。

囚人のジレンマにおいて、選択を束ねるための手段はすべて、自己コントロールの原則として成功する潜在力を持っている。限定戦争下にあるすべての参加者——国や集団、個人、あるいは個人内部で交互にやってくる動機状態——は、以下の性質さえあるなら、そうしたグループ化の機会に飛びつく——すべてのプレーヤーが、みんなにとって有益な協力分野と、協力の見込みがない部分との境界線をはっきり認識できる、ということだ。結果として生じる暗黙の協力がルールとなる——異時点間の動機の場合には、これが個人的なルールだ。

この暗黙の遵守性は、実質的に副次的な賭けを作り出す。参加者たちは、協力が必要とされるそれぞれの場面で、協力の便益が手に入るという期待をすべて賭ける。この期待が副次的な賭けの積み立て金となり、その選択でそもそも懸かっていた便益よりずっと大きいものとなり得る。

公開の副次的賭け——たとえば評判や善意——は、自分の行動を善良に保つための手段として昔から知られていた（第6章1節参照）。私がここで述べているのは、**個人の**副次的賭けだ。これは自分自身の心の中で起きる遵守の約束で、懸かっているのは自分自身に対する自分の信頼性だけだ。双曲割引曲線でなければこれは不可能だし、役にも立たない[7]。

1　明確な一線

人がずっと持っているつもりでいた「自己」というのは、本当にこのように振る舞うのだろうか。人はいつもは、抵抗しがたい衝動に負けそうなユリシーズのような気分ではない。何かに誘惑されたら、それについて決断を「下して」、その決断に従い続けるのが普通だ。決断を変えたいと思ったら、変えるだけの理由を探す。自分自身との論争に使える材料を求めるわけだ。変更してみてそれが失敗だったたら、そのときの変更の口実は合理化とか自己正当化と呼ばれるが、どちらにしても理由づけは定量的というより定性的なものに感じられる。理由づけの性質を判断しているのであって、その量を比べているのではないように体験される。さらに、自分自身と論争するときの相手は、なんだか知らないが自分の一部のような気がする。自分とは別個のエージェントには思えないし、まして自分の敵対者という感じはしない。

だがこういう内省ですら、指数割引に基づく一貫性のある選択モデルよりは、異時点間交渉モデルのほうにずっとよく当てはまるのだ。指数割引では、決断を行うという感覚の元となるプロセスがないし、気が変わるのも、論争ではなく単なる再計算でしかない。双曲割引は一部の願望とその他の願望との間に敵対関係を生み出すが、これは全面対立ではなく、部分的な対立でしかない。というのも、私が体験する報酬／無報酬は、経過時間に応じて割り引かれるだけで最近の自分の選択すべてに影響してしまうからだ。つまり実際の利益群は多様ではあるけれど、でもそれらを一時的に結びあわせた力を表すものとして、実質的に単一の報酬センターがあると考えればよいわけだ。一体となった自己でありながら、各種の気持ちが混ざり合った存在でもいられるという体験は、単一の統一された有機体に何らかの欠陥があるというモデルでも説明できるが、部分的に手を組んだ利益群というこのモデルでも十分説明がつく。

さらに異時点間交渉モデルは、意志決定に関する当人の主観的な印象が、量の判断より質の判断になることも予測する。これは意図が再帰的であることから生じる。インセンティブそのものは量で計測されるけれど、自分が将来の自分自身を信用するかは、自分が将来下しそうなリトマス試験的判断、つまり白黒はっきりした鍵となる判断によって決まってくる。協力するのに十分なだけの個人的ルールを定義すれば、その問題は万事解決だと思うかも知れない。でもこれが成り立つには、自分の選択肢がはっきりと「常に裏切る」vs「常に協力」のどちらかに分かれる場合だけだ。常に協力するときの報酬がいくら大きくても、目先の一回だけ裏切って、その後はずっと協力するという決断のほうが必ず報酬は大きい。たとえばダイエットをしているなら、常にデザートを食べるよりは常にデザートを断ったほうがよい。でも一回だけデザートを食べてこの次からずっと断ることにしたら、いちばん嬉しい結果が得られてしまう。裏切りに見える選択はすべて前例らしく見えてしまうので、ここで重要なのは目先の選択が例外に見えるようにすることだ。つまり囚人のジレンマの外にある選択なんだ、と自分に言い聞かせることだ。

こうした異時点間の交渉が、一時的選好の解決策として持つ強みも弱みも、何をもって協力とするかという解釈に幅があることから生じる。どの選択が他の選択に対する前例となり、どの選択が例外となるか、という解釈はいろいろ取れる。さっきの学生たちはきれいに均質な集団で、自分たちそれぞれの選択が、その後の選択にとっての前例となるという感覚から逃れることはたぶんできなかっただろう。でも状況次第では逃れられたかもしれない。学生が一人を除いて全員女性だったら、あるいは一人だけ子供で後は大人だったら、その孤立した人物は、その後のプレーヤーが自分の選択を集団全体にとっての前例とは見なさないだろうと理由づけるかもしれない。そうなったら、その人はその後一〇セントずつもらう見通しをあまり減らさずに、自分一人だけ一ドルを手に入れることができると考えるだろう。同じような理由づけが、ダイエットを守ったり禁酒を守ろうとしたり、短気を起こしたり面倒を先送りしたりといった選択に直面する人物にも可能だ。「この選択が他とはちがうなら、一回限りのものになる。後で他の標準的な選択に直面したときも、自分がこの選択をふりかえってどう思うか心配しなくていい。だってこの選択は、自分がやると決断したものの一部とは思えないもの」。

この機会は、自分の遵守状況にある程度の自由度をもたらすこともある。決めたルールが自分にとって不利益となるような選択に直面したら、その場でルールを決め直して目下の選択をルールの対象外にできる。でも小さい目先の報酬と、後の大きな報酬との選択の真っ最中では、何とかして目先の報酬に飛びつきたいという衝動は大きく、だから人々はついつい怪しげな理由で個人的ルールに例外を主張したい気になってしまう。

同じ問題が人々同士の交渉でも生じる。毒ガス利用について諸国が協力していても、前例に含まれるかどうかがきわめて微妙な選択ではその協力が脅かされる。たとえば第三国に対する毒ガス利用や、たまたま副産物として有毒な気体を出す爆発物の利用はどうだろう。ある国は、これなら暗黙の協力約束を裏切ったとは見なされないだろうという希望的観測のもとに、こうした微妙な行動に出たがるかもしれない。その国が明らかな裏切りを行う可能性は低いが、こうした希望的観測で行動してしまい、後から見込み違いを悟るという事態のリスクはある。

だから交渉のコツとして、単に良し悪しの一線を引くだけではだめだ。意志決定を安定なものとして、それを変えようという強い動機に負けないようにするには、他から突出した一線を選ぶ必要がある——その一線を越えるか越えないかのどっちかでしかあり得ないような一線、その場に応じて他の都合のいい線と簡単に交換できない一線だ。弁護士はこれを「明確な一線」と呼んでいる(8)。

二人の人が利益を繰り返し山分けする場合、半々とか六対四とか九対一とかいろいろ分け方は可能だ。でも明確な一線は半々の一線となる。酒を控えたいなら、一日二杯とか三杯とか「酔いがまわるまで」とかいろいろ線の引き方はあるけれど、他から突出した一線とは、一滴たりとも口にしない、というものだ。もし食べる量を減らしたいなら、各種ダイエットからどれか選んで、そのダイエット方式の指示

（Xカロリー以上は食べるな、Yという食物群からはXグラム以上は食べるな）をもっとはっきりしたものに変えて守りやすくできる（タンパク質だけ、液体だけ、果物だけ）。でも、まったく食事をしないのは不可能だから、本当に明確な一線は存在しない。アル中から立ち直る人に比べて過食症から立ち直る人が少ないのは、このせいかもしれない。(9)

限定戦争下にあるエージェントが、協力を保つのに明確な一線に頼る必要があるか——あるいは、もっと普通の一線を使って柔軟性を持てるか——は、そうした状況での歴史や技能、そしてそこでのインセンティブといった要因次第だろう。たとえば、第二次大戦以降に大国間の戦争が防止できたのは、優れた政策立案ですら次の大戦を通常兵器だけに抑えられないという信念が強かったからかもしれない。(10)つまり、軍拡競争を止められなかったという歴史自体が、核破壊の脅威と相まって、各国が戦争をするかしないかという明確な一線を越えて冒険するのを抑止したのかもしれない。同じく、アル中は通常は自分が飲酒量を抑えようとしても無理だというのを思い知る。だからAA（アル中更生互助会）はアル中に対し、自分たちはアルコールに対して無力であると思え、と助言している。

無力だというのは、その分野では意志力を柔軟には使えないという意味だ。つまり各種の飲酒原則をうまく選べないので、明確な一線である「少しでも飲むかまったく飲まないか」という一線を越えるような誘惑にさらされないことを祈るばかり、ということだ。厳密にいえば、これらのAA会員たちはやはり意志力を使っている。なんといってもかれらの禁酒の動機は、飲酒の衝動がくるたびに、素面《しらふ》を保てるという期待をその衝動に対して賭けることで実現されているからだ。でもその賭けの条件を勝手に変えられないと感じているので、その体験は他の意志体験とはちがっている。それは自分の意図というより、最後通牒に対する降伏のような感覚だ。飲酒がそれほどの報酬性を持たない人々や、飲酒の面で意志力が信頼を失っていない人々なら、もっと弱い一線だって守れるし、気まぐれな選好に従っても自制を失ったりはしない。

詩人や作家たち、そして心理学者ですら、人が利益の集合体だというメタファーを使ってきた。ときには、これはそこで使われる用語で漠然と含意されているだけだけれど――自分を「統御する」とか、自分を「責める」「罰する」とか自分に「ご褒美をあげる」とか。でも伝統的な効用理論は、こういう一般的なメタファーを無内容なものだと決めつける。自然に期待報酬を最大化する生物の内部ではだれがだれを統御するわけでもないし、統御する必要がそもそもないはずだ。伝統的な効用理論では、統御は単なる指揮系統でしかない。伝統的効用理論にとって、何かメタファーがあるとすれば、それは階層構造の企業で、CEO（最高経営責任者）ができるだけ合理的な選択をし、それを命令として忠実な部下たちに伝える、というものになる。個人の中での利益対立を人格化するのは、昔からきわめて自然に思えた――「天使の忠告」と「悪魔の誘惑」の対立から、フロイトの人間もどきである超自我vsイド（エス）までその例は尽きない。でもなぜ人の利益がそのように対立したままでいるか、というのを、きちんとした検証に堪える形で示せる人はこれまでいなかった。

内部のCEOが単に選択市場での見通しを最大化するだけなら、別に何の統御も必要ない。もちろんそれを「自己」と呼ぶことはできるが、それは単に人々の願望とその充足計画の総和でしかない。この自己はそれ以外の何もかきたてたり抑えたりしないし、「一貫性」だの「制約」だのといった、自己が備えるべき条件として臨床家が指摘するような規制力は一切無用となる。つまり効用理論の支配下では、自己はオッカムの剃刀の犠牲者として意志に従うしかないという危険に脅かされていた。

私に言わせれば、人の中に複数の存在があるというアレゴリーはどれも意味があって、黙殺していいものではない。単なる計算ミスでは説明できない自滅行動はあまりに多すぎる。双曲割引の証拠がこれだけあるのだから、むしろ自己の一体性のほうがフィクションなのかもしれない。観察可能なのは、個々の瞬間における人々の行動と、自分自身の心の状態だけだ。そうした瞬間が長期的に見てどのように一貫性を持つようになるのか、というのは、単なる学習や記憶の性質の問題にとどまらず、もっと検討すべき問題だ。そして今やかなり証拠もそろってきたし、このプロセスが生得的に、単一の自己利益ではなく多様な利益を作り出すということ、そしてそうした利益同士が多様ながら不完全な方法で折り合いをつけるようプログラムされているのだ、と考えるべきだろう。

自己の中身を記述するのは昔からむずかしかったが、それは自己というのが無用だからではなく、それが単一の器官ではない暗黙の協力関係をよせ集めたものだからだ。限定戦争の論理は、協力プロセス群と、周縁的なアウトロープロセスを作り出し、さらにどの利益がどっちにおさまるかを決定する手段も作り出す。そして限定戦争は個人内部のみならず、人と人の間でも生じるものだから、そうした性質の一部は人間社会でも目撃できる。

社会は法体系によって紛争を解決する。法の一部は立法者に依存する。これは法を作る個人または集団で、手続き上の原則を決める。これは人間たちの統御に関する伝統的な理論の寓話的なモデルとなってきた。でも史上最も成功した法体系であるイギリスのコモンローは、立法者を持たず、明文化された憲法もなく、経験を積んだ法利用者による慎重な新解釈の試行を積み重ねる伝統があるだけだ。もちろんかれらは、その新しい解釈がどんな判例を作り出すことになるかも意識している。そして、コモンローは実は立法者が作り出すものとそんなにちがっているわけではない。立法者たちは、厳密に言うなら「法推定者」だ。というのも、どんな政府であれ無差別な人々に対して法を強制する力は、きちんとした一線に基づいて運用できる社会的な合意の力よりずっと小さいものだからだ(11)。

コモンローが蓄積してきた判例集のように、個人の中にも個人的な法が蓄積される。ある振る舞いをコントロールしようとして、最初の時点ではいい加減にある一線を選ぶ——あるダイエット方式とか、夕食後には果物以外何も食べないという規則、一人では酒を飲まないという規則、届いた手紙はすべてその場で開封するという規則などだ。でもそれは、絶え間なく繰り返すうちに明確な一線となる。可能なルールの一つとして始まったものが、一年、一〇年と続けるうちに唯一無二のルールとなり、自分自身との将来の交渉では突出した存在となる。

コモンローと同じく、このプロセスは別に上部統括機能がなくても機能する。それでも、個人ルールを作るときの効率性は、たぶん上部統括機能が明確な一線を見つけてくれたり、弱めの一線を選び出すことで明確化したりすることにより向上するはずだ。だから「自我機能」は、異時点間交渉をどれだけ改良してくれるかに応じて学習されるのかもしれない。だがこうした機能の力は、何らかの長期利益にどれだけ貢献するかという有用性以外の何の権威にも依存しない。自我は、デカルト式の松果体に宿る魂のような中心の場に鎮座する器官ではない。それはネットワークサーバのようなもので、利益同士の協力を仲介するブローカーであり、そして利益たちと同じく、それ自体も各種報酬によって生み出され形成される——つまり短期報酬からうまく防衛することでもたらされる、長期報酬によって作られる。

人の行動を個人的ルールに従わせ、長期的な一貫性を持たせるのが異時点間の交渉だ、というのがここでの仮説だ。そしてそれは、自分の内的な会計プロセスを意識的に監査するための、順位づけ可能な目的や手続きを作り出す。すぐに見るように、一部の将来的な財に対しては、まるで指数割引曲線を持っているかのような選択もできるように動機づけてくれるのだ。

皮肉なことに、人間に関するこの見方は、企業の階層構造についての最近の見方の変更とも一致している。経済学者ニルス・ブランソンが指摘するように、企業内の人々は命令に盲従するわけではなく、お互いに相手の行動遵守に確信が持てたときにだけ行動する。重役が有効に機能するためには、合理的に事実を分析するのではなく、みんなが集いやすい旗印となる事実を見つけるのが重要だ[12]。鉄の規律の見本のような組織である軍隊でさえ、実は交渉によって一体に保たれている。ある軍事アナリスト二人が指摘するように「軍を分析するには、それを独立した個人の集団として捉えることが必要だ。その個人たちは、敵勢力と同じくらい、自分たち同士や自分の上官たちとも戦争状態にあるのだ」。結果として司令官の主要な仕事は、戦闘の場で部隊を動機づける、囚人のジレンマ的なインセンティブ構造を予測し、左右することとなる[13]。

異時点間の交渉という発想をふまえれば、高度な論者たちがなぜ行動において意志には何ら本質的役割はないと主張したのか、そしてなぜかれらがまちがっているかが理解できる。双曲割引からくる不安定性がなければ、何かを意図するだけの器官などというものは、嗜好と行動をつなぐただの哲学的な結びつきにすぎず、したがって無意味だ。もしそうなら、強い意志とか弱い意志とかいう発想には意味がない。でも意図が安定でなければ、異時点間での遵守は基本的に不可欠となる。その遵守力を育む技能は、まさに意志力となる。

2　「合理的」評価を近似する

ある取引を、もっと大きなカテゴリーの一部として考えると、ハーンスタインのマッチング則の双曲割引が予測するような目先の価値の変動は抑えられる。だがこの種の発想は交渉の手口であって、単なるまちがいの訂正ではない。まちがいを理解すれば、それを繰り返そうとは思わなくなる。一貫した行動からくる報酬を、次々にくる短期の衝動に対して賭ける行為は、その長期的な期待さえ保てるなら衝動に負けてしまいたいという強い欲求を残す。

でもこの交渉の手口は、ときには図6－1に示すように、指数割引に似たようなものを作り出せる。図の例では、双曲的に割り引かれた報酬（または報酬の断片）を一一個足しあわせることで、その報酬からくる単一の双曲割引よりも指数割引曲線にずっと近い曲線を作り出せている。単一の双曲割引は、図3－1とまったく同じだ。

こうした類似性が実際に起こりやすくなるためには、三つの交渉要因が関わってくる。

まず、相互に依存した選択の集合は、はっきり見分けられる大きなものでなくてはならない。人々が最も指数割引しやすい財はお金だが、それはたぶんお金が多種多様な取引をはっきり比較しやすくするので、お金の価値一般についての総合的な個人的ルールを作りやすいからだろう。どんな金銭取引も、他のすべての金銭取引にとって前例として解釈しやすい。つまり、自分が食品、衣服、映画、おもちゃ、切手、その他各種のものに対して使うお金を浪費／倹約の前例として見るなら、その人は相互依存型の選択の例として何千もの支出をそこに足すことになり、そのそれぞれが実質的割引曲線のしなり具合を少しゆるやかにする。あらゆる金銭取引を加算して比較するのは簡単なので、お金で買える財の価値は、たとえば夜更かしvs十分な睡眠の価値や、短気vs我慢強さといった価値に比べて、ずっと長期に安定したものとなる。結果として、自分の目下の感情的な快楽が来年の感情的快楽に比べてさほど価値が高くないように振る舞う人はほとんどいないが、目先の収入が来年の収入よりあまり価値が高くないように振る舞う人はたくさんいる。

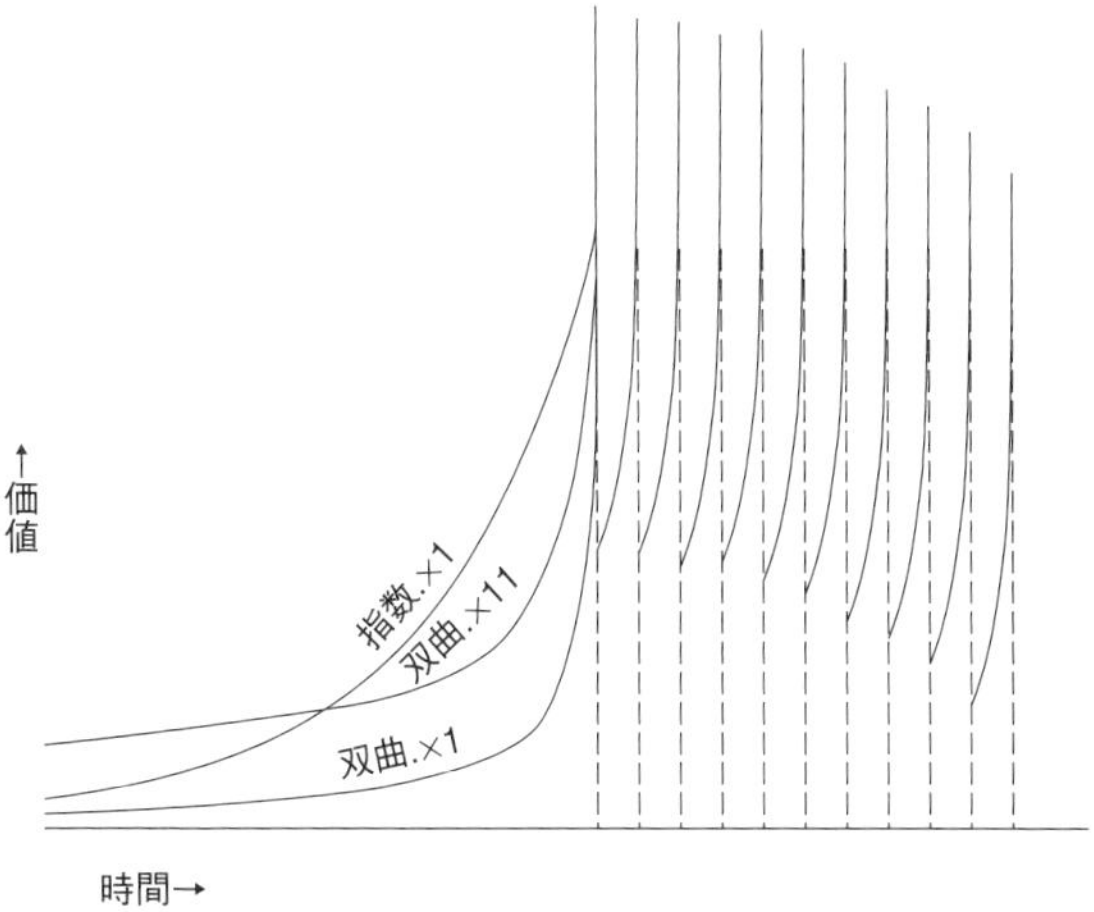

図6－1　11個の報酬を足しあわせた双曲割引曲線を、図3－1の双曲割引と指数割引に比較してみる。加算結果の曲線は、単一の双曲割引曲線よりも指数曲線にずっと近い。

指数割引状の領域を作り出す第二の要因は、きわめて強引な短期利益との対決を避ける何らかの方法があるということらしい。つまり、自分の投資判断が、自分の最強の誘惑と比較されないように個人的ルールを構築しておくことが必要となる。経済学者二人が最近になって、人々は自分の富を別個の「心理口座」に割り振ると指摘している。たとえば現在の収入、現在の資産、未来の収入、という具合に[14]。こうした口座は目先の支出のために資本を取り崩すことを禁止したり、映画にいくのに借金するのを禁止したり、一方で気まぐれを満たすために自由に使えるお金を用意したりするといった個人的ルールをあらわしているようだ。要するに、倹約の境界線を見つけるときに、その一線を放棄したいと思ってしまうほどのケチぶりが要求されないところに線を引く、ということだ。自分の最強の気まぐれが、その場限りの価値評価にさらされないよう事前に合意しておくことになる。

最後に、双曲割引が競争上で不利になるような状況があると、指数割引を模そうという追加のインセンティブが生じる。たとえば、お金は基本的には他の人々の選択に対する貯蓄可能な影響力だ。この事実は、金銭取引に関わる財に追加の重みを与える。夜更かししたいという衝動を抑えられない人は、それが高じて仕事中に寝てしまうほどでもない限り、特に他人に負けやすくなったりはしないだろう。でも売買では、単に隣人たちと並んで選択するだけでなく、かれらと競争することになる。すでに挙げた例では（第3章1節）、もしその隣人たちの一部がまめな性格で、春ごとにあなたのコートを一〇〇ドルで買い取り、秋にそれを二〇〇ドルで売り戻すというのを繰り返したら、やがてあなたよりお金持ちになって、結果としてもともと問題になっていたコートという財に加え、あなたに対する力や名声という点でも報酬が得られる。もちろん、競争は人をせっかちにしてしまうこともあるけれど、長期的な利益に従えれば競争は他人に対して動機的な機先を制し、相手に制されるのを防ぎたいというインセンティブを追加する。

この三つの要因のおかげで、指数割引に従って選択するという個人的ルールを課すのに十分な動機ができそうだ。[15] 期待される金銭的選択すべての双曲割引曲線を加算すれば、たとえば六パーセントの定率指数割引と同じ結果が得られるかもしれない。この加算効果のために加算すべき動機の量は、対象となる財のそれぞれからくる自然な割引曲線の高さの差（図3-1など）に応じて決まる。潜在的な消費行動が迫っているとき、その人のルールはそれが司る報酬の実質的な割引を減らすインセンティブを追加しなくてはならない。ずっと遠い時点なら、そのルールは指数曲線の高目の尻尾が示すより少ない倹約を動機づける必要がある。

こうした二つの状況のうち、ありがちなのは衝動を「合理的に」判断するニーズだ。指数割引のためのルールは、それが可能にするすべての報酬からくる動機を累積して、その総和を一つの衝動トンガリと対決させることで、大きな報酬の総和曲線が決してトンガリに突き破られないようにしなくてはならない。低い割引率に従うルールは、高い割引率に従うものよりも、もっと大きな動機を集める必要があり、したがって要求されるルール形成技能も高くなる。理論的には、こうした曲線は三パーセントでもなんでも好きな値を実現できる。でも必要な割引率が低いほど、ある遅延における消費量でうまく先送りにできる量は少なくなってしまう。

指数割引率の差が持つ社会的重要性を見れば、こうした割引率を動機づけるにあたって競争性がいかに重要かもわかる。低い指数割引率の曲線を維持する能力は、明らかに人によって異なっているし、それをしようと思う長期的な動機の面でも人によって差がある。結局のところ、「お金がすべてじゃない」わけだし。だが隣人が採用した割引率が、あなたのものよりずっと高かったりずっと低かったりすると、あなたにとっては困ったことになる。割引率の高い人は、先見の明がなさ過ぎて援助が必要な存在に見えるし、割引率の低い人はあなたの人間的な弱さを利用してこちらを出し抜いているように見える。コミュニティの「正常な」割引率について合意するのは、非常に気を遣う社会的プロセスとなるだろう。個人にとっての適正な値や、社会にとっての規範となるような値として使える明確な一線はない（もちろんまったく割り引かないという線なら明確ではあるが、これは動機の面であり得ない）。だから規範設定のプロセスは不安定なのだ。割引率の競争では、暗黙の停戦ができる領域が存在しない。でも長期的には、だいたい合意された割引率よりも高い割引率を容認する個人や集団は、穀潰《ごくつぶ》しとしてつまはじきにされる。一方、もっと低い割引率を実現する人たちは、高い人々より大きな脅威と見なされる。ケチな守銭奴として糾弾されるのはこの人たちだ。これは西欧では反ユダヤ主義、アフリカではインド人への攻撃、東南アジアでは華僑への攻撃として表れている。

もちろん、社会はしばしば金銭以外の活動も競争のタネにする。スタイリッシュな痩身を実現するために食事を我慢することで利益が得られるところや、セックスに無関心でいられることで交渉力が増す世界では、こうした便益の期待は関連した個人的ルールにとっての賭けの材料となり、ときには英雄的な禁欲すらうながすこともある。お金と同様、傑出してこれに成功する人々は、不公平だとか病的だとか糾弾される。でも現金での価格づけが個人の選択を比較可能なものとして最大限にラベルづけするように、これは最大限の人々を社会的な競争に引っ張り込む。

こうした領域すべてにおいて、基本的には双曲割引曲線を持つ人々であっても、異時点間交渉プロセスがあれば、まるで指数割引曲線を持つかのような行動が学習できる。第5章で論じた最初の三つの戦術は、どれも原始的な農夫を厳冬期に飢えさせてまで翌年用の種もみを保存させるには十分ではないだろう。コミュニティの圧力は、ほかの農夫の大半が我慢する方を選んでいないと成り立たない。関心のコントロールや感情は、系統的に反復されない限り、一度に短期間しか効かないし、系統的に反復されるならそれなりの理由が必要だ。でも一連の選択を束にしてまとめあわせると、割引曲線の総和が指数曲線に近くなるのだ。

市場原理に従う「合理的」計算は、幅広いマッチング則に基づいた選択の中での特殊例らしい。ちょうどニュートン物理の法則が、アインシュタインの相対性の中で限られた範囲の値についてのみ成立するようなものだ。人が自分に指数割引を強制する能力は、必要とされる割引が実際に動機を決める基本的な双曲割引曲線とどれだけ離れているかによって決まってくる。

3　まとめ

双曲割引曲線は、自分自身に交互に訪れる動機状態同士の間に部分的協力、あるいは限定戦争の関係を作り出す。個別には短期的報酬が利益となるが、選択が安定したほうが共通の利益は増すという関係は、広く研究された交渉ゲームである反復型囚人のジレンマとよく似たインセンティブを作り出す。それぞれの時点で、大きな長期的選択を選ぶのが協力に相当するが、これが突発的な裏切りよりもよい選択に見えるのは、自分が将来も協力し続けるという期待を維持するのにそれが必要十分な場合だけだ。この異時点間の交渉状況こそが人の意志と呼ばれるものだ、というのが私の主張だ。

異時点間の協力——人の意志——が最も脅かされるのは、目先の選択は例外なんだと認めさせてしまうような弁明／合理化であり、最も安定となるのは自分が何をもって協力とするかを判断するための明確な一線を見つけた場合だ。たとえば一滴も酒を飲まないという個人的ルールは、一日二杯しか飲まないというルールより安定性が高い。少しでも飲むのと、完全な禁酒との間の一線は他にない（明確だ）が、二杯の二という数は、別に他の数字より重要な意味があるわけではなく、手前勝手な一線の引き直しが起こりやすいからだ。しかし、異時点間の交渉が上手なら、そんなに明確でない一線を使うことで柔軟性を高めることもできる。また、お金のように比較的計量しやすい財なら、それを指数的に割り引こうという個人的ルールを定めて従うこともできる。ただしその際には、あまり禁欲的に低い指数割引率を目指しても無理だ。人の「自我機能」がどのくらい快調に見えるかを決めるのは、何らかの知覚能力ではなく、この異時点間の交渉力なのである。

第7章　異時点間の交渉を主観的に体験する

双曲割引仮説を追求して、いまや記録された事実と常識の両方に反するところまできてしまった。はい、確かに双曲割引曲線そのものは、すでに確立された事実だし、はい、確かに人々は従来の効用理論では説明できないような、動機同士の絶え間ない対立に苦しむのも事実だ。それでも、人は自分自身を基本的には統一体として体験している。そして選択を相互依存集合として束ねるのが、ものごとを意図するというプロセスにとっての中核であるなら、なぜそれがこれまでほとんど認識されてこなかったのだろうか。

一般には「個人的ルール」というのは「意志力」とは意味がちがう。「個人的ルール」というと、なにやら躾のガイドラインみたいなどうでもいい感じだ——人によってはそんなものを持ち合わせていない印象すらある。私はこの用語を、人間の意志決定にとってかなり中心的なものを指すのに使っている。でも、私が仮説として述べた個人的ルールの存在そのものが、まだ証明されてはいない。いまのところ私が提示した証拠といえば、(1)双曲割引曲線は、利益間に限定戦争の関係があることを説明できること、そして(2)我慢強さを増すために選択を束ねることが行われている、という二点だけだ。

唯一きわめて堅牢な部分でさえ直感に反している。価値評価プロセスが双曲割引曲線に基づいており、したがって時間が経過しただけで決断がひっくり返る傾向があるので、きわめて不安定になりがちだという事実は、実験的に十分に証明されていてもピンとこない。そうした曲線が予測するような問題を人が経験しないというわけじゃない。人間が何かと自分を裏切る行動をするという事実は、あらゆる文化で大いに意識されている。これはまさに罪とか、肉体の弱さとか、ソクラテスがこぼしていた選択肢「重みづけ」の誤りに相当するものだ。ホメロス以来多くの著述家が、この傾向を克服しようとする各種試みを描いてきたことも指摘した。でも人がみんな歪んだレンズを持っていて、価値の重みづけ機能は何かが目先に迫るたびに、過大な評価をしてしまうよう生得的にプログラムされているのだ、という発想には何か変なところがあるような気がする。

人の意志決定を最終的に左右するのが、認知ではなく動機なのだという発想も、変だと思われるかもしれない。というのも、動機とか魂胆というのはそういうふうには理解されていないからだ。「魂胆がある」と思われたら、通常は議論では道徳的な説得力を失うことになる。理性や理由づけにより意志決定をする、という物言いのほとんどは、その意志決定者には注目を向けずにその決定対象となっているものに注目を向けるように機能する。何かがいい、というのはそれを欲しい、というのと意味は同じかもしれないが、でも響きは前者のほうがずっといい。(1)「欲しい」というのはその人個人の問題だが、何かが「いい」というのは、その何か自体の本質に根ざすものだ。なぜ選択に外的な理由があったほうが安心できるか、という問題はとりあえずおいておくにしても、このように自分の動機を外部の対象に投影するという習慣は問題を作り出す。自分自身の動機がどう機能するかを検討する準備がまったくできない状態となってしまうのだ。

本章では、この直感の問題を採り上げよう——異時点間の交渉の問題が、本当に一般の経験と矛盾するものかどうか、という点だ。次章では、意志と呼ばれるものが本当にこんなモデルに基づいているという既存の証拠をまとめる。

異時点間の交渉という発想は、三つの点で直感に反しているようだ。

1. そう言われてもピンとこない。自分がそんな裁判のような形で物事を意図しているような気はまったくしない。もちろん、意図的に誓いを立てたような意志決定は別かもしれないが。
2. すべての選択が交渉沙汰だったら、必要とされる思考が多すぎるから現実的とは思えない。
3. 人の選択のほとんどには、回復途上のアル中が酒に手を出すことを決断するときのような、生きるか死ぬかといった深刻さはまったくない。

でも、交渉の具体的な機能について明確な理論を知らなくても、試行錯誤で交渉の解は十分に導ける。期待値は別に絶えず計算しなおす必要はない。そして確かにきわめて厳格な誓いであれば、さっき述べた核戦争や「アルコールに対して無力」的な条件を持つかもしれないが、ほとんどの場合にはそんな厳格さは必要とされないし、厳格すぎるとかえって非生産的なことさえあるのだ。

1　なぜ人は自分自身と交渉していることに気づかないのか？

もちろん、人は通常は自分と交渉したり取引したりしているような気はしない。あれこれ勘案したうえで意志決定をして、後になって、さっきの意志決定もまた勘案に加えた上で別の意志決定をし、という具合に続ける。今は協力してやるから、将来はそっちが協力しろよ、などというような明確な取引はしない。でも別に明確である必要はない。一番単純な物々交換では、片方の部族が自分たちの財を広場に置き、相手の部族が交換に別のものを広場に置き、というのを繰り返す。唯一の制約条件は、自分たちが十分な財を置かないと、取引が続かなくなるという懸念だけだ。そこでの参加者たちが交渉に関する理論を持っている必要はない。

社会規則についての理論は、人々が実際に何らかの行動を長いこと続けてきたずっと後で編み出されたものだ。ルネサンス期までは、法は交渉問題に対する現実的な解決策というよりむしろ、聖なる命令だと思われていた。立法プロセスは、新しい法を作るのではなく、古代法を「発見する」ことだった。今日でも、成文法は悪そのものを処罰するコモンローより由緒正しくない印象がある。同様にピアジェによると、小学校の子供たちは規則は不変でなければならないと考えている。(2) 人が個人的ルールについても同じように感じるなら、つまり何らかの権威から贈られたものか、あるいは不思議な機能を持つ発見物だと感じるなら、それは現実的な方便ではない外部世界の性質として捉えられがちだろう。

さらに、自分なりの方便でしかない個人的ルールは、自分の外から与えられたルールよりもずっと言い逃れしやすい、つまりは安定性が低い。自分の意志次第なら、自分で勝手に変えたり、例外を宣言したり、これまで述べた各種の交渉の抜け穴を試みることもできる。でも、それらの性質上、自分には左右できないと**信じれば**、大きな安定性が得られる。そしてそこから生じる追加の価値は、まさにそのルールが自分の外で決められているという信念にかかっていることになる。この種のルールに背くというのは信念自体がインチキだと言うに等しく、それはさすがに自分で制約したり修復したりできない決断だ――そういう信念に賭けるのは、自分の信念の核心にあるものを賭けた背水の陣となるわけだ。したがって、外的な事実として捉えられたルールは、自分が勝手に決めたと捉えられるルールよりも生き延びやすいということになる。

この可能性についてもっと細かく検討しよう――具体的にいうと、対象に価値を付与するプロセスが異時点間の囚人のジレンマに対する暗黙の解決策を含んでいるという可能性だ。単に、対象の価値を「信じる」のは、個人的ルールとして機能するだろうか？　個人的ルールの基本的な性質は、そのルールに従うかどうかの決断に、そのルールがもたらす便益がかかっている、というだけのことだ。別にそれをルールと考えなくてもいいし、かかっているものが自分自身の信頼性だと思う必要もない。むしろいい加減でも嘘くさくてもいいからダミーの利害保持者を想像して、自分の選択によって継続されたり破られたりする前例を、その利害保持者の満足や失望だと考えればいい。

ある誘惑を乗り越えるのにｘという規律を身につけたい人がいる。ｘの守護聖人はＸだから、その人はＸに、力をお与えくださいとお祈りする。そうするとその人は、もともと直面していたインセンティブに加えて、あらゆる場合に規律ｘに従うという賭けを追加したことになる。守護聖人Ｘが、あらゆる場合にｘを遵守する力を貸してくれるという期待だ。そうなればｘに成功すればするほど、Ｘ様のお力も確信できるようになり、ｘも遵守しやすくなる。聖人様の助けをもらったのに誘惑に負けたら、Ｘ様のご機嫌を損ねて、もう助けてもらえなくなる。そうなると効果てきめん、次回にはその分だけ誘惑に負けやすくなってしまう。つまり私の想像した聖人Xは、自分なりに副次的な賭けの賭け金を積むための手法であり、その便益は囚人のジレンマにおける協力によって獲得され、裏切りによって失われる。そして当初は聖人Xの実在を本気では受け取りにくいにしても、その聖人に対する誓いの現実的な効果はやがて目に見えるものになる――それが聖人Xの実在を逆に実証し、おかげで御利益があるよという話も広まることになる。

　現代的な考えの持ち主としては、誓いなんか関係なくて、自分の選択は事実に基づいているのだ、と言いたいところだ――でもその事実というのをよく見ると、聖人Xと似ていたりする。実際にはある状況を求めたり避けたりするのは自分のルールなのに、それをその状況がよいか悪いかで判断しているというふうに受け取るかもしれない。その人が反応する「事実」は、何ら倫理的な意味合いはないかもしれない。実際にはあいまいな情報しかないものについてでも、それが汚い、不健康、不幸をもたらすと「わかっている」こともある。物事をぐずぐず先送りにしがちな傾向を恐れる人物は、自宅の片付け具合を見れば自分がその傾向にどれだけ流されているかの指標となることに何となく気がついているかもしれない。でも体験としてはむしろ、家が片付いていないと不健康だという信念となってあらわれるだろうし、そしてそれが本当だと考えるべき客観的な証拠がなくてもそういう信念を持つだろう。掃除をさぼると何か落ち着かないが、当人はそれが自分の整頓好きのせいだと説明する。でも、散らかったのを放っておくのが自分のルールを破ることになるという点には自分でも気がついていないだろう。同じように、拒食症の人たちは、食欲に負けてはいけないというルールを持っているのに、体験としては太るのに嫌悪感があるのだと感じるだろう。信念が原則の役割を務めるとき、信じられている事実が聖人

Xの役割を果たすことになる。

道徳状態はしばしば、外的事実の認識に翻訳される。昔は、結婚しているかどうかは予防接種を受けているかどうかに等しい判断材料となっていた。結婚は実質的に物理的な事実であり、駆け落ちによって内密に行われたものであっても、人の内面を変えるものであって、あらゆる犠牲を払っても実現されるべきものだった。同じように、処女は非処女とは違う種類の人間だった。今日では、動物を食べることが道徳的にまちがっているという認識は、肉に対する嫌悪となってあらわれるし、中絶の問題は、胎児が「本当に」人かどうか、などという議論となる。すでによく知られている胎児の性質をもっと研究すると、その「事実」の白黒がつくとでもいうように。

同じように、人々は麻薬について、単に自分は手を出さないという明確なルールを作るのではなく、一度手を出したら抜けられなくなってしまうという信念を作り上げる。この信念は、次のようなプロセスで醸成されることが多い——ある権威が、抜けられなくなるというのは事実だと教える。ところが、それに反する証拠に出くわす。たとえばたまにドラッグを使っただけの元麻薬利用者についての統計とかだ。するとその人は、それを信用しなかったり、黙殺したりする。それはその反証の質が低いと思えたからではない。単にその証拠が扇動的な気がしたからだ[3]。この信念は、もともとはありのままの生物学的事実に関する推測を述べたものでしかなかったのに、それが部分的に個人的ルールに変わったわけだが、でもやはり信念の形を取り続けている。それがルールに変わったかどうか知りたければ、その反証を信じなかった理由が、それが事実として不正確だからか、それとも「麻薬に甘い」ように見えるからかを自問してみればいい。

たぶん個人的ルールのほとんどは、事実についての教えや発見から始まり、大なり小なりその事実に根ざし続けるのだろう。最近私自身も、気がつくと事実から始まった個人的ルールを作り出していた。私は仕事時間中に、きちんと昼食をとらず、あれこれつまみ食いをする傾向がある。だから食べ過ぎる危険がある。ある日、プレゼントでもらったショウガの飴を食べると、その後一、二時間ほど食欲がおさまるのに気がついた。そこで、もうこれ以上食べるまいと思ったらショウガの飴を食べる習慣がはじまった。これは役に立ったが、ときどきショウガ飴の後でもおなかがすく。ここでおもしろかったのは、自分が空腹を感じている場合でも、ショウガ飴の後では何も食べないようにしようと無意識に行動していたことだ。そうしないと、ショウガ飴の効果が薄れるのではと恐れたのだ。つまり後で気がついたことだが、ショウガが食欲を減らしたという一回限りかもしれない観察をもとに、「ショウガ飴を食べたらもう職場でつまみ食いはしない」という個人的ルールを作っていたわけだ。いまでは、食欲減退のうちどれだけが本当にショウガの直接的な効果で、どれだけが空腹を感じてもショウガ飴以後は食べないという信用できる期待に基づくものなのかは区別できなくなっている。

多くの個人的ルールはこれと似ているようだ。夜中に目を覚ましやすい子供は、お母さんが呼べば必ずきてくれると信じているけれど、でもその信念が裏切られるのが怖いからなるべく呼ばないようにしたりする。戦争映画を避けたくて、自分は暴力が嫌いなのだという信念に従っている人は、実は戦争映画を見たら必ずしも自分が暴力を嫌っていないと気がつくのを恐れている。必ずある順序で掃除をするとか、アート作品を作る前に特定の儀式をするとか、必ずある服装をしなければいけないといった迷信に従っている人は、「何となく」「理由はない」と言う。でも実際には少しでも変化を許したら、さらなる変化の釜の蓋が開いてしまい、自分として安心できる遵守パターンが破れてしまうような気がしているのだ。

意識的な誓いは、実は個人的ルールとしては一番弱いものかもしれない。成功しなくても気持ちがそんなに乱れないという意味だ。信念が客観的事実に裏付けられている印象が弱いと、その分だけ根っこに何らかの個人的ルールがある可能性が強い。実際問題として、ほとんどの人は冷徹にガッチリした個人的ルールを構築したりしない。社会的ルールと同じく、個人的ルールができる際にも単に文化的な思いこみに「逆らわなかった」り「受け入れ」たりする形で体験される場合が多い。つまり、そのルールを自分の意志によるものとは思わず、物理世界や社会の持つ性質だと思いがちだ。そしてこれにより、個人と社会は実質的な囚人のジレンマ的交渉を行いつつも、そういう交渉をしていると意識せずにすむ。

この種の信念を抱くインセンティブは、正確さでもなければ実用的な有効性でもなく、ある行為基準の遵守だ。軽い違反に対する罰は、その信念が定めている罰則となる。大幅な違反に対する罰則は、その信念自体への幻滅だ。幻滅すればその信念が動員できた、衝動に対抗する追加の動機を失うことになる。そしてそれを失うということは、今後は衝動を抑えるのが今までよりも面倒になる、ということだ。こうしたルールにちょっとだけ違反した人物は、その後に感じる後ろめたさを何やら超自然存在が下した罰だと説明したり、普遍的な道徳律違反の自然な結果としての罪悪感であると説明したりするだろう。(4) まちがったことをした気にならなくても、気分が悪くなったり、自分が汚れたような気がしたりするかもしれない。大幅な違反をしたら、むしろ説明できないような空疎さを感じることだろう。たとえば帰還兵たちの多くは、はじめての戦闘では人を殺すのが実に簡単なので高揚感を感じたが、戦争が終わってみると、殺人の容易さの感覚のために人々の中で暮らすのが耐えられなかったという。それまでは人命の尊さに対する信念として体験されていたルールを蹂躙した結果として、その後は腹が立ったときに相手を殺さないよう苦闘しなくてはならなくなったわけだ。

さあこれで、なぜ双曲割引の理論が一見すると変に思えるのか推測がつく。ほとんどの人は、指数割引が意味する合理的な価値構造を**信じている**。それが異時点でも一貫性のある選択として経験されるからだ。そしてそれが自然の性質であり、正常な人ならだれでも時間さえかければ発見できるものだというのを信条としている。だからそれを言い換えて、指数割引というのは短期利益との交渉で経験を積むにしたがって、人々が長期利益を守るためにおおむね採用するようになる不可避的な均衡点なのだと述べたところで、単なる重箱の隅つつきのように思えるかもしれない。でも、交渉というのは、**行動だ**。人は価値というのを、何かあらかじめ存在していて**見極める**だけのものだと思いたがる。それはルールを信念として設定したほうが安定するというまさにその理由のためではないだろうか。

たとえば財を価格によって評価し、その価格こそがその価値なのだという信念を抱くことは、もっと安いものとそれを交換したいという発作的な衝動が起きたときにもそれを実行しないというルールを設定したのと同じことだ。ある財の価格はいろいろな要因——希少性や過剰、流行、あるいは遅れなど——で変わると認識してはいても、それは社会的な現象で、その人の個人的な欲求にはほとんど影響されない。その財を消費する主観的な経験ではなく、客観的な価格に注目すること自体が、その財に対する行動を安定させる。心理要因で価格が多少変動するのを許しても、価格は動きが鈍いので人にとっては便利だ。だから価格が状況の気まぐれにあまりに忠実に反応するようだと、人は不安になる。通常は三ドルしかしないハンバーガーに対し、とても空腹で他に選択肢がない場合でも、一〇ドル払うのはためらわれる。なぜかといえば、こちらの食欲変動に関係のない社会的要因が、その「価値」をたった三ドルであると定めたからだ。でも時には、市場そのものすら尊重されないことがある——何か財そのものが持つ比較的安定した性質と、その市場価格が連動していない場合だ。たとえばちょっとした環境変化で航空券が売り手市場となり、航空券価格がいきなり二倍になると、人々は不機嫌になる。そして内在的には何の価値もないコレクターズアイテムが競売で高値をつけると、みんなそれを見てバカだなあと思う。インフレが比較的穏やかだった中世には、あらゆる財は単一の客観的な「公正」価格を持っているとすら信じられていた。他人との交渉で果たす役割とは別に、価格は自分自身の衝動を抑える規範としても利用されるのだ。

価値を財自身が持つ固有の性質だと思いたがる文化的な願望がどれほど強いかは、時間的な遅れに伴う価値の割引そのものに反対したがる、驚くほど強固な規範にもあらわれている。もちろんこれはまったく非現実的だが、でも理屈では、もし価値が物に内在しているなら、それが遅れても「本当は」変わるべきではない、ということになる。「物事は近づくと大きく見える」というソクラテスの苦言（第1章1節）は、そもそも割引というのはまちがいだという発想に基づいている。中世には、カソリック教会の教えによればお金の利用についてお金を課すこと（つまり利子を取ること）は罪だったし、現在に至ってもなお、不確実性の分に関する調整は必要だが未来の財は現在の財と同じ価値を持つべきだと主張する経済学者はいる。[5]

ここで言いたいのは、もし価格に対する尊重——つまり、自分があたかも財を指数的に割り引いているかのように振る舞うこと——というのが単なるルールだと認識し、それがその財に本質的に備わった性質に依るものではないと認識すれば、その認識自体がルールを弱めてしまう、ということだ。アル中が時にはアルコールに対してまったく無力だと認識しなければならず、アル中という病気の事実関係から完全禁酒以外の道はないのだと認識するように、人はどうも自分たちが不合理性に対して無力だと本能的に捉えていて、そのため必然的に、価値が外的に決定されているという信念にしがみついてしまうらしい。

価値の不安定性を否定しようとする議論で、この説を持ち出した例は見たことがない――この説はまさに価値が本当は不安定だと想定しているからだ。でも昔の論者が、道徳規範の基盤となる「事実」が自然界には見つからないと指摘したとき、そんなことをおおっぴらに述べたら道徳が崩壊してしまうというすさまじい抵抗にあった。唯名論に関する議論でオッカムは異端扱いされたし、ガリレオの地動説は終身刑をもたらし、ダーウィンの進化論は、死後五〇年たっても不道徳的だとしてスコープスの「サル裁判*」をもたらした。

財の価値がどこまでその財の性質によって決まるのか、そして財が価値を「持つ」という言い方をすべきかというのは、ある物の重要性がその客観的な性質の中にあるのか、それとも個人が構築するものなのか、というもっと大きな論争の特殊例だ[6]。双曲割引は、この議論にも枠組みを提示してくれる。これについては、その限界とともに第11章で論じる。

*訳注――アメリカで一九六〇年代に、学校で進化論を教えたためにクビになった教師スコープスをめぐる裁判。

2　異時点間の交渉は手間がかかりすぎる?

絶え間ない交渉プロセスは、あっさり論理的な決断を下すだけに比べて、かなりの時間がかかる。でも、人が将来の自分たちと絶え間なく交渉し続ける必要はない。企業や立法者など各種の集団意志決定者だって絶え間なく交渉などしていない。

しょっちゅう交渉で意志決定をしている社会集団といえども、別に交渉ばかりに時間をかけているわけではない。立法者は、面倒な提案や逆提案を通じて法案を議論してから決断を下すが、いったん決めたらその件についてはその後何年も考えずにすむ。転校生や動物園の新しい動物は、古参住民たちが新人の序列を決めるまで試験期間を経験するけれど、いったん序列が決まれば、もうその地位はおおむね安泰だ。敵対する軍隊も、戦闘の機会はいくらでもあるが、その中で実際に交戦する戦闘はごく少数だし、商人たちも多くの市場では競争するより市場を分け合うほうを選ぶ。人も、ある状況でどの動機が支配的かをすぐに学んで、その後はおおむねその秩序に従う。ある状況で、どの利益が他のどの利益を圧倒できるかつきとめたら、あとはそれを事実として認めて、それ以上あれこれ試すような手間はかけないだろう。

社会集団の構成員に序列ができるように、利益にも序列ができる。ただし人は利益の序列とは言わず、別の言い方をするだろう。たとえば習慣とか価値の上下関係とか。ラジオである番組がかかったらベッドから起きて、職場では雑誌を読まず、タバコは食事の後だけにするといった行動は、別にいちいちそうしなかった時の前例の影響を計算しなおした結果ではない。以前に起きた競合の結果をそのまま受け入れたからだ。なぜときかれたら、あれこれ「そうすべきだから」といった理屈や、そうしないとなんだか気持ち悪いから、という程度のことしか言えないだろう——だれも見ていなくても信号無視をしない人は、何か意識的な理由があってそうしているわけではない。でも、その気持ちの悪さを生み出したのは、最終的には異時点間の交渉なのだ。回復したアル中は、意識的には酒を飲みたいとは思わないかもしれない。でもその事実を決めたのは、やはり自分自身との暗黙の交渉の歴史だ。

つまり、選択を絶え間なく評価し続ける必要はないということだし、現在なら採用されないかもしれない選択であっても、しばらくは疑問を持たれず選び続けられるかもしれないということだ。でも、それは不安定な選択であり、その人が実際に評価の見直しを行ったら、すぐに敗北することになる。

この評価見直しをどのくらい気軽に行うか、というのも人によってちがう。人によっては、自分の計画に縛られている気がして、絶えず逃げ道を探し続ける。人によっては、まるで目隠しを身につけるように、疑念や誘惑を投げかけるセイレーンの歌をあっさり無視するよう決断できる。この後者の性質は、催眠術の優れた被験者に備わったもので、「没頭（absorption）」として研究されている。[7]たぶん自分の関心を簡単に制約できる人――第5章1－2節で述べた四つの遵守戦術のうち二番目のものだ――は将来の自分との交渉において、あまり弁護士然とした価値判断をしないのだろう。それでも、きわめて気まぐれな懐疑屋ですら、ほとんどの選択を「習慣」に基づいて行うのだ。

3　あらゆる選択のたびに、自己コントロールの期待すべてを賭けなくてはならないのだろうか？

すでに述べたように、異時点間の交渉であるカテゴリーに属する選択が行われるとき、そのカテゴリーの報酬すべてが懸かった選択であるならば、きわめて長期のインセンティブまで動員される。最大限の遵守を実現するには、個々の小さな誘惑に対抗するために、かつてそうした代替案に脅かされたことのある報酬すべてを動員すればいい、――つまり巨大な一つの異時点間の囚人のジレンマを想定し、前例となる選択のカテゴリーを最大規模にすることだ。でも実際には、あらゆる選択時点で人が自分の行動意図能力すべてを賭けるなどというのは、よほど極端な場合にしか行われない。麻薬中毒患者がヤク切れに苦しんでいるときには、そういうことも起きるだろうし、核兵器を使う誘惑に直面した国もそうかもしれない。でも通常は解釈の余地――つまりは仲裁の余地――があるし、その選択が前例として持つ価値よりは、その選択がそれ自体として持つ価値のほうが大きい。

もちろん、多くの選択が長期にわたり一貫性を持つのは、インセンティブが安定していてまったく再帰的な部分がないからだ――つまり交渉に依存しないからだ。夜更かししない人は、単に疲れていて夜更かしするのがつらいから、という場合も多い。同じように、ある集団の構成員が一貫した選択を行うのは、集団の中の再帰的プロセスとはまったく関係ないかもしれない。ある集団が同じレストランにばかり行くのは、みんなそこの料理が好きだというだけかもしれない。自分の選択が他の構成員にどんな影響を持つかなど、そもそも眼中にないかもしれない。

もちろん多くの心理プロセスが再帰的なのは、別に遵守の約束が必要だからではない。自分がとっさに傘を置いた場所を記憶して、その後は毎回置き場所を忘れないためにそこを傘置き場にするかもしれない。同じように、所属集団の他のメンバーに会いたければ、みんなをよく見かけた場所にいくだろうし、その際には、自分に会いたがっている人も同じことを考えるだろうという魂胆もあるだろう。

だが多くの、いやおそらくほとんどの選択では、こうした対立性のない動機に混じって、何らかの個人的／社会的な衝動抑制の要素が関わっている。何かを「決まった場所に」置くという個人的ルールは、単に物を見つけやすくしたいというだけでなく、自分のだらしなさが手に負えなくなりかねないという予測を反映しているかもしれない。そして集団の集会場所がだんだん固定化するのは、お互いを見つけやすくするというだけの意味にとどまらず、よくない場所の誘惑と戦う手段かもしれない——道徳的に怪しいような場所や、集団のアイデンティティを脅かすような場所を避けるためにその場所が決められるのかもしれない。

ウォール街は、再帰性の程度が人々の戦略で変わることをよく示してくれる。株式市場への投資家は、企業に内在する価値に基づいて株を買うなら「価値ベース」であると言われ、市場の群集心理による株価変動の見通しに基づいて買えば「ポートフォリオ保険者」と呼ばれる。(8)ほとんどの投資家の動機は、この両者が混ざっている。市場の見通しだけに基づいた売買が大量に行われると、それが価格変動をさらに生み出して売買を再帰的に決定づけてしまうので、市場は乱高下する。主に前例として重要な個人の意志決定が、突然「コントロールがきかなくなる」のと同じことだ。一方、価値に基づく意志決定はテストケースとしてもあまり重要ではなく、あまり影響も受けない。

ギャンブル中毒者にとってカジノに行かないという決意は、その致命的な一線を二度と越えないことからくる将来の幸福すべての期待を賭けたものかもしれない。でも同じ人物が、部屋を片付けておこうという意図をもっていた場合、たぶんその決意は日によってかなり柔軟に運用されるだろう。しばしば弁明を探したり、先送りにしたり、完全に失敗して部屋がゴミためになったりした場合すらたくさんあるだろうが、それでもその決意はその場で瞬間的にたまたま部屋をきれいにしたいと感じる以上の影響力を維持し続けているだろう。この意図には大したものが懸かっているわけではないけれど、でもあまり抵抗がなければ、人生の中でそれなりの役割は果たす。結果がとても重要なものであっても（たとえば過食症の人が食事制限したい場合など）、よい選択と悪い選択を分ける明確な一線がないために、信頼できる十分に大きな賭けが決して形成されずに終わってしまうかもしれない。すでに見たとおり、人は食べないわけにはいかないので、酒を飲むか飲まないか、核兵器を使うか使わないか、といった明確な境界線はできない。強いインセンティブもなく、何をもって前例とするかを決める、信用に足る理由づけもない場合、人々は「鉄の意志」と呼ばれるような、自分自身に対する背水の陣めいた戦略は発達させないのだ。

鉄の意志を発達させる最大のインセンティブは、まちがいなく社会のエリート集団が保つ社会規範だろう。こうした集団が子供たちに教える社会コードは、善悪を分ける具体的な基準を含んでいる。そして、これを少しでも破れば、集団から排除されるだけでなく自分の自尊心すら失われると教え込む。カルヴァン派の商人は、自分たちが天国にいけるかどうかが懸かっていると考えたし、各種苦行僧はわずかな肉体的な歓びでも堕落の始まりだと思っていたし、ドイツのユンカー貴族たちや日本の武士は、少しでも名誉が失われれば自害も辞さなかった。これらは、あらゆる選択について重要な期待すべてを賭ける例だ。社会的な支援なしに個人がここまでこの戦略を突き詰めたら、それは病気と呼ばれるだろう。たとえば強迫観念や拒食症などだ。でもこの手の個人的な動機が社会的にも後押しされれば、この組み合わせはただの団体精神というやつだ。

もっと甘い環境では――社会がもっと穏健で、派手な中毒のおそれもなければ――人々は多少の違反はおおめに見がちだ。自分の異時点間交渉環境の予測と影響は、選択の動機にあたってあまり大きな割合を占めない。その意味では「価値ベースの投資家」に近い存在となる。

個人的ルールが背水の陣的な戦略じみてくると、危険なこともある。あまりに懸かっているものが大きいと、個人的ルールがいずれ成功するという見込みは減る。何十年もまえに、心理学者アラン・マルラットとその同僚たちは、アル中の回復においては過去の決意の失敗が大きな障害となっていることを指摘した——「禁酒破り効果」だ。[9] だから中毒セラピストは、何とか中道を取ろうとする——決意をすめつつ、失敗してもくよくよするなと励ます。「一日一歩」などのガイドラインを勧める。でもこれは、賭けるものを減らせば決意も弱いものでしかなくなる、という逃れようのない等式に制約されている。

4　まとめ

通常は習慣になっているような活動を分析すると、あらゆる観察行為でおなじみの現象が起きる——対象の一部だけ拡大し、その他のものを無視することで歪んでしまい、結果として描かれたものは通常の体験とかけ離れたものに見えてしまうのだ。意志というものを異時点間交渉としてモデル化してみると、描かれたものは通常の内省で思えるよりずっと意図的で、努力を要し、大仰なものに聞こえてしまうようだ。でも実際にはそうではない。

1.　交渉というのは通常は、その制約条件をはっきりと意識しないと行えないと思われている。でも私が仮説として出した、意志を生み出す暗黙の交渉は、いろいろなレッテル——超自然存在への訴えから、信念のプロセスそのものまで――の下で起こることが可能だ。それらのレッテルは、偶然にせよ意図的にせよ、当人の参与を隠してしまう。

2. 交渉には絶え間ない集中が必要だと思われている。でも利益の支配力の強弱の序列を事前に確立しておけば、交渉の最も重要な効果は実現できるのだ。そして強弱の序列評価はごくたまに行えばいい。序列さえ事前に決まっていれば、あまり考えずとも選択は下せるし、単なる習慣のような気にさえなるだろう。

3. 交渉の中でもきわめて顕著なもの(「核兵器的」とでも言おうか)はオール・オア・ナッシングの選択のために巨大なインセンティブを賭ける。たとえばドラッグを目の前に差し出された麻薬中毒者などだ。でも多くの取引は小さなもので、再帰的な部分はあっても、ほとんどはその選択自体の持つインセンティブだけに左右される。意志力を形成する追加の動機を動員するために必要な唯一の機能は、現在の意志決定が将来の意志決定のパターンを予言するものだという現実的な認識だけだ。

第8章　非線形動機システムの証拠

動機理論は再帰的な意志決定にあまり関心を払ってこなかった。対照手法で研究しにくいからかもしれない。ある現象がAとBの相互作用で決まるなら、片方を一定に保ってもう一つがどんな影響を及ぼすか観察しても、結果は予想できない。ある行動の原因をずばり知りたいと要求する人は、再帰的な理論ではご不満だろう。個別の原因を足しあわせてもあまり説明にならず、結果は入力（単数だろうとその混合だろうと）には比例せず、それらの相互作用から複雑に導かれる、という理論ではわかった気にならないだろう。

だが再帰的な意志決定の分析は、研究可能となる分野を大幅に広げる。経済学でも、分析家たちが変数の連続関数となるような行動を超えて、交渉ゲームの結果としての意志決定を研究し始めたときに、大きな飛躍が生じた。[1]非線形システムの研究はむずかしいが、そうしたシステムはおそらく選択の最も重要な特徴を決定づけている。あるカオス理論家が述べたように、「非線形システム」というのは「非ゾウ生物学」と同じくらい幅広い。[2]

再帰システムを研究する最高の方法は、その行動についてわかっていることを、具体的な機構を持ったモデルと比べてみることだ。直接実験をするのもいいが、それは具体的な機構の動きを確認する場合だけだ。意志の場合、経済学と同じで、コントロールできる部分はもっと大きい全体と不可分であり、全体はあまりに複雑で重いからコントロールできない。

本章では、異時点間交渉モデルと、現代の各種著作に見られる他の四つのモデルを比べてみよう。これらのモデルについては、個人的ルールについての節（第7章1節）でも言及した。こうしたモデルはそれぞれまったくちがう知的伝統からくるもので、具体的なメカニズムは述べていないけれど、でも追加の動機がどのように動員されるかという立場の面では比較可能だ。

「帰無」理論——つまり追加の動機などはなく、意志というのは作り物の概念でしかないという立場

「器官」理論——意志というのは一般的に強いとか弱いとか特徴づけられるような実体的存在であり、独立した知性によって筋肉のように動かせる、という立場

「明確な選択」理論——意志は計画の変更を合理的に避けることで伝統的な効用を最大化するが、そのためには（おそらく）追加の動機が必要になるという立場

「パターン探求」理論——意志というのは内在的に動機づけてくれるようなパターンを享受することだという立場

こうしたモデルは、これまで述べてきた異時点間交渉理論とはちがっている。異時点間交渉理論では、意志というのは単一の報酬と、あるカテゴリーに属する報酬全体との期待の差に基づいている。そして

これはもちろん、双曲割引を前提としている。

帰無理論は、本書で挙げたライルをはじめとする一部の哲学者や、ゲーリー・ベッカーに代表される伝統的効用理論家が唱えている。器官理論は、前出のバウマイスターとクールなど認知心理学者が暗黙のうちに想定しているものだ。明確な選択理論は、マクレネンとブラットマンをはじめとする哲学者たちが最近になって提唱した。内在的パターン探求理論は、行動心理学者ラフリン独自のものらしい[3]。

ここでモデル化されている意志という現象は、あまりにおなじみのものなので、現代の論者たちはその性質を定義づけることはおろか、共通の用語体系を整理する手間さえかけていない。ここで異時点間交渉理論と対比させようとしている理論は、どれも「意志」という言葉すら使っていない。どれも誘惑に直面しつつも人が自分の行動にどう一貫性を持たせるか——これが意志とは何かというとき、ほとんどの人が持っている中核の理解だろう——について述べているので、意志ということばを私が当てはめただけだ。

だがすでに述べたように、ヴィクトリア朝の心理学者たちは、この共通理解と思われたものを細かいパーツに分解してくれている(第5章1–4節)。意志の理論がモデル化すべき性質の一覧としてこれらのパーツを使おう。これらの性質のうち二つの可変性について、自分なりの洞察を二つ追加したので、合計で八つの性質が説明されるべきものとして挙がったことになる。意志が持つこうした素直な性質に加え、一部の哲学者が詳細に論じている仮想的な状況は、一見しただけでは明らかではない意志の性質を示す思考実験となっている。こうした論争は意志が持つべき性質について非常にダイナミックな姿を描き出してくれるので、三つを詳しく取り上げよう。だがまずは、手元の五つのモデルを基本的な八つの性質と対比させてみよう。

意志については、次の八つの単純な性質が指摘されている。

1. 意志は「目下自分を捕らえている主な衝動とは別の新しい力」である。つまり、ある行動で物理的に左右されるものを超えた追加の動機を動員してくる。これは明らかに、あるカテゴリーをまとめて選択することから生じるものだ。これについては、帰無理論以外はすべて認めている。

2. 意志は「弱い側にその力を貸し（中略）ある種の快い感覚が持つ支配力を中和する」。快い感覚に反する側が弱い側であるなら、これはつまり、意志というのが長期的な利益を優先しがちだということで、特に異論はなさそうだ。

3. 意志は「ある種の行動を（中略）共通の規則のもとに（中略）統合」し、「それらが一つの総合的な目標に資する行動群の一部と見なされるようにする」。質量的または大局的なパターンに従って選ぶというのは、意志の性質として一番よく指摘されるものとなっている。帰無理論以外はすべてこれを認めているけれど、なぜそれが衝動に抵抗する力を持つのかという理由を説明できるのは双曲割引だけだ（第5章1 - 4節参照）。

4. 反復によって強化される。器官モデルは、筋肉を鍛えるというたとえでこれを主張しているけれど、明確な選択理論やパターン探求理論ではこれは説明できない。交渉モデルでは、反復は協力を予想する裏付けを追加することで意志を強化する。

5. 反復しないとてつもなく弱くなるので「まちがった側が強くなるたびに、正しい側での多くの勝利の影響が打ち消される」。つまり個人的ルールに従うのと破るのとでは、その効果が対称的ではない。バウマイスターとヘザートンはこの効果について言及はしているけれど、自分たちの器官モデルがそれをどう説明するか述べていない。合理性とパターン探求モデルは、言及もしないし説明もしない。一方、交渉モデルは本質的に非対称だ。というのも、将来の協力についての自信を大きく損なう裏切りを引き起こすには、衝動はほんの一時的に支配的であればいいからだ。

6. 関心の抑圧や逸脱とは関係なく、「どちらの選択肢もしっかりと視界におさまっている」。器官モデルはメカニズムとしての関心のコントロールについてよく言及するけれど、一方で自己監視の話もする。他のモデルはみんなこれを受け容れている。それどころか帰無モデルによれば、自制が必要とする唯一のものは、はっきりした物の見方だ。

7. 決意は、懸かっているものが大きくて明確でない限り、個別の選択それぞれにあぶなっかしい形で依存したりはしない。この懸かっているものが大きくて明確な場合というのは、さっき述べたアトム的な交渉パターンの場合だ。個人の意志がどれだけ言い逃れやぶり返しに耐えられるか、というのが変動するという点は、他では論じられていないようだ。他の理論のどれもこれを説明できない。

8. ある方面での失敗が、どれだけ別の方面での失敗をもたらすかというのも変動しやすい。とんでもない将棋倒しが起きたりすることもあれば、ある面ではひたすら弱さばかりなのに、それ以外のところでは強固な意志が保たれたりする。器官理論ははっきりとこの頻出する対照性を否定する。器官理論では、意志はまとまりを持つリソースだから、ある分野でその「強さ」が枯渇すると、他の分野でも失敗が生じるはずだ。合理性とパターン探求モデルは、限定された部分での弱さという現象を否定も説明もしない。これから見るように、交渉理論はそれがありがちだということを説明できる（第9章1－2節「失敗領域」）。

1　直接的な実験からの証拠

こうした性質の発生を説明しそうな実験証拠は、少ないとはいえ皆無ではない。相互に依存するどころか、ひょっとすると再帰的かもしれないプロセスで、しかも目に見える印を残さずに機能し、人間でしか見られないといったプロセスは、特に観察しにくい。意志は内省によって記述するのはむずかしいし、意図したり志向したり誓ったりといったプロセスに関する自己報告は、常に別の解釈が可能だ。

行動を共通のクラスにまとめる（性質3）ことで、大きな後の報酬に対する選好が高まることは、動物モデルで裏付けられている。ラフリンとシーゲルの実験（第5章1－4節）によれば、ハトは一貫性のある選択に対して報酬を出してあげると、一貫性のある選択を学習するようになる。そしてその振舞いは、報酬が与えられなくなってからもしばらく続くことさえあるという。ラフリンが自分のパターン探求モデルの証拠として出すのもこの実験の一部だが、なぜ一貫性が報酬のなくなった後まで続くのかというメカニズムははっきりしないままだ。メイザーらの研究は、異時点間交渉理論に必要な、双曲線の加算性を実証した。そしてそこから導かれる点として、選択を一連のものとしてまとめれば、後の大きな選択に対する選好が高まるという点は、私とモンテロッソの共同実験で確認された[4]（第5章1－4節と、第5章の注20を参照）。

人間の被験者を直接誘惑にさらすとなると、かれらの意志力を実験的にくじくようなインセンティブを動員するのは、難しいだろうし倫理的にも問題がある。でも人々は少量vs遅延の実験では意志力を持ち出さないようなので、報酬の条件が意志のようなパターンを作り出す様子を観察できる。先ほど述べたカービーとグアステロの実験（第5章1－4節）によれば、学部生に後の大きな報酬を選好させるためには、それを一つずつ個別に提示するよりも、一連のものとしてまとめて提示したほうがいい。さらに、被験者に同じ選択を繰り返しやってもらうと、今の選択は将来の選択を予想するものになりますよと示唆するだけで、後の大きな報酬に対する選好は少し高まる[5]。

こうした動物や人間被験者での実験結果は、性質3と一致していて、伝統的な効用理論とは反している（図5－2参照）。現在の選択が将来の選択を予測するものだと示唆したときに、カービーとグアステロの実験で見られた我慢の増大は、まさに異時点間の交渉を裏付けている。さらに、こうした結果はどれも他の三理論を否定するわけではないけれど、どれも異時点間交渉理論の効率のよさを示している。なぜまとまりとして選ぶことが自制につながるのか、というのを説明するのに総和効果を必要とするのは異時点間の交渉モデルだけだ。さらに総和現象は、自分の選択を前例として認識する程度の認知的才覚さえあれば、単純な割引から意志を生み出せる。他の理論は、もっと追加の原則を必要とする――たとえば意志という器官があるとか、自分の計画の再検討や阻害に対するなにやら生得的な拒否が存在するとか。

2　人間同士の類比からの証拠

異時点間交渉理論のいいところは、その一部の面が人々同士の交渉ゲームでテストできるということだ。そうした面が意志と似た性質を説明できるかどうか確認すればいい。人間内部での利益の相互作用は、個人や企業同士の相互作用と同じ部分をたくさん持つ。心が次々に取る状態は、それぞれ別々の交渉者同士と同じような戦略上の問題をもたらす。だからこうした選択決断の論理は人間同士の交渉を観察することで検討できるはずだ。

反復型囚人のジレンマは、交渉者の小集団に共同意志のようなものを作り出せるだろうか？　つまり、単発の囚人のジレンマで得られる儲けを上回るような選択パターンを作り出し、ヴィクトリア調の人々が指摘した意志の性質を再現できるだろうか？　私が現在やっている研究では、大人二〜四人がポイント（実験の終わりにはお金と交換できる）を選ぶ。自分だけのために高いポイントを選ぶか、プレーヤー全員が同じだけもらえる低いポイントを選ぶか、というのがこの実験だ。このゲームは、前に（第3章2節）説明した部屋いっぱいの人々を順番にまわる実験ほどは異時点間の割引を上手にモデル化できていないが、対照実験としてはずっと扱いやすい。

ふつう、プレーヤーAは自分一人の一〇〇ポイントか、AとBの両方に七〇ポイントずつかで選択を行う。次にBが同じ選択をして、それからAに戻り、それが何度も反復される。反復回数は一〇〇回から二五〇回の間でランダムになっている。全員に低いポイントを与える選択は協力と解釈できるし、自分だけが高ポイントを獲得する選択は裏切りと言える。ただし参加者への説明では、裏切りとは言わず、

「単独行動」と言っている。参加者たちはお互いを知らないし、顔をあわせることもない。また自分一人の獲得ポイントを最大化しろと言われている。そして、別々の建物でコンピュータの端末に向かっている。同じグループが一日五回ずつこのゲームを行い、それが三〜四日続く。その被験者たちは二度と使われないので、それぞれのグループは白紙の状態からこのゲームに参加することになる。

もちろん、異時点間交渉の重要な要素——そもそもそんな交渉を必要とする要素——は遅延の影響なのに、こうしたゲームでは遅延はあまり意味を持たない。だがAがBの協力から得る報酬はA自身の裏切りからくる報酬よりは小さい。これは異時点間の交渉者にとって、未来の選択それぞれにおける割り引かれた利益がモデル化されていると解釈できる。Aとしては、Bに協力させたほうが明らかに得だ。自分では裏切りながらBには協力させようとあれこれがんばるが、裏切るとBがその後も協力してくれる可能性は危うくなる。たまに裏切ってみようと思うインセンティブは、異時点間交渉者の選択肢が「一回だけなら」と裏切りたい誘惑にさらされた状況をモデル化していると言える。

参加者たちがこうした条件に一回限りで直面し、二度と顔をあわせないなら、通常の単独四人のジレンマと同じく裏切るという強いインセンティブにさらされる（第6章序）。したがって、反復という条件を加えただけで意志の条件1と2が生まれることになる。協力可能性への期待は協力へのインセンティブを高め、そのままだと弱い、双方の長期的な利益という側へのインセンティブを増やすことになる。[6]

さらに、ゲームでこうした性質ができるのは性質3「複数の行動が共通ルールのもとにあるものとしてまとめる」が確立されるからだ。それぞれの選択時点で参加者が直面する最大のインセンティブは、他の参加者がそれを相互に関連した協力の流れの中にあるものとして理解させることだ。そして協力が起これば、それはその選択時に直面する結果の差（自分だけなら一〇〇、協力したらたったの七〇）を上回るだけのインセンティブが示されたということだ。

性質4「反復による強化」は人間同士でも見られるし、意外でもなんでもない。私がパメラ・トッピ・マレン、バーバラ・ゴールト、ジョン・モンテロッソと共同で行った実験では、コンピュータは参加者たちがみんな五回ずつ続けて協力して協力パターンが確立するのを待って、そして時々みんなに、相手がさっき裏切ったよ、とウソの情報を流す。時には、このにせ情報を二回連続、三回連続、四回連続で流すことで、裏切りの報告が被験者の本当の実際の選択にどう影響するかが観察できる。相手の協力の報告をとぎれさせることで、次の回に被験者が協力を選ぶ確率がどれだけ減るかを調べたわけだ。(7)結果は図8-1に示した通り。相手の裏切りが顕著になるほど、こちらの被験者側も裏切りやすくなる。

性質5、つまり個人ルールの失敗のほうが遵守(協力)よりインパクトが強いという性質も実験可能だし、その結果はそれほど直感的に明らかではない。いまの実験と正反対のことを試してみた。協力傾向ではなく裏切り傾向について継続性を試したわけだ。被験者たちが五回ずつ続けて裏切ったときに、コンピュータは相手が協力したというウソの情報を一回から四回続けて流す(図8-2)。相手の裏切りを聞かされた後で以前のような協力状態に戻るよりも、相手の協力を聞かされた後で以前のような裏切り状態に戻る可能性のほうがずっと高いし、その状態はにせ情報を流すのをやめた後でも続いた。つまり性質5は、被験者の対については成立するようだ。複数回の協力の効果が、一回の裏切りでだめになってしまうわけだ。(8)

性質6、自律性の増加は不完全な情報や裏切りには左右されないというのは、異時点間の交渉では明らかに成立する。

性質7は、懸かっているものがちがうと裏切りに対する感度もちがってくるということだが、これま

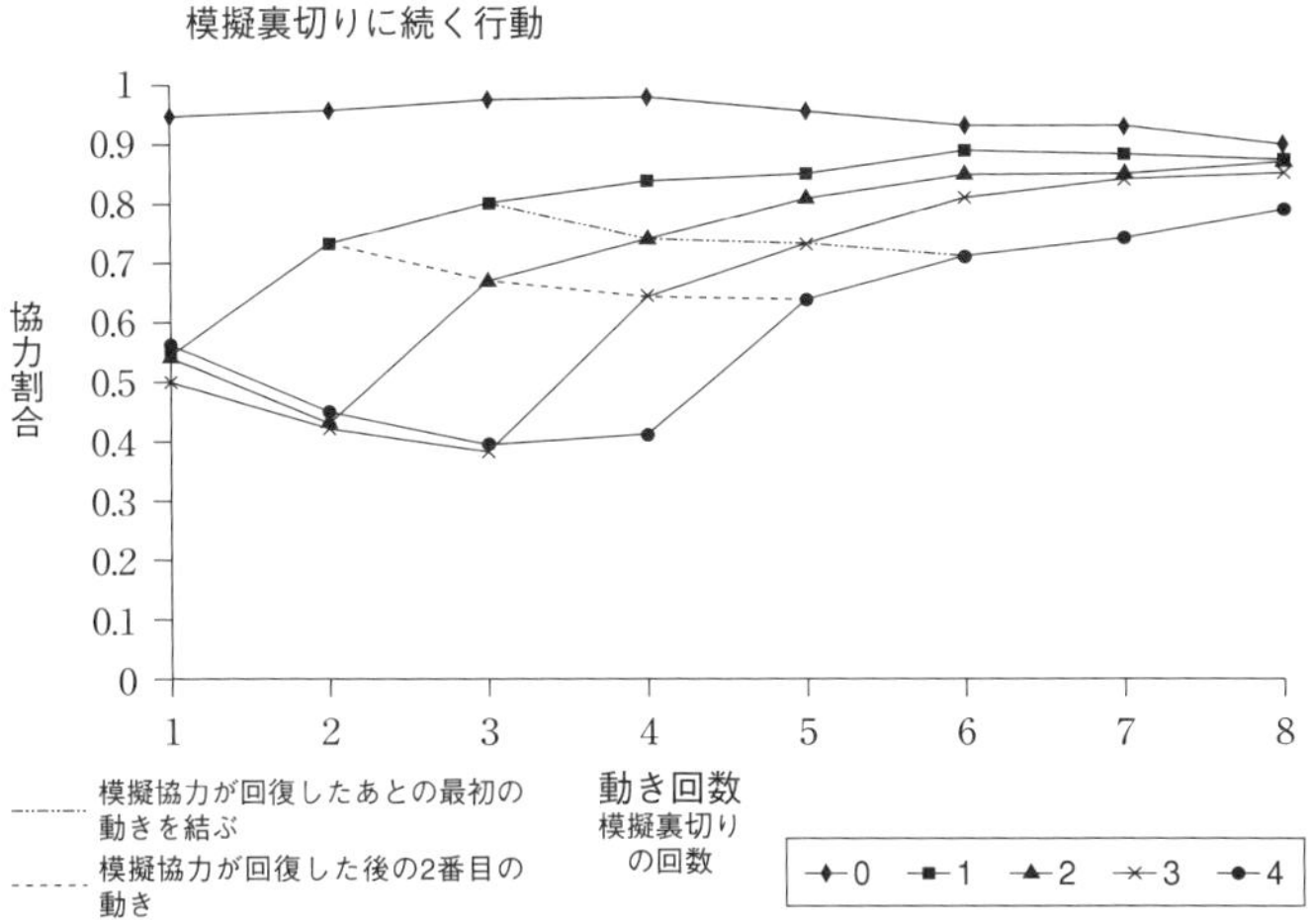

図 8－1　相手が裏切ったという偽情報を1回、2回、3回、4回続けて流した後での協力率と、偽情報を流さない場合（ベースライン継続）の協力率。その後は相手がずっと続けて7回、6回、5回、4回、または8回続けて協力したという偽情報が流される。プレーヤーは偽情報に基づいて全部で8回の選択を行う。

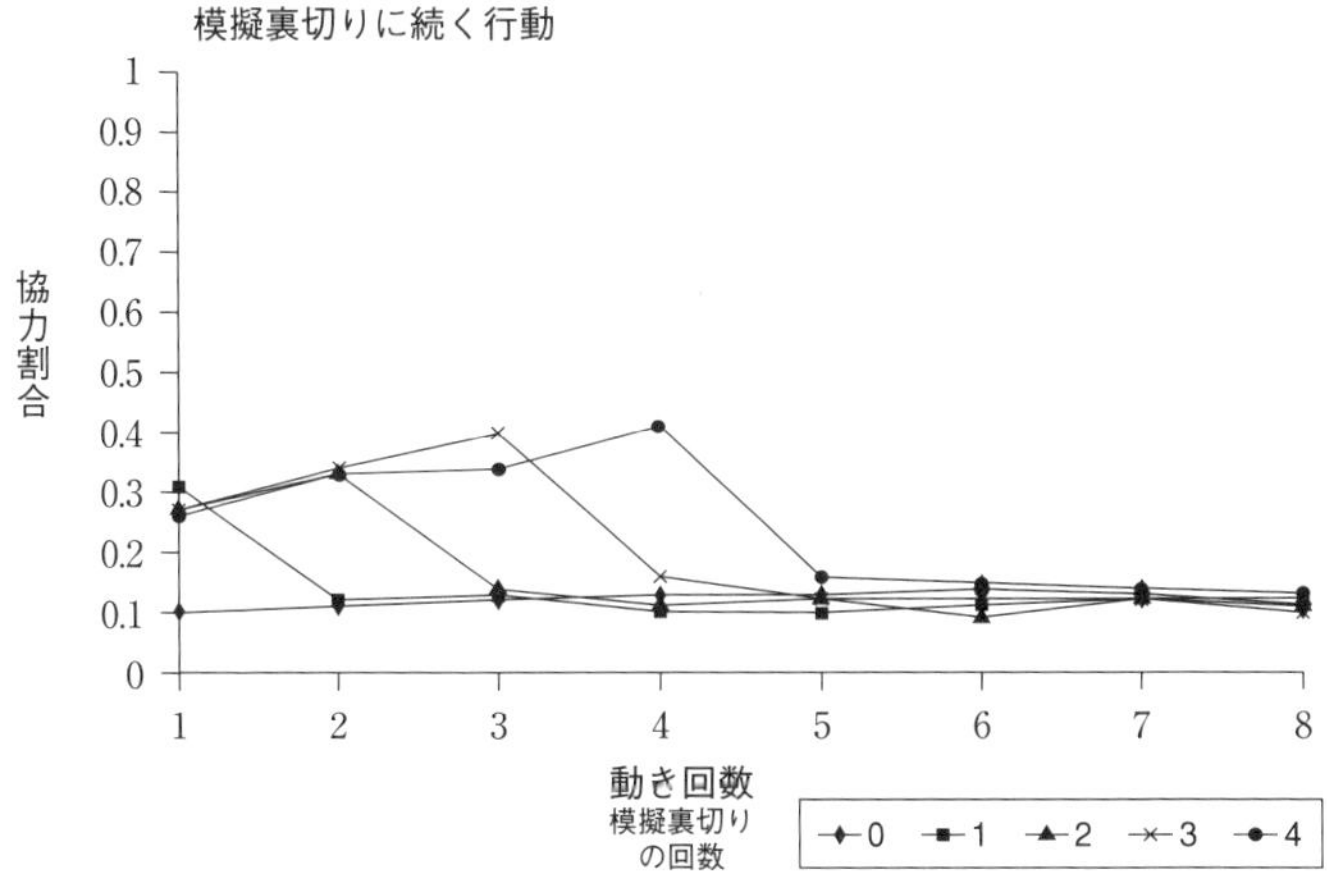

図 8－2　相手が協力したという偽情報を1回、2回、3回、4回続けて流した後での協力率と、偽情報を流さない場合（ベースライン継続）の協力率。その後は相手がずっと続けて7回、6回、5回、4回、または8回続けて裏切ったという偽情報が流される。プレーヤーは偽情報に基づいて全部で8回の選択を行う。

た動機づけとなる賭け金をきわめて低く設定した実験で観察される。こうした実験は目新しいゲームのような雰囲気と、低い賭け金が特徴だ。すると被験者は一度くらいの裏切りは大目に見る。相手の行動しか判断材料がないのに、このような結果が生じる。

表8-1　意志の性質：観測結果との適合性

	帰無	器官	明確	パターン	交渉	一致
別の新しい力	C	P	P	P	P	Y
弱い側に力を貸す	C	P	P	P	P	Y
共通の規則のもと	C	?	P	P	P	Y
反復によって強化	C	P	N	N	P	Y
非対称的な弱さ	C	?	N	N	P	Y
関心の逸脱とは無関係	P	?	P	P	P	Y
失敗の影響が不安定	N	N	N	N	P	Y
弱さの範囲に制限	N	C	N	N	P	?
薬物を飲む理由	C	N	C	N	P	
依存性が敏感	C	C	C	C	P	
診断が原因に	C	C	C	C	P	

帰無：意志の帰無理論、器官：器官理論、
明確：明確な選択理論、パターン：パターン探究理論、
交渉：異時点間交渉理論、
一致：異時点間交渉モデルが意志の性質と一致するか、
C：矛盾、N：予測なし、P：予測できる、
？：理論からは不明確、Y：イエス
（交渉結果がこの性質を示す）

性質8は、ある分野での失敗が他の分野でも失敗を起こすかどうかが一定しないという点だが、原理的には実験可能ではあるものの、われわれの交渉実験では検討されていない。

人間同士の交渉行動について観察してみると、反復囚人のジレンマでの協力と類似性があり、意志について言われる性質と似た性質も生み出す。この類似性は、異時点間の交渉としての意志という仮説を裏付けるものだし、意志の一部の面を人間同士を使った対比で検討する手法への道を開く。

こうした予想と、異時点間の交渉の限られた実験結果を表8-1に示した。そしてこの表には、もっと複雑な実験三つの結果も挙がっている。これについて次に述べよう。

3　志向に関する思考実験からの証拠

直接的な実験もある程度は可能ながら、ヤン・エルスターがこれまた捕らえにくい感情という現象について最近述べたことは、意志のようなプロセスにも当てはまるようだ。「対照実験や系統だった観察を情報源として使うのはやぶさかではないが、でも感情というものを生の一部として理解したいなら（中略）そうしたものは次善の策でしかない[9]」。だが、漫然と内省するだけでは、意志の理解はヴィクトリア朝の人々の記述どまりとなってしまう。ありがたいことに、特殊なケースを定義づけてやると、意志に関する通念について示唆的な矛盾が浮かび上がってくる。これは哲学という分野の手柄だ。哲学者の議論手法は、継続的な動機状態同士の限定戦争がもつ意義について探求する際にはまたとなく有用だ。ある問題の主要な性質を表現する思考実験について合意して、その問題についての各種理論をその思考実験にぶつけるという伝統は、意志の必要条件を明らかにするのにとても役に立つ[10]。

哲学者は何度も志向性（＝意志）の伝統モデルを論理的な極限まで推し進め、それによりその問題をいくつかの簡潔なパラダイムに濃縮した。そのうち三つがことに示唆的だ。カフカ（Kavka）の問題、自由意志の問題、ニューカムの問題である。

3－1　カフカの問題

カフカ（Kavka）の問題では、すさまじく不快だが毒性はない薬液を飲むつもりになるだけで、大金が得られるような状況が想定される。その人物が本当にそれを飲むつもりになったら（これは仮想的な脳のスキャンによって検証可能という想定）、実際にはそれを飲まなくてもお金はもらえるものとする。[11] さて、いったんお金を手にしたらその人物には実際にその薬物を飲む動機があるかどうか、そしてそうした動機がないと予見できるなら、そもそもその人は本気でそれを飲むつもりになれるのだろうか？ もちろん、飲まないとお金をあげないと言われれば本当に飲むだろうけれど。こうした問題について哲学的な議論が展開されてきた。

カフカの問題が投げかける問題はこうだ。志向性というものの特性として、それを一瞬ごとに何の苦労もなく、腕を上げ下げするのと同じように操作できるものか？ もしそれができないなら、志向性の変化を制約するのは何か？ 何の制約もなしに変化できるなら、実際に何かを意図する（志向する）のと、そう意図したと想像するのとで何のちがいもないということになる。この問題は、意志／志向というものが、自分が本当にそれを実行するかどうかの予測を含む必要があることを明らかにする。だがもしそうなら、この薬物を飲むつもりになるのは不可能だということになる。というのも予測のおかげで、インセンティブの急変（それも完全に予測がつくものであっても）に対して意図（志向）は無力になってしまうからだ。もしそうなら、ユリシーズはセイレーンの横を助けなしに通過しようとは意図できないことになるし、カフカの被験者は薬物を飲むつもりになることもできない。かれらはその意図を実現させるとは期待できないからだ。

でもこの結果は筋が通らない。人は、その意図（志向）が実現しない場合ですら何かを意図することはある――回復の見込みのないアル中であっても、禁酒を誓うことはできる。それに、意図（志向）することと自体が、それが実現するかどうかを決める要因の一つのように感じられる。よく言われることだが、意図（志向）というのは動的なプロセスで、単なる観察結果ではない。その意志が、目的を達成するには弱すぎる場合でさえこれは当てはまる。でも指数割引を行う人なら、意図／志向のようなプロセスは、予測以上には何の役割も果たさないことになってしまう。

伝統的な効用理論家は、薬物問題を解決できない。というのもこの理論家にとって、意図や志向というのは意志と同じく無内容な概念となり、したがってその仮想的な脳のスキャンで読み取れるのは、自分についての予想でしかないということになる。そして、意図する（つまり予測する）時点では強く動機づけられているような行動を意図／志向することはできないという、一見するとパラドックスにしか見えないものを受け容れるしかないことになる。哲学者たちは、この結論に文句を言うこともあったが、でも薬物を飲む合理的なインセンティブはほとんど提案できていない。出てきたのは「意志決定コスト面での節約」というのと、継続的な意志決定を「調整する必要性」という議論だけだ[12]。

しかし、意志が異時点間の交渉状況であるなら、手軽に答えが出てくる。意図する／志向するというのは、ある行動を一連の類似行動の前例として分類するということだ。そうすることで、その人は目前の行動の実行に、その一連の行動の予想価値――極端な場合には、あらゆる意図や志向の成果すべての価値――を賭けることになる。こうなると、人は本当に意味ある形で薬物を飲むつもりになることができるが、それはまさに後でその決断をひっくり返すと相応の罰があるからだ。

もし白血病の友人に、とても痛い骨髄提供をしようと決意して、でも後になってそれを取り消したら、決意を抱いていた時期に愛他精神の喜びを抱けて得をしたということにはならない。決意を貫けなかったことで、自分の意図の信頼性は下がってしまい、したがってその後に自分が意図できることの規模は小さくなってしまう。意志力は傷を負ってしまい、それがずいぶん高くつくかもしれない。だからカフカの被験者は、お金を受け取った後でも最初の意図通りに薬物を飲み干すインセンティブがある。自分の意志の信頼性を維持する、というインセンティブだ。このインセンティブが、薬物の気持ち悪さを克服できるだけのものかという点は、ここでの話では問題にならない。結局のところ意志というのは、信頼性が力となるような交渉状況のことだ。この交渉状況をどう受け止めるか、というのがまさに、その人物が長期にわたってどれだけ一貫性をもって行動するかを決める要因となる。

カフカの脳スキャナーに類するものが実在する例を使って、この思考実験にもっと現実味を与えることができる。自分が何をしようとしているかという自分自身の推測が、感情を引き起こすような場合だ。たとえばあなたがヘボな映画役者だとしよう。監督は（気乗りはしないようだが）恐ろしい急斜面を転げ落ちて絶叫する役にあなたを抜擢する。あなた自身がころげ落ちる必要はない――それはスタントマンがやってくれる――が、その直前に心底怯えきっている場面を演じなくてはならない。さて、必要な感情を演じるだけの演技力はないが、でも急降下は本気で怖いとしよう。これは大役だが、真に迫った演技ができなかったら監督にクビを言い渡される。

この状況なら、直前の場面に迫真性を持たせるためには、急降下を自分自身でやるよう手を挙げる価値はありそうだ。でも、絶叫場面を演じたあとで、実際の急降下はやらなくてすむことになったら、当初の予定通り急降下を自分でやるのは合理的だろうか？　合理的かもしれない理由は二つある。

●もし事前のパニック場面が撮り直しになって、でも最初の撮影のときに実際には降下していなかったら、二回目の撮影のときに自分がちゃんと急降下に挑むと信じるのはむずかしくなってしまう。つまり、最初の撮影のときの選択は、どうしても自分の将来の選択の前例に思えてしまうだろう。

●この場面の撮影はそれで終了だと知っている場合でも、無条件で急降下に挑むと決心していたなら、そこで逃げ出すことは自分の決意の信頼性を弱めることになる。将来も似たような場面があるかもしれないし、同じくらい決意が試されることもあるだろう。そういう場合の最も合理的な期待は（その斜面急降下がそれまで最も強い決意を要する事態だったとして）、こんども自分の決意は揺らぐだろうというものだ。もちろん、この信頼性低下のコストは、映画での役を失わない価値とは別に評価されなくてはならない。自分の信頼性が、それだけの苦悶に価するかどうかはあなた次第だ。これまた、ある二者択一状況が一種の背水の陣的な雰囲気を作り出す例だ。

カフカの貢献は、意図についての伝統的な想定に欠けているものを提供するまでなくならない不快物を、概念的に作り出したことだ。私が提案するその欠けているものとは、信頼性だ。単なる計画に自分が追加する賭け金で、それにより自分がその計画を裏切らないようにするためのものだ。こんなものを追加するのはインチキかもしれない。カフカはたぶん、哲学者たちは自分の示した条件だけで考察すると想定していただろう。でもこの理論的問題は、秘密の解法がある中国パズルではなく、札のそろっていないトランプゲームのようなものだったのかもしれない。異時点間の交渉モデルで札がそろうという事実は、それが意志にとって重要だということを経験的に裏付けている。

これまで見てきたように、薬物を飲むのは帰無理論と明確な選択の下では不合理だ。器官理論とパターン探求理論は、これをまったく説明できない。これについて肯定的に合理的だという説明ができるのは、異時点間の交渉理論だけだ。

3-2　意志の自由

意志の自由は、ずっと重要な謎となる。それが昔から議論の的になっているのは、自分の選択が有史以来存在していた条件によって完全に決められているという考え方がいやだし、原因なく起こることがあるという考え方もいやだからだ。現代の「両立主義」という立場は、この発想を両方とも否定するのが明らかに不可能だという点をごまかしている。第1章でとりあげた認知論者と、伝統的な効用理論家のように、どちらの立場も欠けた一片があるせいで困ったことになっている。

自由意志の支持者は、一般には因果律に支配された宇宙の中で自由意志を位置づけるために、素粒子の非決定性まで持ち出す羽目に陥っている。でも、その水準での予測不可能性は、自由意志の経験とははっきりした関係を何も持っていない。哲学者ジェイムズ・ガーソンが述べたように——

　個人的責任を伴う自由という発想にとって、理由づけと行動との結びつきを弱めてもあまり役に立たないのである。(13)

一方で、決定論の支持者たちは、自由な選択を行うという体験を説明できるような、直感的に信用できる理論を提供できていない。

ここでもやはり、異時点間の交渉がこのギャップを埋められるのではないか。実は、決定論と自由意志との論争は、報酬vs認知論争の一例らしい。これは異時点間の交渉という理由づけがないために決着がつかなかったのだ。自由意志の論争で欠けている一片は、再帰的な自己予想プロセスであり、そのために自分自身の心も確実には予測できなくなっているのだ。

この予測不可能性は、しばしば自由意志の核心にあるとされていた。たとえばウィリアム・ジェイムズの有名な例では、自分の決断が自由であると特徴づけるのは、自分の行動がどうなるか——たとえば帰宅するときにオックスフォード通りを通るかディヴィニティ通りを通るか——が事前には**わからないこと**だった。でも、自由意志の支持者のほとんどは、自由な選択は外部の決定要因からは**原理的**に予測し得ないものでなくてはならない、と主張するだろう。予測できるけれどもまだ知られていないだけの選択は、自由ではないと述べるだろう。この主張はまちがいなく、選択が外部から知り得るなら、他人がそれを知ることも**できる**——邪悪な天才や全能の神、あるいは完成された科学や心理学ならそれを知り得てしまう、という気味の悪い含意からきている。決定論を排除するもう一つの理由は、その選択が原理的にであれ事前に知り得るなら、そこには自分が何も関わっていないことになるからだ[14]。再帰的な自己予測理論は、こうした反論に答えねばならない。

これは厳密な効用理論を昔から悩ませてきたジレンマでもある。選択が完全に予想効用で決まってくるなら、自分自身は実は何も**決めて**いない。単にインセンティブを検知しているだけだ。一方で認知主義は基本的に、最終的な選択を自我という計りようのないものに預けてしまう。一部の認知論者は、認知が感情を仲介して機能することを認めている。たとえば二百年前に哲学者ドルバックが最初にこう述べている。「理性とは（中略）自分の幸福のためにどの情熱に従うべきか選ぶ行為以外の何物でもない」。でもこれはまだ、情熱を動かすことはできても、情熱には動かされない心の一部が必要となる。この自我は自分自身より強い力をバランスさせながら航行する水夫やカヌーの漕ぎ手のようなものだが、そのバランスに使う力はやはり風や流れ以外のところからきているわけだ[15]。

カヌーで急流を乗り切っているときには、水の力は腕の力よりずっと強い。選べるのは、どの流れに頼って自分を先に進めてもらおうかということだけだ[16]。でも操舵するのに使う力はやはり自分自身のもので、水の力とは関係ない。厳密な効用理論をモデル化するには、カヌーの漕ぎ手は行き先を選ぶのにも水勢を使わなくてはならない。つまり流れる水の勢いに任せて行き先を決めなくてはならず、カヌー上に乗っている人物の外的な願いに左右されてはならない。効用理論家の究極のジレンマは、こうした操舵機構を記述する一方で、このモデルがあらわしている人物の意志が人間らしいものになりそうにないという印象を回避することだ。今のままでは、この人物はまともな疑念や自尊心やその他細かい感情、そして中でも目下議論の対象となっている、意志の自由を感じることはとてもありそうにない。こうした記述はつまるところ、水の論理に基づいてカヌーの漕ぎ手であるという気分を引き出さなくてはならない――これは生命が無機質からどうやって生じたかを説明するくらいむずかしいことだ。

伝統的な想定に基づくと、最大化する行為者はどれもただの計算機であり処理装置にしか思えない[17]。でも異時点間の交渉モデルだと、意志は再帰的なプロセスだ。こう考えると、原理的な予測不可能性と、決断プロセスへの自己関与の両方が解決する。当人は、自分が将来何をするか自分でも絶対確実にはわかっていないので、現在の選択を精一杯の予測に基づいて行う。でもこの選択自体が予測に影響してくるので、行動を行う前に予測し直し、それが変われば選択もそれに応じて変わる。回復中のアル中は、飲酒に抵抗できるという期待を抱く。でもこの期待には自分でも驚くほどがっかりさせられてしまい、それに気がついた時点でこのアル中は自分の期待に対する自信を少し失う。もし期待が自分のアルコール渇望に対抗できる水準以下に下がったら、その失望は自己成就的な予言となりかねない。だが、この見通しそれ自体が、選好される以前の時点で恐ろしく感じられたら、この人はアルコールへの渇望が強くなりすぎる前に、他のインセンティブを探してそれに対抗しようとするだろう。それにより酒を飲まないという予想も強まり、等々――これがすべて、実際に酒を手にする前に起こる。この人の選択は、万物が厳密な因果律の連鎖に従っているという意味ではまちがいなく事前に決まっている。でもその選択を直接的に左右するのは、各種の要素の相互作用だ。そのそれぞれは事前に十分わかっていても、それらが再帰的に作用しあうために結果は予想がつかなくなる。

双曲割引は、意志決定を群衆現象にしてしまう。その群衆は、その個人が時間ごとに行う継続的な選択傾向で構成されている。各瞬間ごとにその人物は、いちばんよさそうな選択を行う。でもこの図式で大きく効いてくるのは、自分が後になってどう選択するかという期待だ。その期待はおおむね、自分が過去にどう選択したかに左右される。各時点で、その時点の気分に従えるという意味では自由に選択できるが、その気分に従わざるを得ないという意味では自由でない。この制約のため、人は通常は群衆に従う――つまり過去の選択で慣れ親しんだ道をたどる。でも、時には過去にずっと行ってきた選択をひっくり返すこともある。将来も自分が従い続けると予想される新しい選択の原則を見つけ出すことで、群衆の先頭に立てるわけだ。

この継続的な選択者の群衆行動に参加するのは、きわめて自己参照性の強いプロセスであり、外部の観察者からはおろか、それに直面する当人であっても事前には予測がつかない。この群衆に流されつつ、一方でそれを先導しようとする中で、自分がどういう選択をするか決して確信は持てない。ちょっと弱気になっただけで、これは自分が易きに流されてしまう――つまりこの計画において後の自分と協力をやめる――という証拠だと解釈してしまうかもしれない。ちょうど投資家が、金利のわずかな上昇を見て大規模な株の投げ売りのスタートだと解釈するように。でも、そういう解釈をしない可能性もある。どうなるかは、実際に起きてみるまでわからない。

再帰的な予想プロセスは、一瞬で行われる決断の根拠となるには時間がかかりすぎるように思えるかもしれない。過去の選択を見直して、自分の行動性向について内心で読み取り、それが将来についてどういう予測結果をもたらすかを予測し、現在の希望を改訂する――そして場合によってはこの改訂結果を組み込むべくプロセスをさらに繰り返す――これはすさまじく時間を喰うように思える。でもこのプロセスはもちろん、言語化されるレベルで起こるわけではない。そうでなければ、もっと口で説明できるはずだから。これはまちがいなく、心の速攻レベルで起きている。「口では説明できない」けれど、でも知っているあのレベルだ。もし心がコンピュータなら、これは「機械語」のレベルとも言うべきものだろう。

人々同士の再帰的なプロセスが好例だ。あるコンサートで、観客たちはそれぞれある場所で拍手したいと思うが、だれも自分一人だけが拍手している状況にはなりたくない。立ち上がって拍手する前に、観客はそれぞれ他の観客がこの瞬間に拍手するかどうか予想しなくてはならない。大胆な人なら、ぎりぎりの状況で、もし自分が拍手したら他の人が後に続くかどうかを予想しようとするだろう。各人はそれに基づき、拍手したりしなかったりする。全体としての観客は、この再帰的で自己参照的な決断を一瞬のうちに下す。そして、その決断は実に効率が高い。観客の一人だけが拍手するという事態は、珍しくはないがそんなに多くはない。同じように、歩道ですれちがう見知らぬ人々は、相手に会釈すべきか無視すべきかを再帰的に判断する。一回の散歩で、これは何度も起こる。自分の将来の選択を予測するのもこの程度の時間ですむはずだし、自分の選択方向に関する再帰的に更新される推定以外は何も必要ない。

意志の操作――囚人のジレンマの枠組みにおける異時点間交渉――は、まさに文字通りの意味で行動を「カオス的」にする。内部フィードバックを持つ事象を分析する「カオス理論」が心理学にも適用できるかもしれないと述べた論者はいるが、その実例は誰も見つけていない[18]。異時点間交渉は、まさにそうした内部フィードバックが重要になるプロセスのようだ。それは関連する動機を総和するだけでは予測のつかない、変動する組み合わせを作り出す。行動は気候のようになる――その原動力をよく知っていれば短期では予測できるが、長期では遠くからは予測のつかない突然の変動に出会う可能性がある。ガーソンが述べるように、「カオス的な事象が予測できないのは、それが恣意的に決まるからではなく、それがあまりに情報を含みすぎているからだ[19]」。

もちろん、内部フィードバックプロセスに依存するだけでは、自己の一体性の感覚は作り出せない。カオス的なデータが人間の自由意志の存在の根拠だというなら、カオス的な振り子や気候、葉の分布、数式などにも自由意志があるという理屈になってしまう[20]。

つまり、われわれの自己らしきものが関係しなければ、情報の豊かなプロセスであってもランダムなものとしか感じられないということだ。それは「自由で責任のある選択というよりはけいれん発作のようなものだ[21]」。これまでのところ、カオス理論はプロセスを内部化する要素を提供してくれていない。

異時点間交渉はその要素を提供できるのではないか。人が予測しているのは、自分自身の動機――多くの場合は感情――なのだ。伝統的な説明では、意志というのは還元不可能なプロセスであって、自分自身を予測する必要などなく、そもそも予測できない。

決断を行うことと、その決断を予測することとは、同じ心の中で相互に排除しあう精神状態である。というのも決断というのは、まさにその言葉の意味からして、自分がどう行動するか不確実であるということを含意しているからだ。[22]

だが双曲割引は、決断の予測をまさにその決断プロセスの一部にする。決断を行うのと気まぐれに従うのとを分ける唯一のものは、そこに懸かっている自己参照的な結果に関する配慮、つまりは将来の報酬に対する自分の期待だけだ。カオス理論の用語を借りれば、自由な選択とは、その決断に向かう当人の採る一歩一歩に「敏感に依存する」決断なのだ。

自由意志と決定論が共存するには、個人の異時点間交渉プロセスの重要性に注目すればいい。そうしたプロセスでは、人の選択は明らかに識別可能な動機に左右はされるものの、最終的な結果はその当人ですら確実には予測できない。それでもその選択は気候と同じく厳密に決定づけられていて、気候と同じく無限の昔にまで遡る原因に依存しているはずだ。

創造の最初の朝はすでに
この世の最後の夜明けの様子を書き記した。（オマル・ハイヤーム）

これこそさっきの例で、カヌーを押すと同時にカヌーの漕ぎ手も生成しなくてはならない激流だ。自分の選択については責任を感じるが天候については責任を感じないのは、自分の選択が異時点間の交渉によって仲介されているという事実からくる。そして裏切ったら、社会があなたの罪について議論を始めるより先に、将来の自分自身がそれを罰しはじめる。

異時点間の交渉が、厳密な決定論を否定せずに自由意志の経験的な要素を作り出せるからといって、それが本当に自由意志のメカニズムだという証明にはならない。また逆に、自由意志と決定論という非常に深く根ざしつつも相容れない信念を融合させられるからといって、それが実際に起こっているという証明にはならない。それでも、自由意志に関する多くの観察から出てきた各種の性質は、何はなくとも適合性に関するテストにはなるし、このテストでは各種の解決の中で異時点間交渉が最も優れている。他の理論はどれも、未来の選択が現在の選択に敏感に依存するという性質をまったく扱えない。

3-3 ニューカムの問題

自由意志と決定論を、再帰的な意志決定なしで折り合わせようとするときの困難は、選択をめぐる別のパラドックスにもよくあらわれている。哲学者ロバート・ノージックはこれを、提起してくれた物理学者ウィリアム・ニューカムにちなんで「ニューカムの問題」と名付けた。最近ノージックがまとめた表現では、

あなたの選択を正しく予想する力を持った存在がいて、その能力をあなたは大いに信頼しているとしよう。その存在が以下の状況であなたの選択を予測する。B1、B2の二つの箱がある。B1には一

○○○ドル入っている。B2には百万ドルか、あるいは○ドル入っている。あなたの選択は二通りある。⑴両方の箱の中身をもらう。⑵二番目の箱の中身だけをもらう。その存在は、あなたが⑴の選択をすると予測したら、二番目の箱には○ドルしか入れない。そして⑵の選択をすると予測したら、B2に百万ドル入れておく。あなたはそれを知っていて、その存在はあなたがそれを知っていると知っている。その存在は、最初に予測を行う。それから二番目の箱に、相当する金額を入れる。それに続いて、あなたが選択を行う。(Nozik,1993, p.41)

選択を行う時点で、すでにお金は箱の中だ。伝統的な意志決定理論によれば、あなたは⑴の選択、つまり両方の箱を取るべきだ。そうすればその存在がどんな選択をしたにしても、⑵を選んだ場合よりも一〇〇〇ドル余計に手に入ることになる。困ったことに、その存在はあなたがそうするだろうと予測して、B2を空っぽにしておいたはずだというのがあなたの信念だ。B2だけを選ぶこともじゅうぶんにできるし、その存在がそれをちゃんと予測していたと思うなら、B2だけを選んだほうが現在の期待値を増やせるかもしれない[23]。

自分の選択を予測できる存在を持ち込むことで、この問題はまたもや事前に決まった運命という決定論のいちばん穏やかならぬ含意を提起する。あなたの選択を含むすべての事象が、以前に起こった事象によって厳密に決まっているなら、自由意志と、意志力を行使しようという努力に対する信念は、どっちも迷信に過ぎないことになる――自分にはどうすることもできない結果について、自分を楽観的にさせるための自己欺瞞的な試みでしかない。双曲割引がなく、つまりは再帰的な選択決定がなければ、この結論から逃れることはできそうにない。でも、意志力のプロセスが持つ再帰的な性質は、診断的な行動と因果的な行動の区別の橋渡しとなる。

　診断的な行動というのは、ある状態の症状ではあってもその原因とはならないものだ。たとえば喫煙がいらだちの印であるような場合だ。因果的な行動とは、その条件をもたらすものだ。たとえば喫煙が肺気腫を引き起こす場合などだ。意志が律する行動は、明らかに診断的でもあり因果的でもある。喫煙は、意志力不足を診断するものとなるかもしれない。だが自分自身が喫煙しているのを見ると、それは自分の意志力の目安となるので、禁煙の努力をやめる結果をもたらし、さらなる喫煙の原因となる。ニューカムの問題は、どうでもいい問題ではなく、大きな心理学上の問題をコンパクトにまとめたものだ。実はこの問題はすでにもっと大きな規模で記述されている。

　大社会学者マックス・ウェーバーは、カルヴァン派の神学が宿命論を唱えているのに、どうしてその信奉者たちの自制心を強化できるのかについて悩んでいた。この神学の教えでは、人が天国にいくか地獄に堕ちるかはあらかじめ決まっており、当人にはどうしようもない。ウェーバーの解決策は、要するに宿命論の教義によって、善行を行うという一連の個人の選択は、単一の包括的な個人別の副次的賭けになるのだ、と主張することだった。この賭けで賭かっているのは、その人が天国にいけるかという期待すべてだということになる。

　（善行は）救済を購入する手段ではなく、地獄行きの恐怖を取り除くための技術的な手段なのである。（中略）（カルヴァン派の人物）自身が自分の救済を作り出す、あるいはもっと正確には、救済の確信を創造する。だがこの創造は、カソリック信仰とはちがって、個別の善行をだんだん積み重ねて蓄積するという形はとらない。むしろ体系だった自制を求めるものであり、その瞬間ごとに天国か地獄かという究極の二者択一をその人物は迫られるのである。[24]

このような信仰体系の下では、伝統的な意志決定理論によれば、善行を行うのは純粋に診断的な行為でしかなく、迷信的な行動でしかないと断言するだろう。自分が善行をしているということを確認するために善行を行うというのは、自己欺瞞でしかないと主張するだろう。[25]それはまるで、B2の箱だけを選ぶようなものだ。でも、この点を指摘した論者たちは重要な可能性を考えなかった。運命というものが、まさによい診断を得ようという動機そのものをメカニズムとして機能するのかもしれないという可能性――つまり神の恩寵というのがまさに、自分は天国にいけると信じる強い動機で**できている**かもしれないという可能性だ。言い換えると、善行は実は事前に決まった宿命の原因となる要因であり、でも自分は地獄に堕ちることになっているのではないかという絶え間ない恐怖だけが、救済に足るだけの善行をもたらすだけの動機づけとなり、そしてそれだけの恐怖を抱く能力はごく少数の人にしか与えられていない、ということだ。追加の善行は、宿命のテストをごまかそうとする試みなのかもしれないが、でもそれでテストが無効になるわけではない。それどころか、こういう形でごまかそうとするだけの気概がある人間のみが、天国行きに価するほどの善行を積める。まさに再帰的なシステムだ。診断→行動→診断という形で、よい診断をあきらめたら善行もあきらめることとなり、結局は悪い診断が正しかったということになってしまうわけだ。[26]

一部のアル中には、もっと高次の力が素面《しらふ》状態を与えてくれる。そして自分がアルコールに対して無力だと認めることは、そうした恩寵を賜る一人になれるかもしれないという印になる。因果関係の認識におけるこうした転換は、詭弁ではない。それはもっと広い個人的ルールの形成を示すものだ――救済に対する期待すべてを、個別の誘惑のそれぞれに賭けるというルールだ。さらに、それを意志力の問題として見ること——「善行」——から、それを単に事前に存在する状態——宿命——の診断でしかないと見ることは、決意を弱めるよりむしろ強める。診断を心配するのは、すでに見たように迷信ではなく合理的だ。というのも、その診断には因果的な影響があるからだ。さらに、この心配を交渉の一要素としてではなく、因果的な意味のないものとして解釈することは、意志の意図的な行使を通常はダメにする裁定を抑止してしまうからだ。

感情に関する有名なジェームズ＝ランゲ説もまた、再帰的な意志決定を念頭においているようだ。自分がマイナスの感情にとらわれてしまうのではないか(またはプラスの感情を達成できるのではないか)と思案する人物にとって、その感情の身体表現を見たら、その感情の力が強まっている証拠となり、その証拠はアル中の最初の一杯と同じく、もはやバランスのとれないところにまで決断を押しやってしまうかもしれない。「その人物はある感情の到来を予測し、その予測がその到来の先触れとなる」。ダーウィンも同じことを述べている。

感情の外的な印による自由な表現はそれを強化する。逆に、外的な印を可能な限りすべて抑圧すれば、感情自体も弱まる。暴力的な身振りを押さえられない人物は、怒りをさらに増す。恐怖の印を抑えようとしない人物は、さらに強い恐怖を味わうこととなる。[27]

つまり人は、感情を抱いてそれを身体で表現するとか、身体的に表現をした結果として感情を抱くとかいう単純な振る舞いをしているのではない。むしろある感情の強さとそれに対する自制の見かけの強さについて、予測を繰り返す——その予測は、自己成就的であることが多い。

筋肉行動そのものでさえ再帰的に統御されているかもしれない。神経生理学者ベンジャミン・リベットは、脳の中の「準備電位」が自発的な運動に五五〇ミリ秒先立っているだけでなく、それが自発的な運動についての当人の自覚よりも三五〇ミリ秒先立っていることを発見した。[28] リベットが指摘するように、意図の認識は実際の行動よりも先に起きるから、その行動を変えたりやめたりする余裕は十分にあるので、結果は十分に自発的と言える。それでも、このプロセス全体を見ると、無意識の扇動があって、それに続いて自己予測ともいうべき認識がやってきて、それに対してこんどはいくつかの反応が続くように見える——まさに感情のジェームズ＝ランゲ説に対応したシークェンスとなっている。

ここでも、受動的な知覚と能動的な選択は、単一のプロセスの中でごちゃまぜとなり、その両方がすこしずつ体験されるようになっている。ニューカムの問題でのいささか突拍子もない想定が人の興味を引くのも、それが意志を行使しているときに作用する、あの大きな謎めいた賭けを抽出する方法の一つとなっているからだ。何人かの論者は、ニューカムの問題は囚人のジレンマが持つ特徴のほとんどを備えていると指摘している。[29] 囚人のジレンマと同じく、これは繰り返されれば簡単に解決できる問題だが、一回限りの場合には相互裏切りに等しい直感に反する動き——両方の箱を選ぶ——を要求するように思える。ニューカムの問題の条件——全能の存在が、「あなたの人となり」を知っている——は、選択に時間の中で一貫性を持たせるときに賭かっている、謎の賭け金を表現する方法の一つでしかない。

もしあなたの「人となり」が一つの箱だけを選ぶようなものであるとする——つまりこの状況では片方の箱だけを選ぶのが一貫してあなたの意図であるとする。でもそこで、何らかの手を使って自分らしからぬ行動に及び、両方とも取ったら、儲けは大きくなるけれど、でもその選択については何となくまちがったものだという感じがどうしてもぬぐえないはずだ。それは思うに、この問題をカフカの形式に変えた場合に感じられるまちがった印象と同じだろう。B2の箱に百万ドルを入れるには、あなたは片方の箱を取ろうと本気で意図するだけでよいけれど、でも心底それを意図しさえすれば、両方の箱を取って百万一千ドルを手に入れられる、という話になる。こういう状況で本当に片方の箱だけを取ろうと意図できるかどうかは、真に全能の存在をだませるかという問題とほぼ同じだ。でもニューカムの問題では、この条件を外部の存在に投影しているので、「協力」行動は迷信っぽく見える一方でそれが迷信だとは信じ切れないようになる。どちらの場合にも、協力の必要があることは感じられるけれど、でも効用理論の下ではそれに意味を持たせる理由づけができない。効用理論ばかりか他のあらゆる理論は、これが不合理なことだと述べるだろう。

ニューカムの問題は、個人的ルールに対して安全策をもうける誘惑と同じ数学構造を持っている。あなたが自分のルールを遵守するような「人となり」であるなら、百万ドルの存在に自信も持てるし、確実な一〇〇〇ドルと百万ドルの両方に手を出そうとする誘惑も回避できる。同じように、このダイエットを守ればやせられる（百万ドルに相当）という自信があれば、「この一回だけ」という例外の主張をはねつけることができる。でもその「一回だけ」という例外主張が正当化できれば、目先の食物と、そしてやせられるという見通しの両方とも手に入る。一方、もしあなたがインチキ屋であるなら、百万一千ドルをねらってみるだろうし、ダイエットの例外も受け容れてしまうだろう。さらに、自分自身についての現実的な評価をすれば自分の人となりはわかるだろうから、片方の箱だけを選ぶという選択はそのままルール遵守の継続につながり、両方の箱を選べばそのまま斜面を転げ落ちて、意志はないも同然になるだろう。この見方はたぶん、あなたが自分では認めようとしない見方だろう（第9章1–3節を参照)。全能の存在にそれを預けると、これはなにやら個人的宿命らしきものとなる。

カフカの問題とニューカムをこのように同一視するのは、もとの問題のちがいの一部を無視することになる。でもピコ経済学的な観点からすると、どちらのパズルもそれなりの役割を果たしてくれた。そうした問題の基盤となっている想定のおかしい部分を明らかにし、まさにそのおかしい部分こそが両者の区別を作り出していたことを示しているのだ。こうしたパズルは、意図というのが還元不可能で調べようのないブラックボックスだという常識的な想定から始まる。だからその意図の持つ性質は、入出力を見て演繹しなくてはならない、というわけだ。でもその演繹プロセスが奇妙な話を生み出し、そのもともとの想定が疑問に付されることになる。もし双曲割引のことも知っていれば、こうした思考実験を使ってそのブラックボックスについてまったくちがった考え方ができる——それは一種の仲介プロセスのようなものなのだ。分解するのは困難だが、別にそれはそこに貫通不能な壁があるからではなく、再帰的なプロセスだからだ。

カフカとニューカムは、意志の体験について両極端を表している。カフカは、重要な前例によって意志が上昇・下降のどちらかに送り出されてしまうことを表現している。ニューカムは、選択が一見自由に思えても実は自分の行動に関する期待に左右されており、その期待はあらかじめ形成されて不変なのではないか、という疑念を表現している。人はその両極端を時に応じて体験し、ほとんどの時には曖昧にその中間にぶら下がっている。

この意志性が持つ幅は、自分の行動、そしてさらには自分の行動に対する期待が、どれだけ自分の意見評価プロセスにフィードバックされるかという違いによって作り出される。その幅は、単なる期待(「たぶんAすると思うけれど気まぐれ次第で変わるかも」)から意図(「Aしようとしてみるけれど、この時点では気が変わっても別にかまわない」)、そして努力(「なるべく気を変えないようにはするけれど、でも気が変わったところでそうひどいわけじゃない」)から決意(「物事を決意できるという期待のほとんどを、Aを実行できるかどうかに賭けるぞ」)までに及ぶ。これはなめらかな連続変化ではなく、そこでの選択の地勢にも依存する――正当化や言い逃れのために使えるような区分の可能性がどこにあるかによってもそれは変わるわけだ。

4 まとめ

意志を、誘惑に直面したときに選択に一貫性を持たせる行動すべてと考えるなら、動機科学の文献――ほとんどは哲学と心理学――には五種類のモデルが出てくる。それぞれのモデルが持つ意味を、意志の一般的な体験が持つ八つの特徴と対応させてみた。実験結果が存在する場合にはそれを使っている。またこれらのモデルが、議論の的となっている三つの思考実験をどう説明するかも検討した。これらの問題は、意志に関する伝統的な想定の問題点を指摘したものだ。

帰無理論では、意志は余計なもので存在しないとされる。これはほとんどあらゆる証拠により否定される。器官モデルでは、意志は漠然と、腕や脚のようにその人が利用するものであるとされる。これはほとんどのテストについては何も言わないが、意志の弱さが一部の選択にのみ限られるとか、再帰的な選択の証拠などによって否定される。明確な選択モデルでは、意志は計画の再考を禁止することでのみのものの機能する。パターン探求モデルでも同じように、人は生得的に長期的な動機パターンを短期的なもののために破るのを嫌うのだ、と想定する。これは少なくとも八つの性質とはマッチしているが、再帰的な選択の証拠によって否定される。私が述べてきた異時点間交渉モデルは、意志の八つの特性をはっきりと予測するものだし、人間同士の交渉による対比を見ても、それが再現できる。異時点間交渉モデルは、双曲割引曲線を足しあわせることで後の大きな報酬への選好が高まることを予測するばかりかそれに依存しており、三つの思考実験におけるパラドックスに見えるものについても、決定的な解決策を提案している。

III　最終的な意志の分解――成功は最大の失敗

第9章　意志力が裏目に出るとき

私の心は、事実の大きな集積から一般的な法則を導き出す一種の機械になったようだが、なぜそれがもっと高い嗜好を左右する脳の部分だけを衰退させるに至ったのかは、私には想像もつかない。

——ダーウィン『回想記』

道義心がおまえを憂鬱にさせるのであれば、それは確実にまちがっている。それを「捨ててしまえ」とは言うまい、というのもそれしかおまえのよすがはないかもしれないのだから。でも悪徳のようにそれを隠すがいい……

——ロバート・ルイス・スティーブンソン『クリスマスの説教』（第二部）

あらゆる自己コントロール装置は、報酬獲得能力を引き下げる。マストに自分を縛り付けたら、船は漕げなくなる。関心や記憶をブロックしたら、重要な情報を見逃すかもしれない。感情をつぼみのうちに摘んでしまえば、冷酷な人間になってしまう。残念ながら個人的なルールは、双曲割引の影響に対する最も強力かつ柔軟な戦略ではあるのだけれど、長期的な利益を阻害する大きな可能性も持っている。

1 意志力の副作用

意志に対する疑念は比較的最近のものだ。衝動のうながしに抵抗できる意志状のプロセスは、古典ギリシャ時代から認識されていたが、現代になるまでそれは実にすばらしいものだと思われていた。たとえばアリストテレスは突然人々を圧倒する激情について書くと同時に、それを相殺する「意向」についても述べている。これは特定の方向に向けた一貫性のある選択（習慣）を通じて育まれる力であり、その後の選択をさらにそちらの方向に向かわせる力となる。アリストテレスは明らかにこうした意向を応援していた。

後の世代もアリストテレスと同じく激情不信であり最高度の自己コントロールを称揚した。一八世紀末のカントもおおむねアリストテレスの主張を繰り返しているにすぎない。かれは意志の中で自我に似た部分を *wilkur*（選択意志）として取り出し、それが衝動によって一方向に流されたり、個人的な行動原則（*wille*〔自発意志〕の中身）によって逆方向に引き戻されたりするのだと述べた。そして、どちらの方向での選択も、その後の選択をそちらの方向にうながす意向を作り出すのであり、最高の道は *wille*（自発意志）を使って硬直した道徳法則を受け容れることだと主張した。

現代ですら、意志力は無批判に価値あるものとされている。たとえば、子供の道徳判断の発達を深く観察した論者二人、ピアジェとコールバーグはともに、その最高の段階は自分を縛る原則を選択できるようになる段階だ、と考えている。[1] 自我を無理強いする正反対の力二つを認識した論者は多いが、みんな「高い」強制要因である原理原則こそが、低い強制要因によって作り出された問題への完全な解決策だと主張している。

だが現代の論者の多くは、自分をあまりにきっちり規則に縛り付けると、意志の感覚は強まるどころかむしろ弱まるかもしれないと警告している。カントとヘーゲルが、人々はあらゆる個別選択を普遍的で合理的な基準に基づいて行うべきだと記述し終えたとたんに、キルケゴールがやってきて、その手の合理性は経験の活力を殺いでしまうと指摘しだした。キルケゴールの発想は実存主義へとつながった。目先の選択について、それ自体としての価値よりも前例としての価値のほうが重要だとする見方は、正真性や現在の生といった実存的価値への脅威となる。実存主義的なセラピストたちは、これを「理想論的な方向性」――生へのあまりに理論的なアプローチ――と呼んでいる。かれらはこれを、一時的な快楽の追求よりはましだとしているものの、ルールが持つ律法主義的な副作用のために、これはやはり正真ではないのだと述べている。同じ発想で、ハーディやチェーホフのようなヴィクトリア朝作家たちは「(道徳的)処方箋への盲従は道徳的な弱みを示すのかもしれない」と述べている[2]。

神学者たちは昔から「謹厳性」――自分をあまりに細かくルールで縛ろうとする試み――の危険性に気がついていた。宗教哲学者ポール・リクールは、意志の自由を脅かすのは罪だけではなく道徳律でもあって、「謹厳な人物が自分を戒律のぬけがたい迷路に閉じこめてしまう」という「行動の法律化」を通じてその脅威がやってくるのだ、と述べている[3]。

精神療法家たちもこの洞察を受け容れている。フロイトは精神療法の目的について、イド(エス)を犠牲にして自我の機能を拡大するだけでなく、「それを超自我からもっと独立させること」でもあると述べている。フロイトの死後に発達した学派のほとんどは、あまりに大きくなりすぎた個人的ルールを主要な標的としている。フレデリック・パールズのゲシュタルト療法は、自我からの疎外感の原因として、ある状況の感情的な即時性を認識せずに「認知的な地図」に従うせいだとしている。カール・ロジャース門下の来談者中心療法家たちは、人が人工的な「価値条件」を作り出して、それがあらゆる選択において患者の自尊心を賭けるものになっているのが悪いのだ、と主張する。アーロン・ベック、アルバート・エリス等の認知療法は、論理のツールを使うことで、自分の行動についての前例意識が暴走して「過剰な一般化」「拡大」「恣意的な推論」に至るのを防ぐと主張している。エリック・バーンの交流分析（TA）では、精神病理というのは「親のような」自我状態が「子供」状態に頑固に反対するために、その人物が行動において反復的な「台本」に依存するようになってしまうから生じるのだ、と主張する。(4)

多くの論者にとって、ルールに基づく自律はいいことにはちがいないが、最高ではない。ウィリアム・ジェイムズ曰く、「最高の倫理的生活は（中略）現実の自体には狭くなりすぎたルールを常に破り続けることにある」。心理学者ジェーン・レヴィンガーは、誠実性（「ルールの内部化」）を自我の発達順序の中で高い位置に置くが、「あいまいさへの寛容性」で特徴づけられる「自律」段階よりは下に置いている。長年にわたり自分の六段階モデルを支持し続けたローレンス・コールバーグでさえ、最高位だった「道徳原則による」段階よりさらに高い道徳発達の段階があると示唆している。とはいえ、コールバーグ自身はそれをあいまいにしか定義せず、実存的な誠実さと関係あるものとしているだけだ。ハワード・ラフリンは「パターンの深化に伴う価値の昇華」が、時には仕事中毒や絶対禁酒主義といったあまりに硬直した行動をもたらし、規則とゆとりの細かい混合という「もっと高い」段階には至らないことを認識している。哲学者アルフレッド・メレは「誤った自律——つまり、意識的に保持された決定的な好判断と対立するような行動を支持する自律性の適用」について述べている。マーティン・ホリスが最近行った経済人に対する批判も、似たような懸念を表明している。

合理的な経済人は（中略）自分の最終的な計算結果が本当に合理的な行動方針かどうかを考えてみることができなければならない。これは計算の根拠について見直すということだ。（中略）人は気がつくと、実際の利益に反する選好にとじこめられてしまいかねない。

こうした論者の主張とは要するに、計画は牢屋になりかねないということだ。[5] ある見方をすれば、こうした警告はわけがわからないものだ。個人的ルールは人が自分のために作り出すものだ――意図的に作らないにしても、比較的長期のインセンティブに左右されてできあがってくる。これまでの議論では、自分が将来を双曲関数で割り引くのをどこかのレベルで認識している合理的な人間が、選択を束ねてカテゴリー化することで長期的報酬を最大化できない理由などどこにもないはずだ。結局のところ、古典ギリシャ人からヘイマンやラフリンのような現代の論者まで、だれもが信頼をおいていた解決策がこれなんだから。

別の見方をすると、個人的ルールが逆噴射しかねないのは当然のことだ。それはまちがいなく自然界では目新しいものだ。異時点間の交渉は、いささか人工的なプロセスのようだし、下等な動物に生じるとは思えない。[6] 個人の選択の幅を大幅に拡大し、自由な選択はしばしば単なるニーズに基づく選択よりもまずい結果をもたらすということを発見したのは人類になってからだ。実は、聖書のアダムとイブの物語で描かれる「善悪の知識」というのは、一時的選好との直面だったのかもしれない。その知識のために両者は自分が裸だというのを知ったわけだ。[7] 一時選好問題に対しては、過去の進化から受け継いだ保護がまったくない。だからヒトは、こうした衝動問題を作り出したのと同じ知性を使って、それを回避する方法を探そうとする——そしてその方法とは、遠い選択の見通しを目先のものに加算して選択を安定させるというものだった。長期的な報酬を予測するための印を探してみると、自分自身の目下の選択が最高のものだった。この図式的な説明によれば、これぞ人間の意志の誕生となる。

残念ながら、人が囚人のジレンマ関係を認識しただけでは——そしてそこから生まれた意志力だけでは——一時的選好の問題はあっさり解消されない。意志力は、選択を安定させる最高の方法ではあるけれど、異時点間交渉モデルは、そこに深刻な副作用があると予測しているし、その副作用は確かに臨床家たちの観察通りだ。ヒトが登場するまではどうやら進化にさして影響しなかったらしい、双曲割引の性質を寄せ集めて作った意志力というものは、いまだに急ごしらえの埋め草でしかない。異時点間交渉は、人類堕落以前の一貫した選好状態を回復させてくれたわけではない。むしろ内的な抗争を作り出し、おかげで一部の自律問題は改善されたが他のものはかえって悪化した。

こうした副作用についても議論しておこう。それが問題として認識されている場合でも、意志力の副作用だとは思われていない。意志力は通常、まったく問題のない天の恵みだと思われていて、感情的な即時性の喪失、行動の特定部分におけるコントロール放棄、自分の動機に対する盲目性、細かい報酬への応答力低下といった異常な症状とは何も関係ないと考えられているが、これは危険な認識不足だ。こうした四つの歪みは、大なり小なり個人的ルールへの依存から発生するものではないか。そしてこれらがあまりにひどくなれば、意志力を持ったことが当人にとっては総合的に見てかえってマイナスになる場合すらあり得る。

1-1　ルールは物事それ自体のよさを見失わせる

ある選択を前例として見るようになると、その選択に直接関わる報酬よりも、将来の期待への影響のほうがずっと重要になってしまう。そうなると、選択はその直接的な結果とは切り離されてしまい、超然とした律法主義的なものとなってしまう。

後から振り返ったとき、自分が目下の選択をどう解釈するか予測するのはしばしば難しい。あの時サンドイッチを食べたのは、ダイエットを破ったことになるんだろうか？　あいまいさの多いところでは、将来の自分との協力は硬直するし不安定にもなる。境界線として使える明確な一線が見つけられなければ、将来選択に直面したとき、現在の選択を振り返ってこれをルール違反と判断するかどうかはよくわからない。

すでに述べた通り、こうした推定の難しさは、選択の地勢に依存する。ヘロインの習慣を断とうとしている人なら、ヘロイン少量とヘロイン皆無との明確な一線から利益を被ることだろう。でも食べ過ぎを避けようとする場合、一種類のダイエット法だけ続けている場合ですら、どんな食べ物は可とするかについて、絶えず判断を繰り返さなくてはならない。

結果として、短期の利益はしばしば、ダイエットに対して納得できる例外を主張できるし、その主張を徐々に上げて、明らかなダイエット違反をまったくしなくてもダイエットを無意味にしてしまうこともできる。極端なダイエット法なら食事の一口ずつ重さを量れというかもしれないけれど、「低脂肪肉」というのがどれだけの脂肪を含めるかは指定できない。それにレストランでは食事の重さなんか量れないし、他の人と食事をしているなら、そんなのマナー違反だし、「他の人と食事をしている」というのは相手と電話をしている場合も含まれるかもしれない。秤のゼロ目盛りだって、ちょっとマイナス側にずれているのに何となく放っておくかもしれず、そして秤がこわれたり紛失したりするかもしれず、そうしたら適当な秤を買い直すまでにしばらくかかるだろう。こんな具合に言い逃れが続く。境界が不動のものでない限り、自己耽溺に関する選択を行うのはリスクが伴う。

目先の報酬に影響されて、ルールに対する例外を主張しても、後になってあれは自分をごまかしていた、つまり自分はルールを破っていたと思うかもしれない。だが逆に、後でふりかえって自分がルール違反をしていたと思うのを恐れるあまり、長期的な利益が要求する以上に警戒心を上げてしまう場合もある。こうした理由づけは強迫観念を悪化させる。失敗はすべて個人的ルールに従う能力を下げるが、遵守はすべて、個人的ルールに従わない能力を下げてしまう。どちらの方向のまちがいであっても、そのコストは経済人の指数曲線からは決して出てこないものだ。指数関数はそもそも選択を再帰的な自己予測に依存させないからだ(8)。

これまで見たように、自分で積極的に意図しなくても個人的ルールは生まれてしまう。そういうルールがあると、報酬に差のある大きなカテゴリーの選択が、それ自体としてはあまり重要でない意志決定に懸かってしまうようにできるし、それがいったん確立されたら変更もむずかしい。だんだん窮屈になってきたなと思ったら、敢えてルールを破ってそれを壊すのもありだろう。たとえば意図的に無遅刻無欠勤記録を破ってみるとか、処女を「捨てる」とか。それは単に、そうした境界に沿って集めたインセンティブが将来の意志決定に対して力を持たないようにするための行動だ。通俗小説家にして人生相談者だったアーノルド・ベネットは、「重箱の隅つつき」なるプロセスによって、恣意的なルールが巨大化して硬直化してしまうことがあると警告している。ベネットはこれに対して、そうしたルールが他の動機で対抗できないほど巨大化する前に、体系的にそれを破ることを勧めている。

（重箱の隅人間が、決して黒い服は着ないというルールを発達させていたら）即座にその人物を買い物に連れて行こう。そして黒いスーツを仕立てさせてはいけない。吊しものの黒スーツを買わせるのだ。その店のその場でそれを着用させ、着てきたスーツは家に送らせるように。そして黒を着て街を歩かせよう。（中略）これでかれは救われた！

ベネットとしては、ルールはある特定の行動に影響する他の動機よりも大きく成長しかねないと指摘し、人間はその成長を促進もできるし止めることもできるのだと思い出させたいらしい(9)。時にはルールは、木や砂州のように強さを増す。そしてそれが長期間放置されれば、抵抗しがたい強迫観念になってしまうのだ。

1-2 ルールは失敗を大きく見せてしまう

個人的ルールを破ったときのコストは、そのルールの根拠となる長期的報酬を得る見通しの低下だ。でもその見通しは、あなたが関連する衝動をふりはらうのに使っていたものでもある。失敗は意志の弱さを示唆する。この診断は、再帰的なジェームズ＝ランゲ＝ダーウィン的パターンによって本当にあなたの意志を弱くしかねないものだ。

自分自身をおおむねコントロールできるという期待を救うには、もっと大きなルールの中からいま失敗したような選択を排除できる明確な一線を見つけたいと思うはずだ。そうすれば、今回の失敗は、他のすべての状況についての前例だとは解釈されなくなる。これをやるには、失敗の原因が現在の状況の特殊な側面にあるのだと主張することだ。もっともそれをやると、その側面が存在する将来の状況で自分をコントロールするのはずっとむずかしくなるが。たとえば、公衆の面前でしゃべる場合**だけ**は、あがってしまう衝動を抑えられないのだとか、ウェイターが無能な場合に**限り**どならずにはいられないのだとか、ドーナツ**だけ**は食べ始めたら止まらないのだ、といった言い訳を考えつくかもしれない。でも、そういう特別な領域を区別すると裏目に出る可能性もある。というのも、その範疇の中では、その後はひたすら失敗に継ぐ失敗が起こると予測し続けるしかないからだ。その場面では自分のルールが効かないという見通しができてしまったら、そうした衝動は自動的にあなたを盲従させることになり、介入する余裕はまったくなくなる。認知レベルでは、その衝動が悪い（不合理、不道徳、不健康等々）という信念に、それが抗しがたいという信念が加わってしまうことになる。短期の利益にとってはよい知らせだろう[10]。

個人的ルールが意識的でなくても形成されるように（第9章1-1節参照）、例外も熟考して理性的に形成される必要はない。とんでもないところで例外規則が形成されて意識に作用することもある。その領域は、衝動コントロールが大きく失敗しそうな領域ならどこでもかまわないのだから。人が意志力を敢えて使おうとしないこうした領域を、私は「失敗領域」と呼んでいる。ちょうどヴィクトリア朝の都市が悪徳地帯を設け、そこでは抑圧できない悪徳を容認していたようなものだ。そこに囲い込まれた衝動が臨床的に大きな問題となる場合、その失敗領域は「症状」と呼ばれる——たとえば恐怖症や爆発的人格障害、物質依存症などだ[11]。

したがって反復型囚人のジレンマの認識は、長期的な計画だけではなく、失敗も安定化させてしまう。「強さ」が使い果たされたり、何らかのしっぺ返し（「対立プロセス」）が蓄積するような自己コントロール失敗の認知モデルは、ある特定の報酬方式だけについていつまでも続く失敗を説明できない。[12]

1－3　ルールは認識の歪みをもたらす

個人的ルールは知覚に大きく依存している――自分の選択、その選択を行った状況、そして他の選択状況との類似性を、知覚して記憶しておかなければならない。そして個人的ルールは大量の動機を左右するので、当然ながら知覚プロセスを歪めてしまえという誘惑も出てくる。失敗が起きつつあるとき、あるいは起きてしまったとき、それを知覚しないのが長期的にも短期的にも利益となる。短期利益としては、それが検知されなければ、それを止める試みも起きないから都合がいい。長期利益としても、部分的には失敗を知覚しないほうがいい。失敗を知覚したら、将来の衝動に対して賭けるべき自己コントロールの期待が下がるからだ。

失敗が起きると、長期利益はちょっと困った立場に立たされる。ちょうど、こういう状況になったら戦争するぞと脅しをかけていた国が、まさにそういう状況に直面してしまったときの気まずさと同じだ。できれば戦争はしたくないが、一方で自分の脅しの信用も失いたくないので、その状況に気づかなかったふりをするかもしれない。自分が失敗を見逃していたのに気がつけば、長期的な利益が困ったことになるけれど、でも見逃したことに気がつかなければ話は楽だ。こういう胸算用自体も気がつかれてはいけない。ということはつまり、黙殺をうまく成功させるプロセス自体も、試行錯誤の中で浮かんでは消え続ける各種の心理的な探索の一つでなくてはならない、ということだ。そしてあなたは、なぜか知らないけれどそれがなんだか気分がいいので、それをたまたま選びました、ということになる。[13] 結果として、厳しく倹約しているはずなのになぜかお金は減っていくし、「何にも食べてない」はずの人が不思議と体重を増やしたりする。

誘惑を前にして意識を曇らせるという手口は、アリストテレスから今日に至るまで、端で見ている人にはおなじみの現象だ。[14] これは関心を操作して、知覚と記憶をブロックできる利益の闇市場というか裏世界をすぐに作り出す動機パターンだ。自分の各種利益の目を盗んで手持ちの情報ファンドをいじるためには、その知覚は各種利益にある程度受け容れられるものでなくてはならない。ちょうど社会が、調べれば強い反証の見つかる提案であってもなんとなく受け容れているように――たとえば歴史の神話、都市伝説、「政治的に正しい」お題目などだ――個人も、命を賭けるまでには至らない公式的信念の束を作り出している。ちょうどアメリカ議会で、事前に決められた制限時間を超えてもある議員が陳述を続けたいと思ったら、公式の時計を物理的に止めてしまうようなものだ。世界中の腕時計や時計からの証拠を集めても、この議員たちに時間切れだと納得させることはできない。利益同士の交渉がこうした形で信念を選べれば選べるほど、その信念は行動の性質を持つようになる（第11章参照）。

関心にバリアーを張ってしまう能力がきわめて発達した人もいる。こういう人は催眠術の被験者に向いている。数年前に、心理学者アーネスト・ヒルガードは、こうした人々が「隠れた観察者」を内心に宿していることを発見した。これは呼び出し可能なある精神状態で、この精神状態は被験者自身が精一杯がんばって報告できるよりはるかに正確な知識を持っている。催眠術――または非常事態――があると、通常の意識を制約しているものがバイパスされる。どうやら行動と同じく知覚の場合でも、突発的なものとは別に系統立ったものがあって、そちらは正確さ以外の配慮によって制御されているようだ。その配慮とはおそらく、その知覚が利益の交渉にどう影響するか、ということなのだろう。[15]

1-4　ルールは強迫観念的な利益に資する場合もある

意志決定が、それ自体の価値よりも前例としての価値の方が大きいために採用されるからといって、それがまちがった意志決定だということにはならない。選択を単独で判断せずにカテゴリー全体として判断するのは、全体としての報酬率を高めるはずだ。そうならない場合には、ルールを動機づけていた副次的な賭けをやめればすむんだし。だったら、異時点間の交渉に関する自己強制的なルールがなぜ牢屋になったりできるんだろうか？　どうして自分で自分のルールにとらわれてしまったなどと判断し、「重箱の隅的な超自我」から自分を解放するために精神療法士を雇ったりするんだろうか？

割引曲線を総和するという理屈（図5-1と図5-4）から考えて、反復型囚人のジレンマにおける協力は参加者の長期的な利益に資するはずだ。そうでなければ、そんな戦略を採用する理由はない。私の交渉ゲーム実験でも、被験者のペアに対して協力すれば双方に五〇点、裏切れば自分にだけ一〇〇点という得点を提示したら、協力傾向は一瞬で消え去る。でもこうしたゲームは、一連の選択がどう見ても同じようなものとなっている。日常生活では、人はある状況で想定しうる囚人のジレンマが多数存在する。そして最終的に協力をうながす選択のグループ化方式は、最も生産的なものではない可能性がある。その理由は二つある——明確な区分というのが選択的であることと、累積した双曲割引曲線の持つ数学的性質自体という二つの要因だ。

まず、個人的ルールが最も有効に機能するのは、はっきり区別できて計測できる目標に対してだ。だからすでに述べたように、金銭取引は比べやすいから、現金での金額は怒りの発作や一夜の熟睡の価値などにくらべてずっと安定している。一連の気分が動機に対して持つ影響は、同じくらい続く現金購入が持つ影響よりもずっと小さい。

離散的な刺激でマークされた報酬のインパクトは、まちがった選択のコストが報酬の遅れではなく報酬の低下であるような実験でははっきりする。第3章1節の改善実験では、まちがった選択で報酬を下げると、被験者たちはまちがいを繰り返さないよう学習した。でも報酬までの期間が長引くようにした場合には、学習しなかった。ゲームの期間全体で考えれば、両者のコストはまったく同じだったにもかかわらず、である。[16] 量ははっきりと数えられる。遅れははっきり計測しなければ主観の問題になる。結果として被験者は、遅れよりも量に対してのほうが敏感に「合理的」行動を実現できる。同じ理屈で、強迫観念の範疇にある利益が明確な報酬に基づいたもので、もっと豊かな長期利益がそれよりあいまいだったら、強迫観念のほうが個人的ルールにとって明確な基準を提供するために勝つことになるかもしれない。拒食症やケチの個人的ルールは、長期的な満足を最大化するには厳しすぎる。でも厳格だからこそ、判断が要求されるような漠然としたルールよりも強制しやすい。

長期的な観点からはあまりに具体的すぎるようなルールも、衝動に負けないよう苦闘している段階では魅力的かもしれない。特にその人が明らかな中毒範囲の利益にとらわれていた場合は魅力だろう――たとえば長く続いた食べ過ぎを克服しようと、神経性拒食症になるほどダイエットする人などだ。「必要なだけ食べろ」「後悔しない程度に食べろ」といった漠然としたルールのほうが長期的な報酬を最大化してくれるかもしれないけれど、それよりも具体性のあるルールを強制するほうが簡単だ。個人的ルール用に明確な基準を持つという相対的な安全策を求めたために、短期的な衝動に抵抗できるようになる一方で、長期的に最大の報酬を得る可能性が失われかねない。さらに明確さそれ自体が時にはへんな効果をもたらすこともある——感情的な報酬を調整するための具体的ルールが、必然的に強迫観念的な利益に貢献してしまうのだ。これについては次章で検討する。

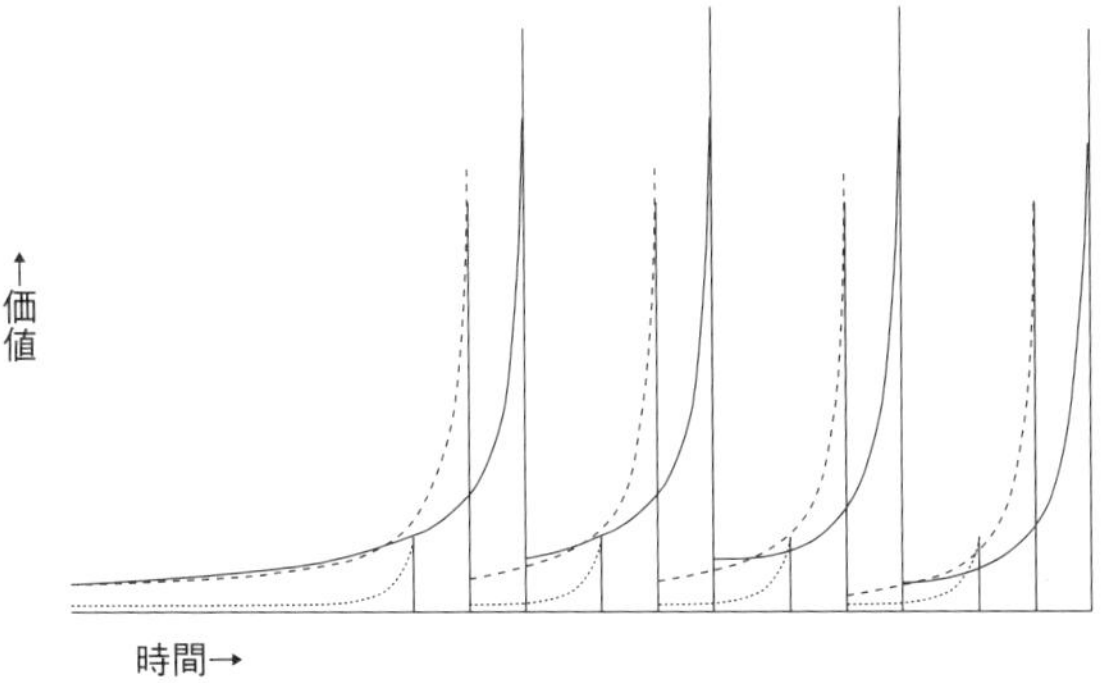

図９－１　個人的ルールが中期的な利益に貢献する様子：一連の報酬3種類（図４－3と同じく13：70：100）の累計割引値。この累計だと、最小だが最も直近の報酬は、もはや中期的な報酬より大きくはならない。でも一連の中期的な報酬は、最大で最も遅い報酬より大きくなる。最大で最も遅い報酬が累計できないものなら、中期的な報酬はさらに他を圧倒することになる。短期、中期、長期の報酬がそれぞれドカ食い、十分にやせた気分でいられること、食べ物を気にしないでいられることであるなら、やせた気分への懸念が勝つことになる。

　第二に、割引率の簡単な組み合わせを見れば、中期的な一時的選好が組み合わさると、もっと短期の利益と長期の利益両方に勝てるということがわかる。図９－１を見れば、図４－３に示した段階的な嗜好が、異時点間交渉の中で手を組んで、中期的な利益が最小で最短期の報酬のみならず最大最長の報酬にも勝ってしまうことがわかる。この勝利は一時的なものだ。遠くからみれば、最大最長の報酬群のほうが望ましい。だが中期的な報酬がそこそこ近い将来に選べる機会があるようになっていたら、中期報酬がほとんど、あるいはすべての期間で支配的になる。

　たとえば、ある人が過食症にかかっていて、治療を受けようとしている。過食症自体は、明らかにその当人が作り出した習慣だが、それが自分の長期的利益にはならないと感じているからこそ治療を受けるわけだ。ここではとりあえず、短期的な食欲の果たす役割は無視しよう。ダイエットしなきゃという強迫観念は中期的な利益で、外見を保つという個人的ルールによって維持されている——そしてこのルールは、図9－1が示すように、過食を避けるという動機と同時に、長期的な利益になる過食防止治療も避けようとする動機によって維持される。つまり三回続いている短期、中期、長期それぞれの利益を束ねてみると、もっと食べたいという突発的な衝動の優位性は下がるが、結果として優位に立つのは最長期の利益ではなく、むしろダイエットだ。この問題の構造から見れば、これは強迫観念的な利益が勝つということだ。

だから連続して発生する動機状態が協力しても、長期利益の報酬が最大化されるとは限らない。こうした協力を統括するメカニズムは、心の中の連帯統制とも言うべきものを作り出す。自分が定義したカテゴリーでの報酬獲得は最大化するけれど、不明瞭な報酬に対する感度はかえって下がってしまうわけだ。

1－5　合理性の万能公式はない

双曲割引も、それを補う個人的ルールも、歪曲効果を持っている。したがって、こうすれば期待報酬が絶対に最大化されるというような単純な原理はない。だから「合理性」というのはなかなかあいまいなコンセプトとなる。一貫した評価を要求する個人的ルールに依存するという意味では、合理性とは体系だった行動をとることだが、これもその体系が極端になって、強迫観念じみてきたら話は別だ。露骨な強迫観念とまでいかなくても、ルールが体系化して効率的に動機を動員できるようになったら、最長期の利益をつぶしてしまうかもしれない。これについては後で述べる。

見通しを個人的ルールによって最適化しようという試みは、定義上のパラドックスに直面する。つまりコンセプトを定義するのは、それを変えてしまうことで、この場合は何か機械的なものに仕立ててしまうという意味だ。お金を最大化しようとしたら、ケチになる。感情的な影響をなるべく最小化しようとしたら、臨床家が失感情症と名付けた麻痺状の無感動状態に陥る。リスクを最小化すべきだと結論したら、異様に慎重になってしまう等々。ルールの論理が、体験への応答性を圧倒しすぎて、行動が形式的で非効率になってしまう。ケチは硬直しすぎているから競争市場で機会を最大化できず、利益を毎年必ず最大化しろと言われたら、大胆な財務担当者ですらその資本生産性を台無しにする存在となってしまう。同じように、自律性というのを厳密に考えれば、情熱をかきたてる他人の影響力から自分を遮断する、ということだ。でも失感情症になってしまえば、感情的な報酬を最大化する最も豊かな戦略である、人間関係の醸成ができなくなる。同じく、あらゆるコストをかけても危険をすべて避けるというのは、リスク管理としては下手なやり方だ。[17]

このように、衝動コントロールで意志力に頼る人々は、自分で最善の利益と思えるものに貢献しない論理にねじふせられる危険を冒している。具体的なルールは細やかな直感を圧倒する。そしてルールに丸投げしたことについて、内心は後悔していても、それをしないと中毒や癖に流される目先の危険に直面することになる。長期的な報酬をうまくカテゴリー化して、体系的な中期報酬に勝てるようにする方法を学習していない人は、中期的な報酬に支配される。

この状況はまさに、臨床的な意味でも日常的な用語でも「強迫観念」という言葉が表現していることだ。ただし一点だけちがうところがある。強迫観念は、短期的な一時的選好である衝動の正反対だということだ。だから「強迫観念」的な飲酒という表現は、その人が健康食品を食べたり絶対禁酒主義者になったりするときのような個人的ルールに従って飲酒しているのでない限り、不適切な表現となる(18)。

最後の二章では、強迫観念の問題が持つ意味を検討する。それは人格的欠陥の病因をはるかに超える意味を持ち、実は意志のもっとも深刻な制約であることがわかる。

2　意志の副作用をめぐる現実的な意義

現代文化は個人的ルールの持つ問題点をなかなか認識してこなかった。つまり、人は衝動のみならず意志力によっても脅かされているという認識はあまりなかった。たとえば現代の論者は、一般市民の肥満増加に警鐘を鳴らす一方で、若者たちの極端なダイエットにも顔をしかめてみせるが、これは敵がいまや正反対の二方向から接近していることを意味している。でもこの論者たちはそれを認識していない(19)。

人間同士の関係の分野では、ルールの危険性はずっとよく認識されている。イギリス人ははるか昔に、法から生じた歪みを矯正するために衡平法裁判所を創設したし、偉大な社会ルールの構築者ジェレミー・ベンサムは、ルールというのはすべてを縛ってはいけない、と警告している。法学者キャス・サンスティンによる最近のレビュー研究によれば、ルールによる社会統制はここで述べた問題1、3、4に相当する副作用を生み出す。まず前例を維持する必要性はルールをあまりに硬直化させる。その硬直性は、「柔軟な判断を地下に潜らせてしまい」、記録に残らない取引にしてしまう。そして許されるものと許されないものを峻別する明確な一線を使う必要性のために、無害な活動が禁止されてしまい、小ずるく定義された有害なものは許されてしまう。[20]この最後の副作用は、法律分野に限った話ではない。医師の行為を計測可能な指標にばかり集中させる品質保証プログラムは、臨床で直感に頼るのを妨げるようになっている。[21]問題2も、人間関係の分野で見られる。たとえば、潜在的な麻薬中毒者の一部は法による麻薬取り締まりの恩恵を受けているだろうが、それで抑止されなかった人々は刑事犯罪者になってしまい、法律があったおかげでかえって悪い状態になってしまっている。

個人の中でも、個人的ルールをめぐるこの四つの問題は継続的な動機状態についての基本的な対立を先鋭化し、そこに懸かっているものを高める。長期的利益のために作っているはずのルールは、短期利益に対する保護を提供しない可能性もある。明瞭さへのニーズが繊細さを犠牲にし、過度の慎重さが柔軟性を犠牲にし、極度の警戒が必然的に失敗をもたらして決意が揺らぎ、自己観察が歪んでしまえば――つまり、原則に従って意志決定をしようという試みの場当たり性が裏目に出たとき――人の意志は長期利益の実現をかえって阻害してしまう。

最適以下のルールが持つ堅牢性のおかげで、時には中毒が魅力的に思えてしまう。拒食症よりはデブになるほうがいいや、と思う人もいるだろう。意志があまりに制約的になりすぎたら、定期的な失敗のパターンを繰り返すほうが、長期的にはよい結果になるかもしれない。中毒学は、暴飲暴食をその患者の人生の他の部分における強い禁忌のせいにすることが多い。全般的に過度の自己統制をしているから、ときどきそこから解放されようとするのだ、というわけだ。双曲割引曲線で予測される、異時点間の交渉モデルは、このパターンについて具体的な理由づけを提供する。感情的な報酬の大きな源泉を排除するようなルールは、その強さに比例して、ルールを無視したり破ったりしようという動機を創り出す。

そうしたルールが、ジェイムズ的に言えば「実際の状況にとって窮屈になりすぎたら」、そこから一時的に逃れたほうが長期的な利益のためにもなる。だから強迫観念の範疇にある利益に資する個人的ルールは、長期利益と短期利益に手を組ませたりする。たまの暴飲暴食は、そうしたルールの持つ相対的な不毛さを矯正するものとして働き、もっと豊かな体験を提供する手段となる一方で、それが一時的なものであるために被害はそんなに拡大しない。あまりに厳格に禁酒しているアル中患者にとって、最長の利益は自分のルールにいつまでも閉じこめられていることではなく、むしろ暴飲と素面《しらふ》との周期をそれとなく保ち続けることかもしれない。

アル中はしばしば、飲んだくれている時のほうが優しかったり、創造性が高かったり、人間性豊かだったりするとされる。さらに一部の中毒者は暴飲暴食を事前に計画する。こうした人々は、自分の暴飲暴食が望ましくないと信じている――もちろん合理的な意志は当然ながらそうした信念を支持する――のに、それを何とかすべく雇われた療法家は、その患者たちがどうも不思議と治療に反応してくれないことに気がつく。数日前から飲むことを決めている患者――たとえば酒を飲んだら吐き気を催させるジスルフィラムの摂取をやめたり、後で飲むためにリハビリプログラムに酒瓶を持ち込んだりする――は短期的な衝動に負けているだけであるはずがない。これはその人が、断酒といった合理的な計画を強迫観念だと解釈し、かなり事前の段階でもそれをヘッジすることが必要だと判断しているという、行動上の証拠だ。でも当人は、そんなことをしているという自覚はまったくないかもしれない。

この現象は、「意志力は強ければ強いほどいい」という単純な方針が多くの中毒患者の体験となぜ矛盾するかを示している。かれらにとって、意志力が強まるとは単に、自分が最も重視している人間性を減らすということでしかない。理性に耳を傾けられるのは、個人的ルールで表現されたその理性が、感情的な満足感を求める長期的な見通しを潰さないようになったときだけだ。

現代文化もこの問題を悪化させているかもしれない。つまり昔よりも、個人的ルールを奨励するインセンティブを広範に提供するようになったかもしれない。過度にふくれあがった個人的ルールは、とんでもなく強力な誘惑や、誘惑に対処できない無能ぶりに対処すべく生じるのみならず、体系だった意志決定を過度に要求する環境によって生じることもある。社会が複雑で相互依存性の高い経済を発達させるにつれて、個人が効率性を最大化するための手段もますます改良され、そして効率性を最大化しろという圧力も同時に高まると言える。別に服従が強制されるわけでもないし、選択の幅が狭まるわけでもない。それどころか、選択できる行動の幅はすさまじく広がる。でも世間知が経済的な利益になると認めた原則を無視して選択を行ったばあい、ますますそのコストにいやでも気がつかされずにはいられなくなっているのだ。

現代の親やルール制定者たちのコントロール力は弱まっているが、それに対してますます包括的な市場の論理の制御は高まっている。人の選択が持つ意味は、一般化が自然に行えるような特定の文脈――たとえば特定の友人や恋人や顧客の選択を、同じカテゴリーの他の人にまで広げること――を超えてしまい、長期的な選択ほとんどすべてにまで広がるようになってしまった。こうした展開を示す多くの証拠の中から三つ挙げると、(1)現金価格や賃金は、まったくちがう意志決定を比較できるようにしてくれるが、それが選択の細かいところにまでどんどん入り込んできて、かつては人間関係の一部として非公式に交換されていた財やサービスは、ますますお金で取引されるようになってきた。中世にはお金の最小単位は半日分の賃金だったのに、それがいまや床からものを拾うときの賃金くらいになっている、というのがそれを物語っている（ちなみにどちらも一ペニーである）[22]。(2)同じように、自分の行動から生じる長期記録は（出生記録、結婚記録、登記簿などを除けば）、かつてはご近所の記憶だけだったのが、今では自動化され、定量化され、ますます照合されるようになっている。結果として過去と現在の選択がますます対比されるようになっている。一〇年前の職歴、クレジットカードの履歴、交通違反記録などがどんどん入手可能になり、人の行動予測に使われ始めている。(3)学校教育による正式な文化適合プロセスは、ますます長期化してますます基準に基づく監査対象となってきている。ある対象またはある時点における成績は、別のところや別の人の成績と対比され、その精度もますます上がり、そうした比較が次第にキャリア選択や昇進や、自分のやる気を律する自己評価などを決定づけるようになってきている。これらを含めた各種の形で、選択はいちいち他の選択と比較され、それを予測するのに使われるようになっている。選択のこうした面に注目すると、体系化可能な事業であれば高い効率性という報酬が得られるけれど、すでに述べたように長期的には、それがもたらす強迫観念性によって報酬獲得の生産性は下がるかもしれない。体系化はもっと他にも問題を発生させるが、これは次の二章で検討する。

定量化と比較がもてはやされるのは、別に外部の利益によって強制された感じはしない。むしろそれはわれわれ自身が定義した目的を実現するための手段であり、その手段は市場競争における効率を高めるためにますます選ばれるようになっている。われわれは自分の個人的ルールを自由に変更して、そうした定量評価と互換性を持たせるようにするけれど、でもそうしたルールは結果として強迫観念的な利益に奉仕してしまうかもしれない。

自律のために個人的ルールへ過度に大きく依存するのは、コスモポリタン社会では避けられないことなのだろう。確かに、非西洋社会でそうしたものを使わないとおぼしき社会はあった。大平原のアメリカインディアンたちは、意志や意志力に相当する言葉を持たず、動機を自然の力として体験しているとされる。南アフリカのブッシュマンもそうだったかもしれない[23]。だがこうした社会の人々は、社会的影響に対するオープンさを発達させ、動機が時間的に平準化されるのではなく、人々同士の間で平準化されるようにしている。その社会のあるメンバーは、ドラッグ濫用をしたり、激情的な怒りに身を任せてしまったりするかもしれないが、ご近所たちがその意志決定に対してずっと大きな影響力を及ぼせる。こうしたやり方は明らかに不安定だ。というのも群集心理のおかげで双曲割引者集団全員が一致して、だれの長期的利益にもならない意志決定をしてしまうこともあるからだ。でも性急な人々は賢明な人々と混じっているので、個人は個別衝動に対して多少の保護は得られることになる[24]。

個人の自制を行うのにコミュニティに頼るという方法は、ヨーロッパでさえも中世にはよく見られた。ここでは法律によって小集団が作られ、その構成員の行動については連帯責任が課された。でもその後、人々は絶えずそうした親密な集団の持つ詮索性を逃げ出そうとする嗜好を一貫して見せている。西洋社会の歴史は、個人の自律性とプライバシーを目指す一直線の行進となっており、近隣レベルでの集団行動からは徹底的に逃げ出そうとしている。大きな里程標としては、個人ごとの寝室、戸建て住宅、村のあちこちで入り混じっている農地ではなく孤立した農地、娯楽としての読書から個人用テレビ、そしてヘッドホンによるウォークマン、さらには目下進行中の、ビデオゲームのストーリーを個人別に変えたり、映画のストーリーですら個々の観客にあわせて変えたりしようという動きだ[25]。こうした動きのごく初期に、説明責任の単位は個人となった。一八世紀から一九世紀にかけて、イギリス社会は突発的な感情が他人との交渉力を下げてしまうことに気がつき[26]、その結果として無感動への競争が始まったおかげで、近所の人々に耳を傾ける能力はさらに低下した[27]。

その結果としてできた社会では、社会からの影響にオープンなままでいると、競争力が下がってしまう。愛他精神ですら、社会的圧力から遮蔽してくれるようなプロセスで統制されるようになっている。西洋哲学では、最高の道徳思想とは、カントの至上命令——人は自分の選択が普遍規則の前例を作るつもりで常に選択を行うべしというもの——のような孤独な達成で構成されることになる。最高の倫理目標は、まわりの人の福祉を高めることなのに、そうした人々からの圧力に身を委ねてそれを実現してはいけないとされる。ほどこしの量が多くてもそれが適切なものとは限らないし、乞食にお金をあげたら麻薬を買うのに使うかもしれない、というわけだ。最も賞賛される慈善家は自律的であり、自分の選択が自分の原則にどう貢献したかを無感動かつ冷静に判定する人物である。

道徳的思考を生涯ほどんど考え続けたローレンス・コールバーグは、倫理に向けての子供の発達のてっぺん、発達の六段階目に至上命令を据えた。そして社会的影響への応答性は、下から二番目でしかない。コールバーグの業績を研究した人々は、意志決定の絶対的自律性を好むのは、きわめて男性的な特徴だと指摘している。女の子たちは、男の子たちより低い段階で「停止」するようだ[28]。そして、この特徴が必ずしも最高の自制にはつながらないことも指摘されている。それでも、男たちは確かにこれまで西洋経済の中で競争力が高かったのは事実だ。男は従来は鉄の意志を持っていて、それが競争力を高める一方で妻たちを守り、その妻たちは弱さを必要とする社会的な技芸にいそしんだ。妻たちは、男たちが身につける動機面の自律性の副作用——硬直性、社会的禁忌、感情的な疎外[29]——を鎮静することが期待されていた。いわば、自己制御方式の共生的な特化が行われていたわけだ。でも今や多くの人は、体系化のもたらす便益があまりに大きいと見るようになっているので、女性にもそれを修得するよううながすか、あるいは体系化そのものを文化的に貶めようとする——それぞれ男女同権・同責任フェミニスト（pod feminist）と男女差絶対派フェミニスト（difference feminist）に対応する動きだ[30]。

先進世界のわれわれは、現代的な効率性に敏感になりすぎていて、ここまで合理化された環境の抑圧性を認識できずにいる。この環境では、自然の特異性のほとんどが予測され、利用されるかあるいは排除されてしまっている。でも、もっと後進経済に慣れ親しんでいる新参者たちは、われわれの人間関係が不自然だと感じている。そしてわれわれの物語の英雄たちは、ますますシステムに反逆する人々になっている。意志決定を計測可能な結果にだけ基づかせるコストは、費用便益分析には決して登場しない。それは漠然と、アノミーとか得体の知れないやる気の問題、労働者の金銭インセンティブに対する応答性をなぜか制約してしまう「X-非効率」の一部だとしか認識されない[31]。やっと過去二〇年の間に、体系化が最も進んだところ——大企業——で反動が生じつつある。それは権限分散、QC運動、自律的な労働チームなど、時間/行動的な効率性への伝統的アプローチからの撤退が見られる[32]。だが大規模な撤退は、動機的に不可能かもしれない。文明の片隅に参加してから前よりずっと不幸そうなブッシュマンでさえ、以前の単純な生活に戻ろうという様子はまったく見せていない[33]。

3　まとめ

自分の目下の選択を、類似の将来選択の前例として見ると、一時的選好が形成されにくくなる。でも、行動をもっと強迫観念的にしてしまう深刻な副作用が四つ生じるのも事実だ。

●ある選択が、それ自体の価値よりも前例として高い価値を持つようになったら、今ここの体験としてそれを味わう能力は下がるし、選択も硬直化する。

●失敗を前例として見てしまうと、将来の似たような状況での自制の期待は下がる。そしてそれが再帰的にそうした状況での自制力をさらに引き下げてしまう。

●失敗を知覚すまいとするインセンティブができるので、自分の行動に対する知覚にギャップが生じかねない。

●失敗を定義するとき、漠然とした基準は明確な基準に取って代わられやすい。このため、選択が必要以上に具体的になりかねない。社会の体系化の進行は、人々の主要な自律戦略が社会的な制御から個人的ルールへ移行したことの原因でもあり結果でもある。

第10章　効率の高い意志は欲求をつぶす

貧乏人は空腹におさめる肉を得るために歩かなくてはならないが、金持ちは肉をおさめる空腹を得るために歩かなくてはならないのだ。

――フランクリン『貧乏リチャード年鑑』

直近の体験を相対的に過大評価してしまう性向は、人を中毒にはまりやすくしてしまう。これは線形だと思われている多くの体験の意表をつく。合理性の基本的性質の一つが一貫性であるとされる文化の中で、この性質は人をそもそも不合理な存在にしてしまう。

一見すると不思議な意志の概念――自由で、ある程度の強さを持ち、いささか脆い――が誘惑に対する人の戦略的対応の核心を構成する様子を説明してきた。これまでずっと、意志というのが概念としてつかみにくかったのは、それが器官ではなく交渉状況だからだ。その脆さは、次々に訪れる交渉者たちの倒錯した創意工夫から生じている――その交渉者たちはどれも自分自身だが、それぞれがちがった時点から見通しを評価し、果てしない囚人のジレンマの中で自分にとっての見通しを最大化しようとしている。だがこうした意志力のメカニズムがどんなに複雑に見えても、異時点間の交渉から予想される他の結果に比べれば単純きわまりない。

伝統的な効用計算と双曲割引とで最も大きな差が生じる要因は、たぶん中毒範疇の期間——数分から数日にわたる欲求で個人的ルールの必要性を生み出すもの——における選好ではない。またそうした個人的ルール自体の副作用でもない（それが相当なものなのは事実だが）。線形計算が最も派手に失敗するのは、関心の速度の点らしい。短期的な反応へのマッチング則の作用のおかげで、そうした面の経験は（少なくとも伝統的理論での絶対量に比例する線をもとに判断すれば）非常に奇妙に感じられてしまう。

こうした謎に初めて出くわしたのは、一時的選好そのものを検討しているときだ。痛みが関心を引くくせに同時に嫌なものなのはなぜか、という問題に直面したのだ。すでに見たとおり、双曲割引は少なくともこれが起こるための出発点にはなっている。痛みというのは、間近すぎて抵抗できない誘惑と、短期間すぎて満足できないくらいの小さな充足とが繰り返されるサイクルで、癖の急速版だ（さらに癖というのは中毒の急速版だ）。痛みというのは、耽溺と忌避のフェーズがきわめて急速に入れ替わるために、意識的な知覚から見て一体化してしまった現象だ（第4章1-3節参照）。

これから説明する他のいくつかの現象も、厳密な効用モデル（少なくとも伝統的な指数割引曲線を使うもの）から見れば、同じくらい不思議だ。でもそうした体験はあまりに一般的なので、行動科学はそれを当然のこととして、単に「そういうものだ」という扱いをしてきた。苦痛の場合と同じく、効用理論はそれらが提起する問題をあっさり無視して、せいぜい「蓼食う虫も好き好きですから」と言い逃れをするのが関の山だ。でも、そうしたものも、双曲モデルを使えば分析可能になる。それらは一見するとまったく別の現象のようだが、そのすべては苦痛の魅惑と似た性質——拙速な充足の魅惑——と、そうした誘惑に意志が対処できないという奇妙な性質から生じているのではないか。そして究極的には、それこそが意志の能力にとっての限界だ。

感情の制限という謎。人々が最大の価値をおく体験は、通常は感情的な体験だ。でも意図的に感情を引き起こすのはそんなに難しくない。人々があまりそういうことをしないのは、捏造した感情はまともな機会が引き起こしたものよりも満足度が低いからだ。でも、なぜそのほうが満足度が低いかについては説明がない。欲求の備える条件の中で、外部からの機会が必要だというこの点だけは、相変わらず古典的な条件付けを持ち出さないと説明できそうになかったのを思い出そう（第2章2－1節参照）。なぜ感情は、外界から調達しなければならない財、つまり商業的な有限の財のように機能するのだろうか？

事実の構築という謎。人々の世界に関する信念が、必ずしも計測可能な事実とは対応しておらず、時には現実と全然違うことさえあるというのは、プラトン以来ずっと指摘されていた。でも信念というのは情熱と同じで、観察によってどうしても義務的に生じてしまうものとして体験される。最近では逆に、信念には客観的な根拠などないのだと想定するのが流行りとなっている。社会構築論者は、信念やフィクションは「テクスト」の一種でしかなく、人々が言語ゲームの規則のために選び取る、可能な解釈の連鎖でしかないと主張する。

信念が少なくとも部分的には目的を持った活動であり、したがって入ってくる刺激の受動的な結果というより、むしろ行動として分類できるというのは明らかだ。しかしながら、あまりに目的がはっきりしすぎた思念は、信念としては体験されず、単なる「空想」にしかならない。信念が行動の一種なら、それを空想と隔てる制約条件とは何だろうか？

代理体験の謎。感情的体験の源として非常に有用なのは他人だ。伝統的な効用理論はこれを、単に「他人の身になってみる」と呼んで、社会的な距離が短いときには自然なことだとしている。[1]でも感情的な社会経験は、別に距離には依存しないし、相手が現実の人間でなくても、創作上のキャラクターでもかまわない。そして多くの場合、その人物の経験は明らかにその代理対象の経験とはちがっている——極端な場合、サディストとその被害者との経験はちがう。他人はどのようにこちらを動かすのだろうか、そしてそのプロセスの制約とは何だろうか？

間接性の謎。目標を目指す活動の一部は、実際の目標にまっすぐ向かえないこともある。眠ろうとがんばるとかえって眠れなくなるし、パニックをおこすまいとすると、かえってパニックがひどくなる。尊厳あるふるまいをしようとすると滑稽に見える。無理に笑おうとするとかえって笑えない。幸せになろうとがんばりすぎると、かえって幸せになれないと言われる。[2]パッと見には、この問題は指数割引を使うものにとどまらず、あらゆる動機モデルの核心に痛撃を加えるように思える。目標を目指す行動が、なぜ目標目指してがんばることでかえってダメになったりするんだろうか？報酬依存活動が、なぜ報酬で強化されないんだろうか？

多くの場合、答えの一つはすでに説明したような、一時的選好を作り出す傾向の結果として生じる。目標に直結する道は、短期的な欲求に近寄りすぎてしまう場合がある。がんばると意識が活性化して、眠りはじゃまされる。パニックに陥るまいと努力している自分に気がついたら、それは本当に状況が悪いのだという印に思えて、意志が依存している条件つきの期待がつぶれてしまうかもしれない。でも他の場合には、意志そのものが求めている結果を台無しにしてしまうようだ。尊厳ある態度などの場合、求めている結果というのは、単に何も意識的な努力がないかのような様子だけかもしれない。でも、なぜそう見えることがよいのだろう、そしてなぜ笑いや幸福といった体験が意志によってダメにされてしまうのだろうか？

これら四つのパズルは伝統的な効用理論には手が出ない。でもだからといって、もっとロマンチックな指向を持つ論者たちが結論したがるように、人間は複雑すぎたり謎に満ちすぎたりしていて分析不能だ、というわけでもない。それは遅れてやってくる報酬の価値を示す双曲割引曲線の、さらなる結果として説明がつく。この曲線とその結果を研究するピコ経済学は、人間性の中のカオスのように思えるこうした現象の中に、もっと規則性を発見できるはずだ。だがここでは紙幅の関係で、これらの体験が意志によって悪化し、そしてそれが最終的には意志を裏切ることを説明するにとどめる。

この四つの謎はすべて、同じ現象の別側面にすぎない。その現象とは、第9章で論じた意志力の四つ目の副作用だ。意志の最大の限界は、その最大の強みと同じプロセスからやってくる。つまり、前例に注意を向けることで経験を容赦なく体系化するというプロセスだ。この体系化は一時的な選好から守ってはくれるけれど、報酬メカニズムを生産的にしておくための、細やかな戦略も採用できなくしてしまう(3)。

四つの謎のうち、最初のものをもっと細かく検討しよう。その答えは、他の三つについても鍵を与えてくれる。

1 感情の制約という謎

第1章で述べたように、物理的な欲求をおおむね満たした社会は、その努力のほとんどを感情的体験の入手に向ける。何らかの形の感情的な報酬こそが、多くの人の日々のインセンティブになっているようだ。山に登ろうとしたり、人にうらやまれるようなことをしたり、道徳的純粋さを実現しようとしたり、その他物理的な快適さには必要のない各種の成果を上げようとする。そうした作業を無視したところで、これといった罰はない。でもなぜかそれに縛られてしまい、時にはそのために命を捨てることもある。

でも、感情的な報酬が物理的には環境の中の具体的なきっかけに依存しないという事実は、伝統的な効用理論にとっては深刻な問題点となる。効用理論では、何かが報酬として機能するためには、その財は供給やアクセスの面で制限されている必要がある。無条件ですぐ手に入るなら、わざわざ獲得の努力をするほどの動機づけにはならないはずだ。アダム・スミスが指摘したように、ダイヤモンドより空気のほうが不可欠なのに空気の市場がないのはまさにこのせいだ。

効用理論的には、感情を最大限にコントロールすると自己報酬を最適化できることになる。これは直感に反する結論なので、これを避けようとして、効用理論では感情やその他の欲求が動機を持たない反射行動だとしていた。[4]何か特定のきっかけによって確実にリリースされて、その人物を「動かす」というわけだ。確かに、最も心動かす感情は何らかの必然性が必要とされるし、人はそういうものを自発的な選択としてではなく、緊急事態や鮮烈な刺激など外部の挑発に対する反応だと感じている。でも感情は外部世界からの具体的なきっかけを必要としない。俳優ならだれでも知っていることだが、感情は訓練次第では、自由自在とは言わないまでも、意図的な努力によりかなり確実に引き出せる。

映画『いつか晴れた日に』で俳優エマ・トンプソンが三〇秒にわたる喜びの発作を演じるとき、彼女の涙腺などの不随意筋は、自然にそうした感情を抱いた場合と同じ動きをしている。彼女は別に脚本の中の状況が実際に起きているとは思っていないから、その意味ではこれは偽の感情だが、それ以外のあらゆる面で彼女は本当にそうした感情を意図的に抱いている。そして監督がその場面にOKを出すまで何度かそれを繰り返す必要もあっただろう。でもそんな能力を持ってはいても、家に帰ってから自分の楽しみのためにそうした感情を何度もかきたててみたりはしないだろう。喜びの感情をかきたてたければ、よいレストランにでかけたり、あるいはお金を払って他の人の映画を見たりするはずだ。思い通りに感情を引き起こせる技を身につけても、それを行使するのは限られた場合だけだ。エマ・トンプソンの場合には、脚本を演じているときにだけそれをやる。[5]

同じように、この場面を映画で見ると、そうした感情が伝染してくる。つまり観客は自分自身の生理でそれを再現する。まさにそのためにこの映画が必要だったように感じられる――結局はそのために金を払ったんだし。でも映画からわれわれが得たものは、情報だけだ――お望みならテクストとでも言おうか。反射行動を引き起こすようなものじゃない。われわれも、その感情を学習したと言えるかもしれない。その場面の記憶を反芻すれば、そのときの気分は部分的にせよ再現できる。だがこれも反復練習すればうまくはなるが、それに伴う気分のほうは、だんだんインパクトが薄れてくる。

感情は肉体的に実現できても、それが意図的な場合には強度が低くなってしまう。思い通りに感情にアクセスできるようになっても、それをやると味気ない単なる白昼夢のような感じがする。俳優でさえ、感情をしっかりと再現しようとしたら、その役柄や場面に集中しなくてはならない。職業として演技を行うメリットは、そうした機会が満足のいくスケジュールに従って与えられるということかもしれない。[6]だが感情の機会として機能するためには、出来事にどんな性質が必要なのだろうか？　感情への自由なアクセスを止める物理的な障害は何もないという事実は、なぜ感情的体験が供給不足の経済的な財のようにふるまうに至ったかという問題を提起している。つまり、どうすればそれが「激情（passion）」ということばが示すように受動的（passive）に感じられるようになるのだろうか？

1—1　拙速な充足を避ける

基本的な問題は、どうすれば自分自身の行動が希少になるのか、ということだ。これは二つの部分に分けよう。まず、なぜ自分の行動を希少にしたいなどと思うのか、つまりなぜ自分の自由なアクセスを妨げようなどと思うのか？　そしてそう思った場合、物理的な制限をかけずに希少性を持たせるにはどうしたらいいか？

前半の問題の答えは、いま述べた四つのパラドックスらしきものすべてを解決する基盤にもなる。あらゆる報酬は、自分の恣意的なコントロール外にある条件に依存している。その条件とは、報酬を受けるための自分自身の**ポテンシャル**だ。自分で自分に与えるものとされている報酬、たとえば白昼夢や、ひたすらチョコレートを食べ続けられるといった報酬ですら、そうした形での報酬を享受するためのポテンシャルを必要とする。そしてそのポテンシャルは、独自の不変の法則に従う。昔の生物学者たちは、これを「動因」と呼んだ。

動因（drive）というのは残念な用語だ。というのもこのポテンシャルが常に望ましからぬもので、人はそれを排除しようと突き動かされる、という意味合いをもっているからだ。一部の論者は今でもそういう考え方をしている。(7) でも、人々がこの報酬享受ポテンシャルを望ましいリソースだと認識している場合もたくさんある。各種の報酬からの満足度は、その報酬に対する準備状態に依存しているが、その準備状態は報酬を受ける過程で使い果たされてしまい、使い果たされたらすぐには復活しない。しばしばそれは「欲求」と呼ばれている。私も、ある報酬を消費する準備状態として喚起可能なものを指すのにこの用語を使っている。喚起するには、前提として喚起される用意が必須だから、これを概念に含めたところであまり意味は変わらないのだが、時には潜在的または利用可能な欲求と、実際に喚起された欲求そのものとを区別したほうがいい（第4章注22を参照）。

欲求について重要なことは、報酬を消費すれば欲求のポテンシャルは減少するが、その減り方は報酬消費の方法次第で大幅にちがってくる、ということだ。つまり欲求の量が同じでも、方法次第ではずっと多くの報酬を手に入れられる。欲求を無駄づかいしてしまうというミスはありがちだし、お馴染みだろう。食物をあまり慌てて掻き込むと、食事の喜びは失われてしまう。オルガズムに達するのがはやすぎるとセックスで得られる快楽は減ってしまう。ミステリーの結末を先回りして読んだら、せっかく盛り上がってきたサスペンスが台無しだ。冗談のオチを急ぎすぎると、ちっともおもしろくなくなる。人々は結果が予測できているような作業、つまりは驚きやあいまいさのない作業にはすぐ飽きてしまいがちだ。(8) 欲求が十分に満ちる前にそれを充足させようとする決断はすべてまちがっていることが多い。動物行動学者コンラート・ローレンツが述べたように、「どんな喜びでも消尽するまで使い果たすのは、快楽の経済にとっては絶対によくないことだ」。(9)

欲求を無駄にするという概念は目新しくはないが、通常はどうでもいい問題として見過ごされている。伝統的な効用理論では、その人がその欲求に慣れていない場合にだけ生じるとされる。熟練した消費者であれば、潜在的な欲求を利用する最も生産的な方法を即座に見切って、それに応じて消費のスピードを調整するだろう。

でも実際には、これはなかなかむずかしい。人々は、自分の意志力で思い通りにペースを調整するよりも、消費速度を制約するような外部の小技を探す。そうした具体的な技法としては、多くのコースを持つ晩餐に出かけることで食べる速度を遅らせたり、ロブスターやカニをわざわざ殻からほじくりだしつつ食べてみたり、感覚鈍磨薬やボンデージ技法などでオルガズムを引き延ばしたり、といったものがある。自分を制約するような装置の市場が存在するということは、消費の速度という場において、小さくて早めの報酬と、大きくて遅い報酬との対立が生じているという証拠だ。

これはまさに双曲割引の予想通りだ。いま挙げた消費上のまちがいでは、常に早すぎるのが問題となっている。欲求というものの特徴として、急速な消費は早めに報酬のピークをもたらすが、それはその欲求で実現できる報酬の最大量より小さくなりがちだ。つまりこれは量vs遅れの問題だ。人々——いやおそらくは、報酬に左右される生物すべて——は、消費が早いほど強烈になる報酬に自由にアクセスできたら、その欲求から最大の報酬を引き出せる速度よりも消費を加速してしまいがちだ。長くて快適な消費と、短期間だがちょっとだけ強烈な消費との争いでは、未来を双曲的に割り引く生命体は後者を選んでしまう。

この問題は、指数割引の世界ではまったく筋が通らない。指数世界では、熟練した消費者は潜在的な欲求を利用する最も生産的な方法を即座に見切って、それに応じて消費のスピードを調整するだろう。

人はソファにでもすわったまま、ちょうど適切なだけの欲求を生成してはそれを満たし、自分を最適な形で楽しませることができるはずだ。実はこれをやろうとする人々は実在するのだが、結果は悲惨だ。精神病患者で、自分の報酬の源を自分で支配しようとし、リスクの高い活動への投資を控えようとする人が二種類いる。分裂症の人々は、社会的なギブ・アンド・テイクに脅かされたと感じ、自分の部屋や森の小屋にひきこもって暮らそうと手をつくす。でも、それに成功してしまうと、孤独な活動がなぜか急に色あせて思え、しばしば不合理な心配や恐れや儀式にとらわれてしまうことが多い。一方でナルシスト的な人々は、一見するともっと高い水準で機能しているようだが、活動や相手を選ぶときに絶え間ない成功がまちがいなく実現できるようにしている。かれらも、現実との直面ではまったく説明できないような、満足感の謎めいた低下を報告する。かれらの問題は、現実が自分の妄想と同じくらい思い通りになる状況を作ってしまったということだ。だから現実の厳しさが感情的報酬の気ままな獲得を制限してくれない。ところが、感情的な報酬というやつは、思い通りに耽溺可能となってしまうと、まさにその理由で満足のいかないものになってしまうのだ。

じゃあ人はどうやって、拙速な充足を避けるのだろう？　この問題を引き起こすのと同じ学習プロセスを通じて、それに対する抵抗がある程度は自然に発達するはずだ。セックスや運動のような肉体的報酬の場合、いつでもそこにある機会は、その報酬を求めようと思うきっかけとして機能しなくなってしまう。だから大人はふつうはあまり自慰しようとは思わないし、お金をはらってジムに通う人でも雑用で歩くのは避けたりする。同じように、報酬が完全に心的なものなら、欲求をほぼ完全に充足させ続ける行動はすぐに魅力がなくなってしまう。だから人は旅行で走行距離計を見続けるのにすぐ飽きてしまうし、即座に満足を与えてくれるジョーク集のような本も、あまり長くは読み続けられない。機会と行動の組み合わせが大きな欲求の形成を阻害する場合、それは本質的に魅力がないと思われるようだ。長期的な報酬に基づく対抗手段の学習をうながすのは、中期的な欲求に基づく報酬——比較的短期の視点から、収穫する価値があるだけのものに成長した報酬のようだ。

この学習は、物理的な報酬ではとても簡単だ。適度にまれな基準が満たされた場合にだけそれを消費する、という個人的ルールを作ればいい。でも感情的な報酬だと、それに飛びつこうとはやる心を止める唯一の方法は、簡単に先が読めるアプローチを避けることしかない。したがって最も価値ある機会は、(1)起こるかどうかはっきりしない機会、(2)謎めいた機会——予想できないほど複雑だったり微妙だったりする機会だ。感情的な報酬から最大限のものを引き出すには、不確実性に賭けるか、確実ではあっても容易になりすぎない道を見つける必要がある。

この重要な仮説を言い換えると、心的な報酬の領域——豊かな人々が追求する報酬の相当部分——においては、各種の行動はどれだけ上手に手持ちの欲求を維持できるかという基準で競争しなくてはならない。アクセスが簡単すぎると、自分で生み出した感情の共通ストックを消してしまう。感情によって報われるプロセスは、それらをもたらす機会が意志によるコントロールをどの程度裏切れるかに基づいて競争する。報酬に直結する道は、だんだん生産性が下がってくる。というのも効率的になればなるほど、報酬に対する準備水準をすぐに使い果たしてしまうからだ。逆に、ある消費行動が他の代替行動と競合できる時点——いわば報酬の「市場水準」とでも言えるものに到達した瞬間——から消費を遅らせるような要因があれば、その要因は欲求が充足されるまでの（価値×期間）の積を大幅に増やしてくれるかもしれない（図10-1、10-2）。

すでに論じたように、パズルが見慣れたものになれば、心はその最後の部分まで早送りするようになってしまい、緊張感は霧散して、せっかくそのパズルに費やしたコストはほとんど報われずに終わってしまう。図10－2の波カッコ（︸）で示した期間は、それが描く報酬獲得問題の解決法をあなたが学習するにつれてどんどん短くなる。そうなったら、新しいパズルを探すか、同工異曲の繰り返し以外の

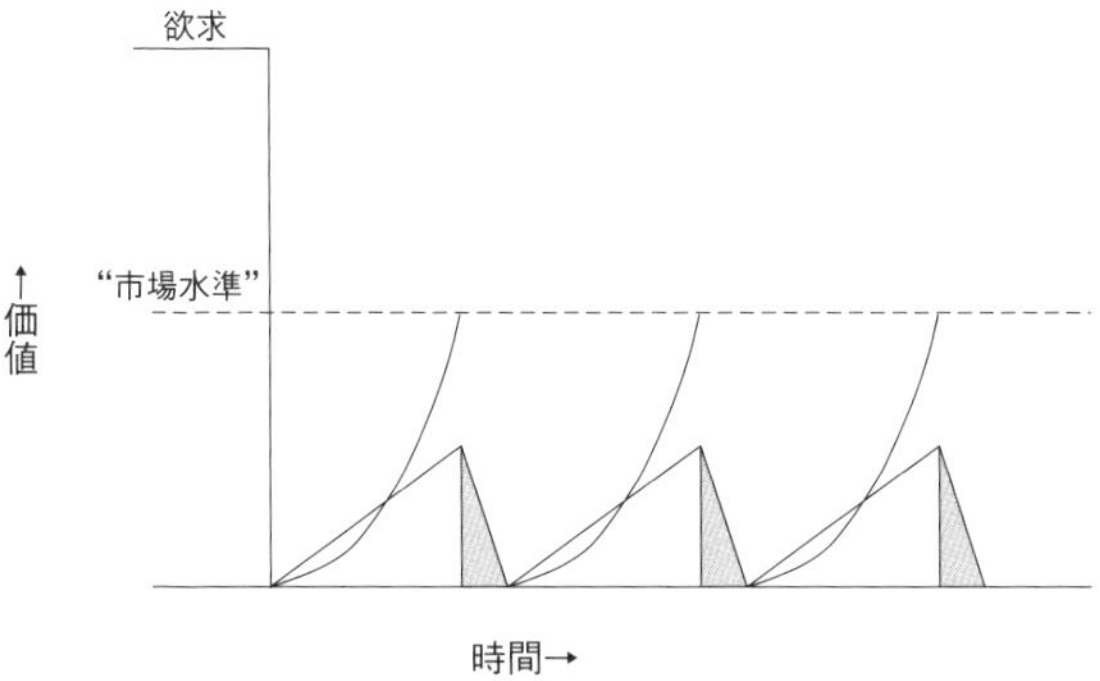

図 10－1　報酬ポテンシャルの成長（鋸歯状の上昇部分）と、満足に至る実際の消費（グレーの部分）のサイクル。消費がはじまるのは、期待消費量の総計が競争市場水準に達した時点。それぞれの消費行動の双曲割引曲線は、予想時点からの遅れにつれて減少する。

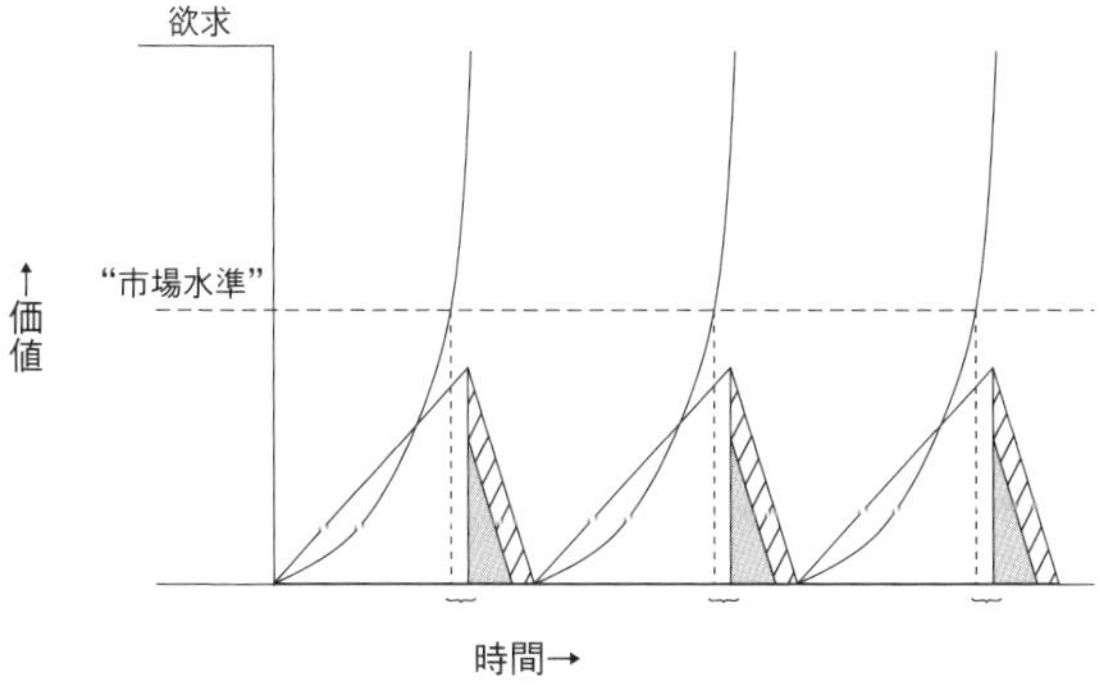

図 10－2　選択の瞬間から消費までに常に遅れがあると（横軸で波カッコーで示した部分）欲求がまして報酬が増える（斜線部）。消費の選択は、遅れた消費の割引価値が市場水準に達したときに生じる。

ものが見つかる可能性に賭けるかしかない。耐久性のある機会は、(1)目新しさを保てるように変化するか(新しい問題、新しい顔、新しいプロット、新しい装飾、あるいはパズルの様式まで見慣れてきたら、新しい様式も)、あるいは(2)完全に理解できないほど複雑か細やかでなくてはならない。これは流行り廃りに負けないために芸術作品が持つべき性質であり[10]、長続きする人間関係が必要とする性質でもあるかもしれない。

つまり耐久性のある感情機会は、関心の先回りを抑えなくてもいいような意外なものでなくてはならない。だから通常は、自分で妄想にふけるよりは上手に書かれた小説を読む方が報われる。意外性こそ美的価値の基盤だと言われたりするのもこのせいだ。そして実存主義者たちの物言いがずっと持っていた謎めいた性質は、今や拙速な充足問題を認識する方法として理解できる。「世界は曖昧だ。(中略)これぞ人間であることの報酬だ。なぜならそれは、挑戦と多様性と機会を実存に与えるからだ」。さらに、「人は曖昧な動物である限り不安を排除することは決してできない。むしろできるのは、その不安を外的なバネとして利用し、思考と信頼の新しい次元に成長することなのである[11]」。生命体が自分に精神的な報酬を与えられるなら、そこで稀少性を持つのは驚きだけなのだ[12]。

かつては強烈だった満足を繰り返したければ、障害のある空想として構築しなおして、少なくとも緊張感まがいのものは実現しなくてはならない。だがその空想がワンパターン化して、心が山場を目指して早送りを始めたら、空想はさらに崩壊して単なる雑な思考でしかなくなる——少しでも魅力が残っていればそれはうっとうしいものとなり、残っていなければ無視すべき空っぽの選択でしかなくなる。新しい挑戦がなければ、ますますきつい脚本が選ばれるようになる。そちらのほうが馴化しにくいからだ。そして空想の世界に暮らす人々の精神生活も、同じようにして緊急事態や神経症的な妄想の繰り返しに陥っていく。

ほとんどの人は、驚きの源を育む手法についての直感を発達させる。たとえば、オチを先読みしないとかだ。そしてそれについてははっきり理論化もしない。成長して空想にふけるのがうまくなりすぎたら、予想外の報酬機会をもたらしてくれる他の活動を発見する。つまり、非常に突出した瞬間を持つような活動に従事するようになるわけだ。その突出点を感情的な報酬の機会として使えば、その感情への潜在的な欲求も回復させてくれるのだ。新しい分野を探検したり、ライバルと競争したり、恋に落ちる用意をしておくといったものが、そうした活動の例だ。こうした顕著な瞬間がなければ、感情を生成しても努力に見合わないということを学習するようになる。

こうした感情への制約は、必ずしも個人的ルールではない。いや、個人的ルールにはなれないというほうが正しいだろう。アドリブの自己報酬が馴化するプロセスは、非常に基本的なものであるはずだ。なぜなら感情は人間だけでなく下等動物でも起きるからだ。唯一の制約は、ある感情の報酬性を予測できるのがどんな機会かを学習することだ。これはダーウィンやジェームズ＝ランゲの記述した基本的な意味での自己予測（第8章3－3節参照）であり、意志力に必要とされる、行動を前例として解釈する能力（これはおそらく人間だけだろう）ではないからだ。

気まぐれで思い通りに満足を得るのと、外的な機会に厳密に頼るのとの間で、どこに均衡を見いだすかは人によって大きな差がある——空想逃避型の人は、アクセスの自由度は同じでも、感情がその他の人々よりも堅牢のようだ[13]。一方ソシオパス（反社会的人格障害者）はどんなに努力してもあまり空想できない。でも、だれもが望ましい感情を自分で引き起こすのには制限をかけることを学習する。同じような理屈で、人々は恐ろしい感情を弄ぶ機会を事前に避ける。そしてそれができないときには——たとえば圧倒的なトラウマに際するPTSDのようなとき――人はその回想を、まるで暴飲暴食などの大規模な失敗の場合と同じように、囲い込まれた経験の中に切り離す（第9章1－2節参照）。人々――そしておそらく下等動物――は自由なアクセスの馴化を逃れたパターンだけを感情として感じるようになる。そのときの選択プロセスは、経済学者ロバート・フランクが「正真な感情」と呼ぶものを社会が識別するプロセスと似ている。意図的にコントロール可能なことが知られている、偽善者の作り笑いのような表情は無視されるようになるのだ。[14] この選択プロセスによって、感情には熱情というお馴染みの様相だけが残され、何か人を襲うものだと解釈されるようになる。

1－2　学習された馴化の適応性

双曲割引が指数割引よりも合理性が低いのに、なぜ適応性が高いのだろうか、と第3章1節で指摘した。この点について、今やもう少し議論ができるようになった。つまり、なぜ自然は文字通り外部の刺激でコントロールされる機械的な報酬システムではなく、感情的報酬の機会というものを価値ある財として選んだのだろうか？　下等動物も、具体的な報酬に完全に支配されているわけではない。空腹のサルたちは、食物を獲得する作業よりも、探検作業のほうを好むことが観察されている。そしてラットほど脳の小さい動物の場合でも、食物やセックスといった肉体的な報酬の力は多様性といった要因で歪められてしまう。そうした要因は、報酬の物理的消費にはまったく必要のないものなのに。[15]

こんな説明ができるかもしれない――獲得が上手になると、鮮烈な報酬でも習慣化して感動が薄れるという傾向は、若くて無能な時期でも熟達した問題解決者になった時期でも、環境を探検し続けるような動機を生み出すのに好適だったのだ。報酬が外部から得られる刺激ときっちり比例関係にあったら、初心者の頃に行動形成を行った報酬獲得方式を身につけたら、あとはそれにあぐらをかいて、それ以上の問題解決を行おうとしなくなる。だがある活動に上達すると、それが生み出す報酬は最初のうちは増えても、欲求が長持ちしなくなるためにすぐに下がってしまう。

だが最も堅実で、最もうまく機能し、確実に成功し続けるような成果こそが、夢中にもなれず報酬感も得られない活動だというところにパラドックスがある。熟練の代償は、価値ある体験の喪失だ――そしてそれは、生きる刺激の喪失でもある。[16]

だがお馴染みの報酬に飽きる傾向は、豊かな社会ではかえって適応性が低いかもしれない。可能な欲求をリフレッシュしてくれる何らかの要因がなければ、次のローレンツの述べるようなことが起こるからだ。

ものすごく腹が減ったあとで、嬉々として食べるという通常のリズム、あるいは何かをがんばって追い求めた後でそれを消費するという喜び、絶望的な苦闘を重ねたあげくに成功を実現する喜び――つまりは人間感情のすばらしき波の増幅、生命に生きる価値を与えるもの――は失われ、ほとんど知覚できないような不快感と快楽との、ほとんど知覚できないような往復にまで弱められてしまう。結果は言いようもない退屈感である。

なぜこれが起きるかといえば――

文明人は、苦痛に満ちた苦しい不快感を健全な量だけ体験するよう強制してくれる障害を持っていないために、快楽と不快感とを均衡させるメカニズムがバランスを崩してしまうのだ。[17]

欲求の減退はお馴染みのものではあるが、なぜ人々が「苦痛に満ちた苦しい不快感を健全な量だけ」受け入れないのかを説明する双曲割引がないために、これまではこの現象は動機面で筋が通らなかった。

話を単純にするために、私は主にプラスの楽しい感情のことだけを話してきた。マイナスの感情は、この逆にはならない――苦痛が快楽の反対でないのと同じ理由だ。苦痛と同じように、マイナスの感情はプラスの感情とちがって、関心だけしか惹きつけない。つまり、それは鮮烈だが嫌なものなのだ。それは意図的または熟考の結果として経験される、遅れの大きい行動パターンでは回避される。だが、感情の場合、もっと具体的なインセンティブとはちがって、プラスとマイナスの区別はあまりはっきりしない。確かに、人はもっぱら喜びを求める――もっとも実存主義哲学者サルトルは、すべての感情は体験を堕落させると警告したが。そして人はもっぱら恐怖を避ける――ただし、映画やジェットコースターでは敢えてお金を払ってまでそれを得ようとするけれど。でも怒り、懐かしさ、畏怖、憐れみといった多くの感情は、どっちとも言い難い。別に中立というわけではないが、はっきり快楽的とも忌避的とも言い難い。それでも人を掌握してしまう。そしてすべての感情は単に漫然とひとりでに感じられるだけでなく、こちらを惹きつけて参入させることで初めて感じられるものだ。すでに見たとおり、パニック喚起は、時には人を自殺させるほど不幸な感情だが、それですら練習を積めば無視できる。[18]

マイナスの感情やどちらともつかない感情は、プラスの感情と同じくらい魅惑的だが、その機会が持つ価値は、距離を置いて見ると消えてしまう。ホラー映画は、臆病者に対してはマイナス感情である不安の機会を与えてくれるが、冒険好きにはスリルというプラス感情の機会を与えてくれる。そして、その機会がそこにあるときには、それぞれの人間集団に対するスリルや不安の衝動は同じくらい強いかもしれない。だがその機会に先立つ時期には、スリルを感じるような人々はその映画のチケットを買うし、不安になるような人々は買わない。同じ理屈で、人はある感情が喜ばしいと知ったらそれが満たされるのを遅らせるような技法を身につけるし、忌避的な感情に対しては充足を早めるか、動因を取り除く（たとえばさっさと罰をすませる）ことを学ぶようになる。

というわけで、ここで意志は最も強い限界にぶちあたることになる。意志は人をもっと合理的にして、報酬を上手に得させてくれるが、拙速な欲求充足に向かって進む学習はコントロールできない。意志が最善を尽くしているときですら――つまり、それが創り出すシステムが硬直しすぎたものでも抜け穴だらけのものでもなく、まっすぐ目的に向かって自分を動かしてくれる場合ですら――それは手持ちの欲求を無駄遣いすることで報酬量を引き下げてしまいかねない。これはつまり、意志力を適用するときには、それ自体が目的となる活動をするよりも、何か別の目的を達成するための活動に適用したほうがいい、ということを意味している。でも、それ自体が目的である活動を自分自身の効率のよさから守るために、それが何か別の目的を実現する手段だと思いこむ必要が出てくると、話はややこしくなる。この最後の状況については、第11章の間接性に関する部分でとりあげよう。

2　まとめ

意志力の価値は、前章で論じた四つの副作用で制限されるだけではない。即座に報酬をもたらす選択が関心を惹きつける二つの手段によっても制限される。その二つとは、苦痛／癖と、拙速な充足だ。癖や苦痛は第4章1－2節と第4章1－3節でそれぞれ論じた。拙速な充足は、次の論理によって感情的報酬の制限要因となるようだ。

●自由に入手できる報酬でも、それらに対する欲求を人がどれだけ、どのくらいの期間にわたって維持できるかによって制限される。
●双曲割引のために、人は生得的に報酬消費のピークにはやく到達しようとするが、これはしばしばその報酬に対する欲求を拙速に充足させてしまう。
●お馴染みの出来事が続いたら、人の関心はどうしてもその結末を先読みしてしまう。だからお馴染みであること自体が欲求を霧散させてしまう。予測に対する唯一の保護は、その事象が理解不能であるか意外なものであることだ。
●拙速な充足は、適度に珍しくてコントロールが効かないような出来事をきっかけとする感情以外のものをつぶしてしまう。

関心に基づく報酬の機会は非常に目立つし、それが即座に与えられると、意志は拙速な充足を防ぐことができない。そればかりか、意志はまさに効率が高いためにその充足を早めてしまうこともある。最大の満足に向けての秩序だった進歩を効用理論が実現してくれると期待している人々にとって、これは意志力がもっと不幸な形で裏目に出てしまったことになる——そしてこれは、前章で私が説明した強迫観念性からくる影響でもある。

第11章 欲求を維持する必要性が意志を圧倒する

（知識は）知識であるというだけでよいものです。そしてそれを知識たらしめる唯一のものは、それが真実だということなのです。

トム・ストッパード『愛の発明』

現実を信じるなんていうお為ごかし以上の迷信があるもんかね？

クリストファー・フライ『ご婦人は火あぶりにするもんじゃない』

いまや人間の重要なパラドックスの核心にやってきた。意志が報酬獲得に上達すればするほど、最終的に獲得できる報酬は減ってしまうのだ。このパラドックスが起きるのは、意志が機能するのが——いや意志が交渉状況であるという性質をふまえれば、「意志が形成されるのが」というべきか——規則性のあるはっきりしたステップを持つ作業に対してだけだからだ。この明確さは予測を容易にするが、その予測は拙速な充足によって手持ちの欲求を無駄にしてしまう。そして意志はそうした予測を直接的に止める手段を持っていない。このメカニズムが示唆する解決策は、合理性を求める人にとってはがっかりするようなものだが、一方で最も基本的な人間活動三つが持つ、奇妙に見える部分は解消できる。それをこれから論じよう。その三つとは、信念の構築、他人への共感、目標到達における意図的な間接性である。

1　事実の構築という謎

身の回りの世界に関する人々の信念が、その人自身の暗黙の選択――これは「無邪気な」想定やないものねだりを含む――に大きく影響されているというのは、もう常識に属する。情報に注意をはらうか無視するかについてあまりに多くの意志決定が必要になるために、一部の「社会構築論者」たちは、事実とフィクションがどっちも「テクスト」でしかなく等価だとした[1]。確かに信念は、おおむね目標を持った活動のように思える。でも報酬性にしか基づかないものは、信念として体験されることはできない。信念は、何か外部の仲介、自分が直接影響を及ぼせない何らかのテストに基づいていて、単に好き勝手に選べるものではないという点で空想とちがっている。

信念というのは、ある特定のテクストを他のものよりも選好する性向と見なせる。こうした性向はしばしば環境的な条件により形成される。何かを落とすと上に昇るより下に向かうという信念は、何の苦労もなく一貫性をもって形成される。それを再検討しようという衝動はとっくの昔に完全に消滅した。こうした「実用的」な信念――現実的な影響によって報酬に差がつくもの――は社会構築される余地はほとんどない。だが信念によっては、そうした形成はないか、あっても時間がかかる。だからその信念が現在の動機に与える影響は、それがどのように感情を動かすかに左右される。そうした信念は、過去についてのものでも未来についてのものでもいい（ケネディ暗殺の陰謀はあったのか？　私の年金は足りるだろうか？）。あるいは確実性を持って解明しようのない現在の事実についてでもいい（妻は本当に私を愛しているだろうか？）。あるいは記述よりは主張である場合もある（堕胎は殺人だろうか？）。実用的な信念も、もちろん大きく感情の機会となるが（このブレーキは壊れかけているんじゃないか？）、実用的な領域では、自己欺瞞は経験によって罰を受けることになる。

信念の結果が実用的ではなく感情的である場合に、どんな制約があるかはまだ検討していない。だが前章で論じた、拙速な充足に対する倒錯的な衝動が、ここでも制約メカニズムになりそうだ。つまり手持ちの欲求を最適化するための、感情のきっかけとして事実を使おうというインセンティブがあるはずだ。都合次第で変えられるような信念に結びついた感情は白昼夢となり、まったく信念と結びついていない感情と変わらなくなる。実用以外のものに関する信念として選ばれるテクストは、感情の機会として有効な現実解釈だ。

この仮説によれば、事実に対する信念の選択に使われる要因はたくさんあって、正確さ自体はその一つでしかなく、不可欠ですらない。単に内的な一貫性があるだけとか、手持ちの欲求と関係なく刺激パターンとマッチしているだけの信念に比べると、緊張感を育む信念は報酬性が高い。だから報酬性の低い信念から感情的な投資を奪える。緊張感を実現するには、事実が予測のつかないものでなくてはならない——パズルの答え、山の征服、歴史的データの発見、他人の行動についての賭けなどだ。感情的な報酬にとって重要となる事実は、その実用的な性質ではなく、それが何らかのギャンブルをどれだけ支えられるかという基準で選ばれる。私の解釈は、そのパズルや山や歴史的問題や人間関係を、挑戦しがいのある（だが解けなくはない）ものにしてくれるだろうか？

それでも、事実として認定する主張を一意的にしておくための理由づけは必要だろう。そうでないと信念はあまりに流動的になり、こちらの都合次第になってしまう。だから実際よくあることとして、実用上の必要性から形成された信念こそが感情の最良のきっかけとなる。したがって事実の「構築」され方は恣意的とはほど遠い。実用性が問題にならないときでさえ、それは単に気に入ったテクストを見つけるだけのプロセスではない。感情的な自己耽溺を制限できるだけのしっかりした基盤を持ったテクストを見つけなくてはならないのだ。

リアリズムというのにも程度がある。一般に、テクストを空想の恣意性から現実に昇格させる機会は以下のような条件を持つ。

1. 自分のコントロール外にあること。フィクションでさえ、他人が書いたものであれば、同じ内容であっても自分自身の白昼夢よりは感情的なインパクトが強い。
2. 珍しいこと。一〇年に一度のスポーツイベントで生じる状況は、毎週のように起こるものよりは感動的だし、毎週起こることは一試合中に何度も起こることより感動的だ。この要因のために、以下のような性質を持つ機会のほうが、きっかけとしては優れていることになる——
(a)歴史的であるより現在のものであること。どんなものでも、過去のどこかで起こったかもしれないものより現在起こっているもののほうが珍しい。
(b)遠くよりは近くで起きているもの。これは親戚の近親度合いも含む。伴侶は一人だし親は二人だが、いとこなら何人いても不思議ではない。

(c)本当だと確認できること。事実として見られる事象は、フィクションと思われるものよりインパクトが強い。これもまた、本当のことが相対的に珍しいからだ。別に決定的な真実である必要はなく、自分の信念が持っている何か真実判定の有効な基準にあえばそれですむ。古くから根付いた都市伝説や歴史的な神話も、本当の事実と同じくらい有効だ。

(d)一貫性。潜在的な信念のうち、すでに保持されている信念と一貫性を持つものは、その場の状況に応じていい加減にでっち上げられるものと比べて少ない。

3. すでに述べたように、意外なもの。感情の機会を保つには、珍しさは必要だが十分ではない。[2]

マイナスの感情を引き起こす信念も、似たような論理に従って競合するが、ちがうのは人がそれを避けようとするのに、プラスの感情よりも馴化(つまり慣れてしまいインパクトを失うこと)が起こりにくいということだ。[3] 人間の成長とは、一部は恐怖症に捕らわれるのに抵抗できるだけの意志を育むことだ。人前であがらなくなったり、注射針への恐怖を克服したり、すさまじい嫉妬を抑えたり、対向車線のドライバーがこちらに突っこんでくるのではないかという恐れを持たなくなったりするわけだ。ある信念を受け容れるのは、それが本当らしい場合――たとえばガンの宣告を受けた場合――だけでなく、そうしたものに対する強い欲求を持っていて、いま挙げた要因の一つがユニークな機会を提供してくれる場合もある。私が神経質なたちで、親友がガンの宣告を受けた直後に今まで感じたことのない痛みを感じたら、パニックを起こしたいという衝動に抵抗できないかもしれない。そうした恐怖に耐えられるという期待がいったん揺らいだら、恐怖はあまり馴化しないから、自分もガンではないかという信念がプラスの誘惑の場合よりも強固に失敗領域に入り込んでくる。

つまり非実用的な信念が選択されるのは、それが個別の機会に応じて感情をどう展開してくれるかによるのではないだろうか。そうした信念を思い通りに恣意的にコントロールできると思ってしまったら、それが持つ感情的な力が失われるだろう。

この問題は、どのくらい身を入れて映画を観るべきかという選択とかなり似ている。普通はこんな選択は意識しないが、映画があまりに耐え難くなったら、人はそれに与える重要性を下げる。自分に「これはただの映画だから」と言ってみたりする。でも、そう言ってみたところで別に新しい情報が得られるわけではない。映画の中で銃が観客に向けられても、別に伏せたりしなかったはずだ。むしろここでやっているのは、自分の投資を引き揚げるという宣言だ。「この映画はもはや自分にとって重要性を持たない。これ以上はそのプロットで起きる事象によって自分に報酬を与えないことにする」と言っているわけだ。

実用的な必要性がない場合、筋違いな信念に対する罰は現実的な失敗ではなく、感情的な報酬を最高度に有効に引き起こせないということだ。映画の怖い部分で自分の投資を引き揚げる人物は、続く場面で報酬を受ける機会を失う。そして多少とはいえ、その後の映画でも投資を引き揚げろという誘惑がきたときに、それを我慢する能力を少し引き下げてしまうことになる。

こうしたルールの変化が、事実の変化として認識されるというのは特筆に値する――「これはただの映画だ」というわけだ。実際、信念はほとんど必ず事実をきっかけとするものだと認識されている。それが「信念に基づく思いこみ」であったとしても、その信念は何らかの外部の状況に対する信念となっていて、自分のルール服従に依存したものとは思わないのが普通だ。通常はむしろその逆となっている。ルールが事実として受け取られているのだ。たとえば、ショウガが食欲を抑えるという思いこみやその他第7章1節で挙げた例などで見られた通り。親が子供たちにルールを教えるときにも、世界に関する事実を表現するのと同じ、宣言調で教え込む。犯罪は割にあわない、夜更かしは健康に悪い、小人閑居して不善を為す、等々。個人的ルールを単なる便宜上のものと思うのは危険だとされる。それはピアジェの一〇歳の子供たちが、ゲームのルールは永遠に続くものだとこだわったり、初期の法律家たちが法律というものを、自分で書くものではなく「発見する」ものだと主張したのと同じ理由だ（第7章1節参照）。

まとめよう。適度に珍しくて意外な事実は、供給の限られた財として機能し、必ずしも実用的な価値とは関係ない形で報酬をもたらしてくれる。そして人はそうした財のユニークさを維持するために、そこに価値を付与した自分の関与を見ないようにする。社会構築論者から人が感じる脅威は、そうしたユニークさが脅かされたときに頭をもたげるニヒリズムや唯我論だ。でも、構築論者の論点を認めるにしても、別にそれは信念が恣意的で何でもありだということにはならない。ゲームのルールが社会的なお約束にすぎないと知っても、一〇歳の男の子たちがルールを無視するようにならないのと同じだ。それが取り除くのは最終段階の、おそらくは不要な保護だけだ。つまり、外部のきっかけに対して重要性を付与するという、自分自身のプロセス参加に対する聖なる無知が取り除かれるだけだ。この重要性の付与に対して堅牢な動機上の制約があることが指摘されれば、構築主義にも納得のいくだけのたががはまることになる。

2　代理体験の謎

効用理論にとってことさら謎なのは、人が他人の体験を快いものも不快なものも自分のものとして体験してしまうことだ[4]。経済人は自分自身の見通しを最大化するはずで、他人を助けるのも自分の見通し最大化に貢献する場合だけのはずだ。だが、これに反する例はしょっちゅう見つかる。二度とこない店でチップを残す人々から、火事や事故で自分の命を犠牲にしてまで見知らぬ人々を助ける英雄たちまで、その形はさまざまだ。人々はまた、他人の苦痛から満足を引き出す能力を持っている。例としては、他人の不幸を笑うこと（前世紀におけるユーモアの主流理論はこれだった[5]）から、自分の快楽だけのために苦痛を他人に及ぼすサディスト、あるいは各種の感情的病理を和らげるために人間の生け贄を使った各種社会――しかもしばしば犠牲者の苦痛を最大化しようとする――までさまざまだ。たとえばインドのオリッサ州にいるコンド族は、拷問で責め殺すためだけに犠牲者を育てており、その拷問儀式では「その者の流す涙が多いほど雨も豊かになる」とされる。ヨーロッパでキリスト教の影響が絶頂に達したときですら、豊かな町は貧しい町から罪の確定した犯罪者を買ってきて、その処刑を見せ物にした[6]。ここでも実用性はさておき、こうした他人の体験を知覚することがなぜわれわれにとって価値があるのだろう？

これは文明の歴史そのものと同じくらい壮大な主題だ。ここでは、それがどのように意志と関係するかを示唆するにとどめる。拙速な充足仮説を考えれば、代理体験は感情的報酬のきっかけとして有益なはずだ、というのがここでの仮説だ。でも代理体験は自分でコントロールできる分だけ価値が低くなる。

コントロールできてしまうと欲求が確実に下がるからだ。他人からくる最大の報酬は、ギャンブルを通じてのものだ。八百長のあるギャンブル――予測できるやりとり、何でも言うことをきかせられる相手、飽きたらやめられる人間関係――は感情的な体験を白昼夢もどきにしてしまう。

ある程度までなら、直接の交渉がない他人でもこちらの感情のきっかけとなり得る――かれらの作り出した物語や記憶は、その人たちの死後ですら「生き続ける」。でもそうした物語や記憶となじむにつれて、人は飽きてくる。現時点で相手とやりとりがあれば、当然ながら馴化はおきにくい。別の人物からの特定反応を、自分のある感情のきっかけとしている人物は、その相手が怒りや嫌悪や恐怖といった求めていない衝動を自分の中に引き起こすリスクを負うことになるし、相手がまったく何もきっかけになってくれない危険もある。もちろん、ここでもインチキをして、相手の発言から自分の聞きたい部分だけを聞いたり、他人の反応に重要性を付与しなかったりすることはできる――つまり相手に賭けないというナルシズムの誤謬だ。だがこれは、二人でやるトランプのゲームを一人遊びにしてしまうようなものだし、その一人遊びでもインチキをしているに等しい。そうした衝動は緊張感の喪失によって罰せられ、したがって最短期のもの以外のすべての報酬が失われてしまう。

共感ゲームを相互的にするのは、自分の感情のきっかけとして他人のプレーに頼るという行為だ。物理的な観点からすれば、だれもが自分一人でプレーしているわけだが、ほとんどの人は自分の意外なプレーを他人の同じくらい意外なプレーと適切に交換するようになる。よいプレーヤーになるには、他人がどんな感情を欲しがっているか、そして自分のどんな選択がそのきっかけとなるかを知る必要がある――そしてそうしたきっかけプロセスを、出し惜しみしたりあまり予測しやすくしないようにして維持する。正反対の感情のきっかけと混ぜ合わせるのも、その維持に役立つ。もちろん、相手もこちらを操作して、欲しい機会を生み出すきっかけを出させて自分の短期報酬を増やそうとするし、そうしたきっかけが起きる前に予測しようとする。相手にとってこうした作業が十分に挑戦しがいのあるものとなるかどうかはあなた次第だし、同じくあなたも相手に頼ることになる。

適度に挑戦しがいがあれば、感情的な報いは相手が報酬をもたらすような機会を与えてくれたときに起きる。他人を予測するのは、それが感情を引き起こす価値のために非常に報酬の高い活動となるし、それはそれが相手にどんな影響をあなたが及ぼすかとはまったく別の話だ。

2-1 モデリングとしての共感

だが、まだ続きがある。今のところ他人の行動に賭けるのは、競馬や自分のパズル解決能力に賭けるのと何ら変わりない。相手というパズルはこちらの選択に対して選択的に反応するから、パズルとしては挑戦しがいがあるだろうが、成功／失敗の体験は質的には変わらない。だが、このパズルは、それを解こうとしている自分と同じように作られているので——というのも相手だって人間だからだ——感情を引き起こすためのずっと豊かな戦略を育める可能性があるのだ。

まず、相手と自分の類似性のため、このパズルは別な解き方ができる。相手が行う選択は、相手に関するどんな事前情報よりも、あなたと相手とのやりとりに依存する。だから相手を予測する最高の方法は、自分自身の体験を使って相手の経験をモデル化することだというのがわかってくる。「彼女はぼくに腹をたててはいるけれどおもしろがってもいて、いっしょに仕事をしたいと思っているんじゃないかな。もしそうだとしたら、彼女の立場でぼくにXと言われたときどうするだろう？」と考えるわけだ。

相手の身になって、可能性の高い感情をあれこれ心に抱いてみて、それが自分をどっちに引っ張るかを見てみたりする。実質的に、自分の感情装置を使って相手のモデルを作るわけだ。こうしたモデルを相手に会話するのは、だれでもよくあることだ——「ぼくがXと言ったら、頭の中の彼女はYと答えるだけだった等々」。モデルがでたらめでなければ——ちゃんと観察で裏付けられていれば——非共感モデル（たとえば統計から作った経済モデル）よりもずっと実際の相手に近い反応を示す可能性が高い。幼児ですら、人の振る舞いを「心の理論」——つまり共感によるモデル化——によって予想することが示されている。このおかげで幼児は、状況によっては大人の類人猿が試行錯誤で行うよりずっと上手に、大人の人間の行動を予測する。[7] つまり、他人を予測する最高の方法は、相手の身になってみることだ。

だがこの共感モデルプロセスは、単なる予想以上のものをもたらす。相手の身になるというのは、相手が感情のきっかけとして使っていそうな基準を採用するということだ。一時的に、相手の感情と思われるものを実際に抱いてみるわけだ。だが、それは実際にはあなたが抱いているあなたの感情でしかなく、単に相手に関する理論に基づいてそれを抱いているという意味での相手の感情にすぎない。そうした感情が渦巻いているのは、あなたの脳でのことなのだ。自分のモデルを正直なものにするだけの自制心があれば、自分で自分の見通しをもとに感情を引き起こせるように、そのモデルを自分の感情のきっかけとすることもできる。

感情は一対一対応の刺激が必要なわけではなく、その時点で欲求があって、その欲求を維持できるだけの十分に珍しい機会さえあればいい。だから時には他人についてのモデルとして抱いているだけの感情を、まるで自分自身の抱く感情と同じように深く感じてしまうこともできる。他人をモデル化するのは、相手に予想される感情を自分でも抱くということだ。そしてこうした代理感情と本物の感情とを区別するものは何もない。だが、構築主義流の「テクスト」のインパクトがその事実性によって変わってくるのと同様に、この経験のインパクトは、その相手との関係のユニークさによって変わってくる。見知らぬ人からそのためだけに拾ってきた代理体験は、妄想と大差ない。

このように、他人のモデルは断続的に報酬を勝ち取ったり失ったりする予測ゲームにとどまらず、感情の機会を連続して継続的に提供できる。もちろん、自分自身による他人モデルを自分の感情のきっかけとするのは、他人が本当に経験していることに対する自分の賭けを部分的には制限することにはなる。自分の作った他人モデルは、最悪の場合には単なる妄想になるからだ。だがまともに作られたモデルは、自分が相手になったつもりの時にも、本物と同じくらいのインセンティブを与えてくれる。だから、相手がそこにいるのと多少は似た形で、感情のきっかけを生み出してくれる。小説家たちによれば、自分の作品登場人物たちすらこうした性格を持つようになって、ストーリーの展開につれて、かくかくの発言を「要求」したり「拒否」したりするようになるとか。だから拙速な充足仮説は、代理感情というプロセスはだれをモデルにしたものだろうと相当部分は自律的だと主張する。ただしそうしたパターンは、継続的な観察を通じて更新されない限り、紋切り型となって予測がつくものとなってしまう。

他人の識別可能な感情に賭けた限りにおいて、そうした感情はわれわれが追求する財となる。もしこちらがそれをあまり安っぽいものにしてしまわなければ――つまり根拠もなしに勝手な感情を持たせてみたり、それが嫌な経験をもたらしたときに共感対象をあまりに気安く変えたりしない限り、あるいは映画スターのように反応を返さない対象を選んだりしない限り――それは感情を抱くためのユニークで意外な源泉として安定したものになる。他人モデルを更新するための情報こそが、そうでなければあまりに簡単に手に入りすぎてしまうリソースを制限するための、希少な財となる。このようにして他人は、商業財と同じ立場でわれわれの関心をめぐって競合する存在となるわけだ。

他人モデルは、おそらくは子供が初めて自分の体験を組織するときの形態なのだろう。精神分析家たちは、子供たちが自己を「投入／投影同一化」を通じて形成する、つまり自分に感銘を与えた人物と自分を同一視することで自己を構築するのだ、ということについて大量に著述している。子供たちの自己記述に耳を傾ける点ではだれにも負けないクライン派の精神分析家によれば、「ファンタジー」と呼ばれる感情的報酬を絶えず育むための基本的ツールとなるのが「内的な対象」なのだそうだ[8]。確かに子供たちの自分自身に関する説明は、多様な人間モデルで構築されている[9]。

アレゴリーが科学の先触れだったのと同じように、代理体験は個人の世界認識の出発点なのかもしれない。モデル化を通じて子供が取り込む他人たちは、その子自身が独自の感情を持つとして認識する存在、つまりその子の自我とどこまではっきり区別されているのだろうか。食事のようなできごとに依存する空腹や、自分に起きたかどうか明確な怪我のような場合を除けば、その子が自分の体験を自分のものと呼ぶか、それとも共感的に体験した他人の体験だと呼ぶかははっきりしないかもしれない。つまり友達の空腹に共感するのは自分が空腹を感じるのとはちがうが、相手の悲しみや喜びと共感するのは、自分が悲しんだり喜んだりするのとは必ずしもちがわないのかもしれない。

この差は、特に次に述べるマイナスの共感などの体験を説明するのに理論的な価値がありそうだ。また感情も、それを引き起こすきっかけも、かなり感染力が強い可能性を示している。人が他人からコピーするパターンはその人「そのもの」になり、それがずっと続く可能性もある。大人が自分自身のものとして認識する自我は、感情のペース配分をするモデルの群れの中で最も一貫性のある集団にすぎず、自分の属性を特徴づけるために正確さに応じて選ばれた記述ではないのかもしれない[10]。

2-2　マイナスの共感

最近他界した経済学者ジュリアン・サイモンは、代理報酬が経済的な財として機能する可能性を検討していた。その方法としてかれは、

意識というユニットが、自我-個人という核のまわりを連続的にとりまいて広がる「関心」「同情」「共感」の環で構成されていると考えた。これは連続的に継続する一時的人格という発想を密接なアナロジーとしている。(11)

サイモンの理論は、すべての共感関係をプラスのものとしており、各人は相手の報酬と比例して自分に報酬を与える。この種の関係は「同情的」だといえる。だが人々は、他人の不幸によって自分に報酬を与えることもある――無関心ではなく、他人の苦痛を実際に審美的に楽しむ現象だ。この種の関係が極端になれば、すでに述べたように拷問者のサディズムとなる。でもこうしたマイナスの関係を持つ通常の人間関係はたくさんある。一部のライバル関係では、復讐の美酒はいまだに社会的に容認される。強引に割り込みをかけてきたドライバーが警官に捕まるのを見たときに感じる喜びや、残酷な意見の持ち主が恥をかくのを見て胸がスッとしたりするのがこれに相当する。こうした体験もまた共感的というべきだろう。というのもこれも他人の感情についてのモデル化をともない、結果として相手の感情をある程度抱くことになるからだ。

マイナスの共感の例は、二つの疑問を投げかける。自分では避けようとする感情を、代理体験としては魅力的にするのは何だろうか？　そしてなぜこの魅力は、被害者がこちらが避けたいと思う衝動を表明したとき、つまりはスケープゴートとして好適な場合に異様に強くなるのだろうか？　私の答えは双曲曲線の性質から強く示唆されるというよりはむしろ直感的なものだが、仮にも共感の理論を名乗るのであれば、マイナスの場合についても一応は説明できるべきだろう。思うにこれは、非常に基本的なプロセスが人間的に文明化された変種ではないか。そのプロセスは、動物が敵と味方の識別に使うものだ。残念ながら、動物におけるこうしたプロセスの説明は、あまりに刺激偏重で役に立たない。

最初の疑問に対しては次の点を挙げるしかない――双曲割引理論ではすべての感情は報酬性を持たなければならず、選好の期間は変化しても、選好そのものが逆転するようなことはないのだ。忌避性の感情が選好されるのは、苦痛や癖の期間でのことだ。マイナスの共感は、意図的に育んだ場合ですら、最大の長期的善としては認識されない――むしろ中毒期間の誘惑として認識されることが多い。

代理の痛み、そして想像上の痛みでさえ、おそらくはマイナスの感情からプラスの要素が抽出できるような形で魅力的となるのだろう。ちょうどホラー映画やジェットコースターが、恐怖から実際の危険を取り除くことでスリルを喚起できるように、マイナスの共感は苦痛や後悔、嫉妬、無念から何らかのコスト要素を取り除くことで満足を引き出すのかもしれない――その具体的中身まで憶測するのはやめておこう。似たような変換は、自分自身のひどい経験を空想するときにも見られる。たとえば拷問を受けたらどんな気分だろうと想像するのは、魅力的なことだったりする。だから子供たちはしばしば「船が沈みかけていて、お父さんとお母さんのどっちかしか助けられなかったらどうする？」といった苦悶に満ちた選択について頭の中でわざわざリハーサルしたりする。これは趣味のいい暇つぶしとは言い難いが、でも特に嫌がっている様子もない。

一方、対象の選択となると、人々が代理の忌避体験を求めるとき、その相手は通常はだれでもいいわけではない。具体的に言えば、自分の感情体験の一部が嫌なものになったとき、それに苦痛を付与するようなイメージはなぜか気が晴れる。だれかの陰惨なジョークとして、自分の抜いた虫歯を砂糖のお皿に入れて「それが痛むのを見たい」というのがある。代理の苦しみの体験は、それを始末したような気分が味わえる。だれかの勝利を見たときに、嫉妬や後悔、有害な行動の模倣への誘惑が高まりすぎるのであれば——その人物が苦しむのを見ると安心できる。

共感モデル化がマイナスの対象——悪漢、敵、スケープゴート——を便利な存在、不可欠な存在にすらするというのも大きな問題だ。目下気になるのは、これが意志にできることの限界を表すのではということだ。簡単に言えば、意志が魅惑的な感情パターンをコントロールできないような状況で、マイナスの共感への依存がコストに見合うだけの価値を持つようだ。

感情的な報酬が無料で手に入るというのも良し悪しだ。好き勝手な耽溺は拙速な充足を通じて劣化するし、中期で一時的に選好される報酬パターンがいったん身についてしまうと、最長期の選好の障害となる場合でも排除しにくくなってしまう。ドラッグ中毒者は長年クスリを断っていても、ちょっと手をのばせばすぐに強烈な快楽が得られるのを知っている。それと同じように、人は中毒的な感情パターン——依存症、淫乱、臆病、収奪性等々——を乗り越えても、圧力がかかれば常にそこに戻れてしまう。もっと優れた長期パターンを学習したからといって、すばやく衝動を満たしてくれる古いパターンの活性化法を忘れたわけではない。そしてドラッグ中毒者とちがって、欲しくない活動を遠ざけるときに、ドラッグ仲間との付き合いを断てばすむというわけにはいかない。

さらに、中毒性の感情パターンを直接コントロールするなら、おそらくは意志力を使うよりむしろ、その感情が喚起される以前に——禁忌や嗜好の疎外を使って——それを避ける場合が多いだろう。感情パターンは即座に報酬を与えてくれるし、ルールの基準として使えるような合図はきちんとマークされているわけではない。だから異時点間交渉の対象にはなりにくいのだ。さらに、意志で完全にコントロールできる感情は、つまらないものに低下してしまう。まさにそういう事態を避けようとするからこそ、共感体験が欲しいわけだ。自分の感情を温存しつつ、しかも嫌なものとなった誘惑的な感情パターンを制限するためには、意志力でもなく、感情の抑圧でもない戦略を見つける必要が出てくる。

そこである種の解決策を与えてくれるのが、代理処罰のスリルだ。マイナスの共感の対象として、特定の誘惑に負けて罰を受けそうな他人を選ぶ。そして空想の中で、しばしば自分の文化的な導きの助けも借りつつ、このドラマを再現する。できればそれが現実世界で実際に演じられるのを見物しようとすることもある——気取り屋が恥をかいたり、割り込んでくるドライバーが違反切符を切られたり、オオカミ少年が当然の報いを受けたり、豪勢な暮らしの宝石泥棒がひどい目にあったりという具合だ。われわれが体験する誘惑は抑圧する必要がなく、満たされる。そしてその役割を異質なものとして烙印を押すメカニズムは、その罰を共感的に魅力あるものとし、われわれ自身がその役を引き受ける障害として機能する。憶測だが、あるシナリオを罵倒するほうが、それを抑圧するより簡単なのだろう。少なくとも、その方が感情に対するダメージが少ないのだろう[12]。

この仮説がまだ雑なのはわかっているが、言い換えてみよう。他人の感情を経験する準備ができた状態は、相手が自分に与える影響をコントロールするインセンティブを生み出す。もしある人が自分の意志に及ぼす誘惑に抵抗できないのであれば、精一杯の抵抗として相手を敵対する利益だと解釈し、悪魔の声だと思うようにすればいい。共感の領域では、安手のスリルを殺すことはできない。そこで、そうした安手のスリルに基づいた利益を惹きつけて、毒を盛ればいい。スケープゴート化――自分がそうかもしれないと恐れるような人物、つまり自分がやっと脱出したばかりの行動を示す弟や妹、自分がやりたくてたまらないことを実行する犯罪者などに対して苦痛を抱かせる行為――は、報酬が外部の契機の希少性に制限されていると考えられていた効用理論では、不合理に思えた。だが感情的報酬の世界では、それはあまりに報酬性が高すぎるために完全には否定しきれないような魅惑的パターンを制限するための、数少ない仕掛けなのかもしれない。

　単純な双曲割引という事実からいささか深読みしすぎたきらいもあるが、まとめよう。この割引方式は、先読み能力のある生命体が、将来の自分自身たちと限定戦争関係に入るようにしむける。それらは自分たちの置かれた囚人のジレンマ状況を認識する限り、協力しあって意志の性質を持ったものを作りだす。だが双曲割引はまた、人が自分の手持ち欲求を拙速に充足させるよううながす。そして異時点間協力では明確なベンチマークが必要だから、意志はこの衝動をコントロールできない。感情的報酬を求めて欲求をペース配分するには、意外な結果に賭ける必要がある。他人というのはそうした賭けの対象としてことさら貴重だ。というのもわれわれがそうした他人について作るモデルは、こちらの感情を直接的にペース配分させてくれるからだ。だが、こうしたモデルは野放図に育つこともあり、劣ってはいても魅惑的なものは直接的な努力ではうまくコントロールできない。マイナスの共感は、意志が有効に機能しない部分で、自分自身の一部にしたくなるような役割を、魅惑的だが望ましくない代案から遠ざけるための手段らしい。

3　間接性の謎

意志が緊張感の拙速な充足を止められない話はすでにした。今度は、意志は拙速な充足をさらに悪化させてしまうことさえあると論じよう。意志はそれぞれの選択点で、将来の自分と協力するインセンティブを維持するために、明確で独立性のある成否判断の基準を必要とする。その基準がわかりにくければ——「後で後悔しない物を食べなさい」「心の声に従うのじゃ」あるいは「異時点間の信頼を維持するのに必要なだけのことをしろ」といった自己言及的なものだったりすれば——短期的な衝動がちゃっかり個々の選択を支配しつつ何のおとがめもなし、という解釈の余地がありすぎてしまう。意志が動機を動員するのに何が必要かという仮説を思い出して欲しい。もし現時点においてそれに従った場合**だけに限り**、将来もそれに従うと期待できなくてはならない。漠然とした基準はこの条件を言い逃れしやすくしてしまい、その力を奪ってしまう。まさにこのために、意志は定義しやすい強迫観念範囲の利益に奉仕するようになってしまうのだ、というのが第9章での議論だった。

だが体系的にきちんと定義された基準に従うと、その行動は他人にとってのみならず自分自身にとっても予測しやすくなる。これは、なるべく目標を効率よく実現するのにはすばらしい方法だ。手早く目標を実現すれば、余った時間で別のことができる。だが活動をそれ自体として楽しむにはひどいやり方だ。というのもこれは欲求を殺してしまうからだ。その活動の全行程を嫌でも予想できるようになってしまい、やがてそれはもう何も考えなくてもできるようになり、まったく興味のわかない活動となってしまって、文字通り脊髄反射じみてくる。この予測を意志力で止めることはできない。というのも、関心を向けるためのルールに使えるはっきりした基準がないからで、そんな基準があったとしても、関心はあまりに素早く動きすぎるから、それを確認して条件をつけることはできないだろう。

こんな具合にあまりに強すぎる意志は、自分自身の動機的な基盤をつぶしてしまいがちなので、なるべく逃避を見つけようというインセンティブも高まってくる。豊かな社会で報酬を得ようとするときのとまどいは、欲求を生み出す作業がその欲求を**満たす**作業をダメにしてしまいがちだということだ。食物やセックスに対する欲求のような生理的な欲求の供給は、時間の関数として再生するが、安全や富や安楽に対する欲求はそうではない。安楽な身分になったらもうそれは成功したということで、そのまま安楽で居続けるには大した努力は要らない。安楽さに対する感情的な欲求が充足されれば、何かがそれに対するニーズを再生してくれない限り、それはそれ以上の報酬の源泉にはあまりならない。何らかの挑戦が必要となる。たとえば疑いや遅れなどだ。

だが、満足をゆっくり非効率に手に入れようと単純に**努力する**わけにはいかない。常に自分のせっかちさをなだめ続けるのは、その見返りより多大な努力を要する。それに、そもそもある満足を妄想活動以上のものにする状況というのは、それを単なるゲーム以上の何か必然的なものとして見ることだったはずだ。意図的にそれをゆっくり実現しようとするのは、その信念と矛盾する。

欲求を満たす財の最大化にコミットしていないところでは、手持ちの欲求をリソースとして認識できる。人々は夕食に向けて意図的に自分の食欲を盛りたてることも珍しくないし、性欲の旺盛さを自慢したりもするし、娯楽への欲求が減退したとこぼしたりもする。一方、ためこみに対する欲求は明らかに存在する——ものを集めたり金持ちになったりする欲求だ——が、その欲求を高めるために、ギャンブルをしたりときどき収集物を失ったりするのは、効用を最大化するとは思われていない。ギャンブラーが馬鹿だと思われるのは、ある財の価値がそれに内在するものだと思われていて、手持ちの欲求をどれだけ上手に利用するかで決まるのではないとされているからだ。だが、ギャンブラーにも多少の合理性があることは、渋々とはいえ認められることもある。「ひょっとすると今日においては、人生のほとんどがゲンナリするほど予測可能だからギャンブルに魅力があるのかもしれない(13)」。

この矛盾に対応するには、通常は自分の満足を危険にさらすような何らかの事実を発見しなくてはならない。男らしさの証明のために山に登ったり飛行機から飛び降りたり、自分の誠実さを試すためにろくでもない恋人を捨てなかったり、自己糾弾を求める宗教に加わったり、金持ちになろうと株に手を出したり競馬をやったり、あるいはファッションの最先端にいることにメンツをかけたりする行動ですら、損失の繰り返し、少なくとも損失の脅威を信用できる形で提示することになる。そして損失を出すまいと苦闘する中で、欲求を取り戻す。だが、欲求の回復のために苦労して勝ち取ったものを捨てなければならないとき、そうした実現はしばしば不合理なものに見えてしまう。

効用理論の文献では、欲求を作り出す手段としてのリスクの価値を評価したものはほとんどない。最もよく考えられているのは社会のレベルでの議論で、アルバート・ハーシュマンが「隠れた手の原理」で述べたものだ。これは逆境が動機づける創造性の高まりという形で欲求を扱っている。

創造性は常に、意外な形で人に訪れる。したがって、決してあてにはできないし、実際に起こるまではまったく信用できない。言い換えると、人は創造性が訪れないと成功できないような作業を意識的に始めたりはしないということである。したがって人が自分の創造的なリソースを十分に発揮させるためには、その作業の性質を見誤り、実際にふたを開けてみた場合よりもずっとつまらない、単純で、まともな創造性を要求しない作業だと思いこむことだ。（中略）われわれはどうやら、有益な形で困難を隠してくれる、何やら見えざる手、隠された手を追い求めようとしているらしい。[14]

この仮説によれば、ギャンブラーたちは無意識のうちに負けたいと思っているという古い精神分析の常套句は、実は部分的には正しかったことになる。かれらは負けることで手持ちの欲求を復活させたいというニーズに動かされているが、このニーズを満たす際に勝とうとする心からの努力と矛盾することがあってはならない。これはおなじみの現象を心の中に移行させたにすぎない。あるスポーツのチームがあまりに連戦連勝を続けたら、試合のおもしろさは激減するし、やがて観客数も興行収入も下がる。だから負ける側はもとより勝つ側としても、何か上部機関がハンディ――たとえば次回のドラフトでは選手選択を最後にさせる等――をつけるようにさせたほうが得になる。だが同じ効果をねらって常勝チームが手抜きをしてあまり勝たないようしたら、それは士気を下げたりゲームをつまらなくしたりしてしまう。

ギャンブルは有史以来ずっと、驚くほどの崇拝者を虜にしてきた。その中には多くの金持ちも含まれていたが、かれらがなぜ必死でお金を増やそうとするのかは、観察者たちの理解できないことだった。そして純粋なギャンブル――単に数だけのゲーム――は、感情を意外性に依存させる手法の劣った形態のようだ。そうしたギャンブルは、手持ちの欲求を維持するのにリスクを使うという戦略を徹底して推し進め、リスクをその根底の数学にまでむきだしにしてしまっている。それが劣った形態だというのは、すでに述べたように、文字通り予測不可能な結果でさえ、可能性の幅が狭ければある程度は馴化してしまうからだ。一方、もっと疑念や曖昧さに耐えられる人は、社会的な結果という複雑な織物でギャンブルをすることになる。ただしその無謀さ度合いは大差ない。ヤン・エルスターが指摘したとおり、スタンダールは『赤と黒』で人間同士のアバンチュール好みをギャンブルとして描いている。「若き女性は何を危険にさらすのか？　彼女が最も貴重なものとして持つすべて——その名誉、その一生にわたる評判だ」。純粋なギャンブラーと、社会ギャンブラーとの中間にいるのが、命知らずや登山家たちのように、肉体的な危険に惹かれる人々だ。こうした人々は、ときには探求過程で近親や体の一部を失っても、まだその探求を続けたりする。[15]

3-1　間接性

自己コントロールの戦術はすべて、直面する危険を下げることで意外性も下げてしまいかねない。だが四つの戦略のうち三つ（心理外のコミットメント、関心のコントロールと感情のコントロール〔第5章1節参照〕）もまた逆の影響を持ちかねない。心理外の物理的な装置や関心の制約は、一時的には報酬を防げ、したがってコントロールとして機能すると同時に挑戦しがいがあるものとして機能するだろう。しばらく食物や酒を遠ざけておいたり、それについての情報を避けたりするのは、それらに対する潜在的な欲求をうまく回復させてくれる。情動の疎外は感情的報酬に対する感度を下げるが、逆の感情を育んでみたり（感情コントロールの逆の形態）、社会的影響を受けやすい状態に自分を置いたりする（心理外のコントロールとして最も一般的なもの）のはどちらも手持ちの欲求を刷新させてくれる。第四の戦術である個人的ルールが体系化に基づいている以上、それは満足と剥奪という相補的なニーズに最も不適応な自律戦術となる。

満足を自分のコントロールできない状況に依存するようになるほど——富や安全、快適さ等々の客観的価値を信じるようになるほど——その状況に対する欲求を更新するニーズは、衝動的なものとして定義されるようになる。つまり、そうした条件の望ましさに対する信念自体が、それらを脅かしかねない自分の性向すべてからそれらを守るよう人を縛る。これはそれらと関連した具体的な物体——お金、トロフィー、約束など、一般に富と呼ばれる蓄積可能な各種の物——の価値の場合はなおさらだ。さらに、本章の冒頭で述べたように、関連する信念を自分のコントロールの及ばない条件に依存させるにつれて、そうした追求は単なるゲームや空想とはちがう存在となるのだ。

したがって、意志は通常は欲求の対象の獲得と維持を監督すべく登場するのだけれど、欲求のポテンシャルの創造や維持は、この意志を何らかの形で避けることで生じる必要がある。この回避は、すでに述べた意志の落とし穴により粗雑な形で起きてもいい。言い逃れ、盲点、孤立した失敗領域（第9章1-2節参照）等々は人の決意を打ち負かすが、結果として生じる報酬喪失は、それが欲求を刺激することにより埋め合わせがついたり、時にはかえってプラスの結果に終わることすらある。この原始的な戦略が成功するなら、時には十分に抑えられるはずの中毒を意図的に抱き続けるだけの理由となるかもしれないが、[16]全体としてのコストは高くつく。意志に対してこれほどのダメージを与えないアプローチとしては、一見すると合理的だったり、必要だと言えなくもない活動を信じこむことにより、報酬に直結する道が必ずしもとれないようにすることだ。つまり、成功への間接的な道を見つけなければならないわけだ。そうした活動は、うわべの目的によっては部分的にしか維持されていないダミー活動だが、よいギャンブルを作ったり、習得しても報酬を恣意的にコントロールできないような作業に努力を振り向けることで、手持ちの欲求を維持してくれるという点でおおむね望ましいものとなる。

数えるとダメになるような活動、頼られるとダメになるような活動は、価値を保つためには間接的に実行されなくてはならない。たとえば、セックス目当て、あるいは単に「愛されたいから」というだけの目的で実行されるロマンスは下劣とされるし、きわめて儲かる職業でも単に金のためにやるのは蔑まれ、芸能活動も目立ちたいだけでやるならバカにされる。セックス、愛情、お金、賞賛が動機の条件になっていることがあまりに認識されると、努力が台無しになるが、それは関わっている人が騙されなくなるからというだけではない。こうした活動の本質的な価値に関する信念は、その実態以上のものとなっているが、それは必要とされる間接性を生み出すためにそうなっているのだ。同じように、各種の精神療法学派が信じている各種の手続きは、対立する教えの有効性を比較してみると、実は不要だったことがわかったりする。もしかすると、差を生み出していた共感的な没頭は、注目されてしまうときまりが悪くて有効性を失うのかもしれない。

間接性のインセンティブは、手持ちの欲求を維持する以外にも存在する。たとえば自意識や競争、パニック、人前であがったりするような機会を避けるなどだ。正反対の衝動を喚起してしまうような目標、たとえば眠ろうと努力しすぎるなどは、回り道を通じて実現される必要がある。そしてちょっと気がそれるだけでもそうした衝動として機能し得るので、ある活動に飽きたかどうか断続的に自問するよりは、いつその活動をやめるかいい加減な目標を設定することもできる。だが、こうした例は別に報酬獲得の効率性自体から生じるものではないので、ここでの検討には入れない。

なんらかの段階で間接性に依存する活動は多い。いくつかちがった例を——

●人が勉強するのは知識を獲得するための手段とされるし、そうした目標がなければ、勉強はすぐに退屈な妄想に落ち込む。だが、追加の知識がこの先必要になるとも思われず、もはや新しいものもなかなか覚えられないことさえある高齢者は、しばしばこうした制約を無視することで、勉強の目的意識を保とうとする。

●競技スポーツの意義は勝つことで、だから他の選手を破れる選手は、他より多く支払いを受けるべきだと考える。最近の全国公共ラジオの出演で、フランク・デフォードはこの間接性を否定した。かれは、スポーツの意義はエンターテイメント性にあるのであって、女性テニス選手は男と同じくらいの娯楽を提供し、したがって通常は同じレベルの男性選手に負ける女性選手であっても同じだけの支払いを受けるべきだと主張した(17)。

●演劇的、芸術的、科学的な創造プロセスは、しばしば関連するミューズを召還するための瞑想儀式に依存する。私自身、ある問題にあまり直接的に没頭しないよう、意識的に散歩に出たり皿を洗ったりする。「いちばんうまくいくものを見つける」という直接的なアプローチは、初期の段階では努力をダメにしてしまう。

●同じように霊的な分野——僧侶神父から占い師まで、直感的なものとのコンタクトは何らかの聖なるものを必要とするようだ。これは神さまとの共感という感覚を育むアプローチの場合には特にいえる。一部の宗教は、神さまの絵を描いたりして手の届くものにする試みを禁止するし、古典ユダヤ教の場合には、神さまに名前をつけることさえ禁止する。神さまの存在体験は、こちらが何らかの形でご招待すると神さまが向こうの都合で応じたり応じなかったりするようなものであり、こちらの都合で勝手に呼び出せるものではないとされる。

●グチや恨み言が好きな人は、そのための口実を必要とする。強情・頑固でいたいというニーズを自認してしまうと、自分の怒りがダメになってしまう。被害妄想の人は、自分がわざわざ責められるようなことをしていることを指摘されるとひどく逆上する。

●最も基本的な間接性は、報酬が本質的に外部要因に依存していると信じることなのかもしれない（第11章1節参照）。ある活動の本当の価値は、それが目下の欲求プロセスをどれだけ支援してくれるかで決まるのだが、この価値に関する人の推計は、その活動が求める**モノ**と連動する。たとえば人は絶えず「時は金なり」と言い聞かせなくてはならない。これは、お金のほうが実体のあるものだと思いこんでいるからだ。

間接性を使うのは、プラスの欲求の場合が多い。こうした欲求はいちばん馴化しやすいからだ。人はそれを複雑な形で自分の戦略に編み込んでしまう。というのも、隠しておいたほうが耐久力が高くなるからだ。その明らかな例を、もっと詳しく見てみよう。

性的な満足を得る最速で最も確実な方法は当然ながら自慰だ。だが、これは思春期に馴化して、ほとんどの人にとってはマイナーな活動になってしまう。別に自慰が処罰されるからではなく、単に性的な欲求を維持してくれる他の活動に勝てないからだ。恋愛関係の価値は、感情のペース配分を行ってくれるというのもあるが、多くの人はそれをセックスのペース配分にも使うよう学習する。恋愛は別に性欲の充足は最大化しないが、それに対する渇望を最適化してくれるのだ。

伝統的な性的役割の割り当ては、道徳遵守を奨励するのとはまったく別に、セックスのペース配分をするという協調的な作業に障害を設ける。過去には、西洋の伝統では女性はセックスの味を覚えてはならないとされていたが、それは女性が性病にかかりやすいとか妊娠の可能性があるということだけが理由ではなく、「軽い」女は悪趣味だとされていたからだ。こういう認識は、自分で障害を維持する作業から男を解放してくれたので楽だった。男は、自慰と「軽い」女に対するタブーを維持しておけば、あとは単純明快な目標追求をひたすら行っていればすむ。一方の女性は、自分で最適なペース配分戦略を学ばなければならなかったし、同時にもっと高次の作業に専念する必要があった――積極性ではなく恥じらいを身につけるのは、美徳という名の下に奨励された。裸よりは衣服（これはチラリズムを可能にする）を奨励するのは、慎みの名の下だ。さらに最も有効なペース配分――少なくとも、最も耐久性のあるペース配分――は、そうした高次の作業がそれ自体として価値あるものだという確信を必要とした。慎みがうわべだけのものだと見破られるのは、「軽い」というレッテルを貼られることだった。セックスに対してどれほど間接的にアプローチする必要があったかは、神さまの名前以外で口にしてはいけないタブーというのが女性器についてのものだったという事実からも明らかだ。

性に対する西洋の歴史的態度は、うわべでは性的快楽は耽溺度合いに比例するものとしていたが、外部的な所与条件のためにそれが困難で危険で邪悪ですらあるかもしれない、という立場もとってきた。こうした信念が、性的な欲求を維持するために形成されたのだという発想は、単なる嫌みな態度だと解釈されるしかなかった。というのも、それ以外の解釈をしたらその信念を否定することとなり、したがってその迂回性を否定するに等しいからだ。もちろん、こうした態度がいつまで続くかははっきりしない。でも、現代文化のもっと開放的な競争性が、性への直接のアクセスをブロックすることで実現されていた性的渇望最適化の口実を破壊しているのであれば、新しい口実に対する市場が成長しているはずだと思っていいだろう。中産階級の異性愛者は、後天性免疫不全症候群（ＡＩＤＳ）感染のリスクをすさまじく過大に見積もっているとされる。これはひょっとすると、そうした市場の印かもしれない[18]。

間接性の戦略は、本章で説明した事実の構築についての議論のような、感情を外部の事実に縛り付ける手法よりさらに一歩進んでいる。それは関連する欲求の効率よい充足から明確に努力を遠ざけるような信念を見つけ出す。間接的な作業は、自己欺瞞の一種であり、暴露されると弱い。だがそれらは比較的長期の報酬に維持されている。近道によって台無しになるから何らかの盲点が必要となるが、これはその間接性戦略を共有しない人々にはばかげた代物に見えるだろう。機知にからかわれやすい活動は、しばしば間接的なものだ。さっき述べた活動のほとんどがその例となる――敬虔さ、創造的な人々がインスピレーションのために使う儀式、性的な上品さ、気取り、育んだ恨み言などだ。いや、間接性をつくことこそが機知の基本的なメカニズムだとさえ言える。

機知はしばしば行き過ぎることがあり、そうなるとシニズムと呼ばれる。というのも、機知はうわべはご立派な動機の下にある下世話な動機を掘り出すことに依存しているからだ[19]。機知に富んだ人物（または皮肉屋）は、自分が単純な真実を信奉しているのだと考えており、標的となる連中は偽善者だと思っている。だがその標的たちは、単に感情的な欲求を改善するために間接性を使おうとしているだけかもしれない――それも自分自身のみならず、その皮肉屋を含む他人のために。だが、こうした標的たちは、これをそのまま主張することはできない。というのも、ほとんどの間接戦略は、間接戦略として認識されたら効かなくなってしまうからだ。そういった行動に対する共有された口実――慎み、道徳、姿勢のよさ等々――がなければ、間接性の戦略は根拠を失い、そしてそこで何が失われたのかもなかなか理解されない。かろうじて出てくる反対論は、たとえばこのエチケットに関するコラムを書くミス・マナーズの議論くらいだ。

世の中のだれもが新しい発想を追いかけて、仲間の市民をうんざりするほど脅かそうとしているこの時代ですと、逆に脅かされる側という重要な仕事をする人がまったく残っておりません。（中略）わたくしミス・マナーズといたしましては、私たちのだれかがその任に立候補することを提案いたします[20]。

おそらくは最大の――だがもっとも毀誉褒貶かまびすしい――間接性は、それ自体があまりに真剣に目標として捉えられると強迫観念になるような性質のものだろう。もちろん、どのくらいが「あまりに真剣」なのかはその個人の戦略次第だ。単なる楽しみでトランプをやる人は、そこで相手がやたらに勝負にこだわったら、なんと強迫観念的だろうと思う。でも、もし彼女が直接的に楽しみを最大化したいなら、あまりにいい加減な参加はゲームをどうでもいいものにするから、拙速な充足によって楽しみは減ってしまうかもしれない。もっとはっきりした間接性の使いすぎの例は、あまりに細部の字面にこだわるために無粋となるおたくたちだろう――かれらは、ご機嫌いかがときかれただけで自分の精神状態を微に入り細をうがつように述べ立て、この服は似合う？　と聞かれたときに本当に歯に衣を着せない意見を述べてしまう。雑談というのが、感情的な機会[21]のやりとりのペース配分のためのものでしかないんだというのを理解できていないからそうなってしまう。

おとぎ話二題が、間接性に関する昔からの文化的な直感を代弁している。黄金の卵を産むガチョウは、腹の中にもっと大きな金塊を持っているだろうと思った貪欲な持ち主によって殺されて切り刻まれる――だが死体には金はまったくなかった。これは、報酬に飛びつこうとする危険に対する明確な警告だろう。同じように、共有の鍋に野菜を提供しようとしない利己的な村人たちのために、賢い司祭が石のスープの作り方を教える、という寓話がある。他人のためには野菜を提供したがらない村人たちは、それがその魔法の石の持つ食料を生み出す力を引き出すのだと言われたら、喜んで野菜を提供するようになったのだった。ここでは迂回されている衝動は社会的な貪欲さであって個人のせっかちぶりではないが、間接性は同じく明らかだ。このたとえ話で言うなら、おたくの誤謬というのはその石自体を調べて魔法の正体を探ろうとするようなものだ。

西洋社会は、間接性として機能する各種の信念を共有している――あるいはしていた、と言うべきか。その一つは、計算ずくは粗野なので避けようという信念であり、これは効用の経済学を利己的に見せる。それを言えば、「魂胆がある（having a motive）」のがばれると社会的には罪悪とされる。でも動機づけを検討したあらゆる心理学の派閥は、すべての行動には動機＝魂胆があると結論している。フロイト派精神分析や行動主義心理学が廃れたのも、動機を直接議論するのがきまり悪かったせいかもしれないし、動機の議論を徹底して避けたがる認知心理学が流行ったのも同じ理由からかもしれない。心理学が全般に明示的になるにつれて、人々はお互いの認識が安っぽく、深みのないものになるのではないかという恐怖を表明している。

ある種の感情的な行為がとても壊れやすくて、直接観察しようとしたらダメになってしまうという認識は昔からあった。たぶん、お互いが自分にとってどういう意味を持っているかをみんながきっちり記述したら、不可欠な間接性がダメになってしまうだろう。明示的な手順に従って人間関係を築くのは不可能だろう。ある程度までなら、ダミーの活動を間接性の試みとして認識はできる――だがもし、大きな障害を経て目標を追求するところに満足感があるなら、「これはただのゲームだよ」と知ってしまえば、つらい状況にきたときに投げ出す可能性が高くなってしまう。ここにパラドックスが生じる。ある活動それ自体から最大の感情的な報酬を得るためには、しばしばその活動が本当に実用性があると信じ込まなくてはならない。「信念は必要だが、それが何に対する信念だろうとかまわない」という形式の実例はたくさんある。間接性は、このパラドックスに対して人々が見つけた唯一の堅牢な解決策らしい。

だがある財に対する実用的なニーズについての信念があれば、その財を求めて努力する行為が恣意的には思えなくなる一方で、対応する欲求の必要性は必然的に見えなくなってしまう。ほぼ充足した状態でいるという人々の愚行について「慢性的に疲れた馬に馬車を引かせている」と指摘したコンラート・ローレンツは、「この世で最もバカな人物ですらこのまちがいを見通せるはずなのに、だれも気がつかない[22]」と驚嘆している。その理由はたぶん、見通してしまったら、そこで本当に求められているのが獲得の美学であって、その実際の物に専念するのは単なる間接性のためなのだ、ということが暴露されてしまうからだろう。

人は常に、ある行動をしろという圧力そのものが、同時にリソースでもあるのだという点を理解するのに苦労してきた。「飲んでくれと要求する」酒瓶や、「羽根が生えて飛んでゆく」お金、というのは直感的にわかるが、飲んだり消費したりする欲求そのものは、財としては見られないことが多い。『饗宴』で、ソクラテスは愛について、それが豊富さ（Poros）と不足（Penia）の子供であって、両方の性質を持っていると述べる。愛は豊富さ（美や叡智等々）を持ってはいない。持っていたらその人は満足してしまうから愛にはならない。だが不足とはちがって、その人はそうしたものを評価している。「常に流れるものは常に外に向かって流れており、したがってその人物は決して欲しいとは思わず決して豊富にも持たない」のであり、その両者の「平均」に位置している、とソクラテスは述べる[23]。その後、多くの論者たちが、愛は恵みだが欲望は呪いだ、と述べている。が、だれも両者の差がどこからくるかを指摘できていない。

割引率が双曲的だという発見は、豊かな社会の最も大きな謎を理解する手がかりを与えてくれる。人は欲求を直接的に最適化することはできず、実際にはどうでもいい作業の重要性を「信じる」ことで欲望をやしなうしかない。だが社会構築の分析や意味の投影に関する分析は、それが拙速な充足を疎外するということにしかない。そしてその作業の本当の価値は、それが拙速な充足を疎外するということにしかない。

割引率が双曲的だという発見は、豊かな社会の最も大きな謎を理解する手がかりを与えてくれる。人は欲求を直接的に最適化することはできず、実際にはどうでもいい作業の重要性を「信じる」ことで欲望をやしなうしかない。だが社会構築の分析や意味の投影に関する分析は、本書の仮説も含め、あまり歓迎されないだろう。なぜなら、それはまさにこの戦略そのものを脅かすからだ。実は長いこと平和が続いた文明が崩壊するときの大きな要因は、間接的なプロセスが効率のよいものに置き換わってしまったことかもしれない。そして効率がよくなってしまったために、そのありがたみ（報酬性）が薄れてしまったからかもしれない。歴史家アーノルド・トインビーの表現を借りれば、笛吹きはその手管を失ってしまうわけだ。[24]

知的な探求にあっても、現代の文化は創造性と挑戦の克服との間で安定したバランスを見つけられずにいるようだ。「物事の本質に到達する」方向がある一方で、神秘主義的ホーリズムだの、粗野な還元主義の否定だのが反対側にあり、嗜好は両者の間を行ったり来たりする。前者の方向に揺れると、それは科学や組織、明晰な思考の奨励、シンプルな形態、総合理論を育む――一言でこれは古典主義だ。逆方向に揺れると、それは科学に対するどっちつかずの態度、強烈なものの嗜好、世界が謎めいているときに生じる漠然とした感情への愛が育まれる――これはロマン主義だ。窮極的な意志の崩壊は、効率性がその振り子をさらに体系化――および手持ちの欲求のさらなる希薄化――の方向に推し進め、人々が耐えられなくなるときに起きるようだ。意志は逆の方向に向かうのはあまり得意ではない。せいぜいがもっと強い活力をもった間接性にバイパスされるのを甘受して、振り子が非体系的な領域に十分戻るまで待つしかないようだ。

4 まとめ

せっかちに拙速な充足を追い求めると、遠くまで見通す知的で効率のよい意志が本来与えてくれたはずのメリットがダメになってしまう。これは特に、物理的なニーズがおおむね満たされている人の場合に当てはまる。知性とは想像力だ——潜在的に豊かな空想生活である——が、手近な報酬を過大に評価すると、欲求がつぼみのうちに刈り取られてしまう。効率よい意志とは、長期的な目標を確実に待てるということだが、手近な報酬を過大に評価すると、そうした成功は空疎に思えてしまう。これまた過大に動機づけるような予想を通じて行われることだ。意志は、満足に至る道の里程標に到達することに専念する。このため欲求を維持できないばかりか、苦労して獲得した里程標を放棄したくないばかりに欲求の更新さえも禁止してしまうかもしれない。欲求を更新する原形的な手段であるギャンブルは、不合理な活動だと広く考えられているのはその現れだ。

知的生命の意志性に対抗するプロセスは三つある。

1. 十分に珍しくもなければ意外でもない合図は、感情的な報酬の機会としては効かなくなる。生き残る合図は、必ずではなくとも多くの場合には客観性のテストに合格するものとなる。何か実用的な作業を達成する必要がなければ、事実は感情のペース配分を行うために、そのユニークさや意外さに応じて「構築」されることも多い。重要なのは正確さそのものではなく、空想の恣意性を避けることとなる。

2. 他人は感情の機会を豊富に提供してくれるが、それは他人がよいパズルのような形で最適に予測不可能だからというにとどまらず、相手の感情を共感的にモデル化するのが自分自身の感情のペース配分に有効だからという理由が大きい。悪意や残酷さもまた共感の一種であり、魅惑的な共感プロセスを意志で抑えきれないときに、それをコントロールするための試みなのかもしれない。

3. 意志は具体的な里程標に向かってあまりに猪突猛進して欲求を台無しにしてしまうため、目標に対する間接的な経路を採用するインセンティブがよく生じる。つまり、まさに欲求を満たすのが非効率であることによって報酬をもたらすようなダミー活動が求められる。ある活動が間接的だと指摘するとその当初の効果を破壊してしまうために、この性質はしばしばフロイト的な意味で無意識となっており、それが認識されるのは機知や嫌味のネタになったときがほとんどだ。

第12章　結論

人が自滅的な選択を行うパターンは、プラトンの時代から現代にいたるまでずっとパラドックスめいたものと思われていた。それぞれの個別パラドックスを説明するために、つぎはぎの口承が積み重ねられてきたが、局所的な答えはすべて、パズルの他の部分で必要とされそうな答えと矛盾するものにしかならなかった。自然科学の場合と同じく、計測精度の向上によってもっと包括的な答えの可能性が浮上してきた。私がピコ経済学（ミクロミクロ経済学）という名で提示したのがその答えだ。

指数割引曲線と双曲割引曲線の差を区別できるだけの感度を持った選択実験が、必要な進歩をもたらした。双曲割引は、従来の効用理論に疑問をつきつける。つまりそれが選択の基本原理を記述していたのではなく、万人にあらゆる状況で働くとはいえない高次の文化的発明品を記述していたのではないか、という疑問だ。選択の基本的な不安定さを実証することで、この発見は計量心理学の些末な問題だった価値推計という問題を、動機の対立における重要な要素に格上げさせた。一時的にのみあらわれる選好は、もはや異常値ではなく、これまで器官として解釈されていた機能――自我、意志、そして自己でさえ――の戦略的理解のための出発点となる。

一時的選好という現象は効用理論を大いに悩ませてきたが、いまや自滅的行動の説明に使えるようになった。さらに双曲価値評価は指数的な評価に比べて複雑に見えるが、動機的な対立のあまりに多くの面にあてはまるので、この問題が大幅に簡略化される見通しもたつ。

すぐに見返りのあるプロセスは、もっと豊かだが支払いの遅いプロセスより一時的に選好されるようになるが、これはそれを理解しただけでは変えられない。だが、人が現在の選択を未来の自分の選択に関する予測ツールとして使うようになると、お馴染みの交渉ゲームである反復型四人のジレンマと似た論理のために、追加インセンティブを動員することで豊かなプロセスのほうが選ばれるようになる。このメカニズムは意志の力や意志の自由の双方について指摘された主要な性質すべてを説明できる。

このメカニズムをさらに検討すると、意志が客観評価を自分で歪めかねないことがわかる。そこから導かれる四つの結論は、一般に観察される動機パターンと一致している——選択はその事象それ自体としてよりも前例としての価値方法が高くなりかねず、そうなると人は杓子定規になる↓失敗の先触れとなるパターンが自己成就的になってしまい、その失敗があまりに取り返しのつかないことに思えて病気の症状じみてくる↓失敗を見過ごそうという動機ができて、それがフロイトの無意識じみた地下世界を創り出す↓明確な境界のほうが漠然としたものよりも動機を動員しやすく、このために意志に基づく戦略が感情的な報酬を利用する能力が低下してしまう。

一時的選好の他の側面も、意志ができることに対して根本的な影響をもたらす。

双曲割引は、報酬と快楽が別のものだと示唆する。これを使えば、痛みや「マイナスの」感情が持つ魅力というよく観察される現象を説明できる。逆に消費が遅い方が豊かになる場面でも、この割引の下で人は報酬の消費を加速してしまいがちだ。だから自分で好きに左右できるはずの報酬でも外部の機会を人が利用したがる理由も説明できる。不快な心的プロセスを弄びたいという強い魅惑や、自由に手に入る快適なプロセスに対する内在的な制約も、古典的条件付けという古めかしい理論に頼らずに説明できる。代わりに出てくる理論は次の通り──感情と飢餓（あわせて欲求）は、回復すれば報酬がある場合に限って回復する。つまり、欲求に対して条件付けられた刺激は自動的な引き金ではなく、そうした欲求を生じたほうが生じないときより報酬が多いという印となる。こうした合図は欲求を解放するのではなく、その機会を与えるわけだ。

欲求が不十分なうちにそれを充足させてしまおうという衝動は、報酬獲得の効率性を示すものだが、あまりにそれがお馴染みになってしまうと、快楽をかえって引き下げてしまう。この問題は信念と妄想とを区別する主な動機となる。実用的なニーズはさておき、比較的珍しくて自分のコントロールできない事象が左右する信念は、自分自身の身勝手な構築物よりも感情の機会として優れており、したがってもっと意味あるものと感じられる。だが社会的構築物でも、ユニークな形できちんと成立していれば、この意味で客観的事実と同じくらい優れた機能を示す。同じような論理で、協力の実利的な動機とはまったく離れたところで、他人との共感的な相互関係の価値も説明できる。他人の経験に賭けることで、こちらの感情の機会は意外なものとなり、したがって学習を通じた馴化も防げる。

最後に、二種類の報酬獲得戦略の間にはどうしても衝突が生じる。一つは外的作業──富を蓄積し、人をコントロールし、知識そのものを発見すること──の重要性に対する信念だ。これは完成を急ぐ行動を生み出す。だが欲求の重要性を暗黙のうちに認識すると、そうした解決策に障害を設けようとしてみたり、それを無駄にするようなギャンブルにたびたび手を出したりするようになる。後者の作業を意識的に認識してしまうと、そもそも最初の作業を報酬の最適なペースメーカーにするほど厳密なものとしていた信念自体が台無しになる。だから後者の作業は間接的に学習され、その伝達は迷信じみていたり伝統的効用分析からすれば非合理な信念を通じて文化的に行われることとなる。

ピコ経済学はもっと優れた自己コントロールの可能性を見つけるツールになれるが、その一方で自己コントロールの効率を高めすぎると最長期の利益には貢献しないような状況を明らかにしてしまう。最終的には、意志というのは将来報酬の双曲割引が創り出す衝動性に対する限定的な解決策でしかない。意外性の必要性を創り出す、感情的報酬に対するせっかちさはコントロールできないし、それを中毒範囲の選好に対抗するために使いすぎると強迫観念が生じる。強迫観念は逆に意外性を引き下げるので、強迫観念的な人も、衝動的な人に負けず劣らず、長期的な快楽を得るのがむずかしくなる。

こうした現象はすべて、割引曲線の双曲形態から予想されることだ。もちろん他の説明がないとは限らない。基本的な一時的選好現象は疑問の余地なく示されているが、他の論者はそこから別の意味合いを引き出すかもしれない。私の仮説は単に双曲割引の生み出せる戦略パターンを説明しているだけだ。そしてそれは再帰的な現象を扱っているので、対照実験では直接的に確認はできない。

決定的な理論を生み出すには、各種のモデルを試してみてその有効性を確認することだ。理想的には、意志という現象に関連する選択行動を扱ってきた各種の学派からの材料すべてを使ってみる必要がある。第8章では、意志という現象についてこれを試みた。しかしパターンフィッティングは、常にそれぞれの観察者が何をもって簡潔と考えるかによってある程度は左右される。私の提案したもの以外のパターンが、もっとうまく経験にフィットするかもしれない。だが双曲割引という堅牢な経験的発見を説明するには、何らかの形でこうした異時点間の交渉モデルが必要になるはずだ。

訳者解説

a　はじめに

本書は George Ainslie *Breakdown of Will*（2001, Cambridge University Press）の全訳である。そして本書はすさまじい本である。まず本書は、生物学／心理学と経済学をまじめに実証的につなぐものとなっている。著者の前著にして本書のベースとなった本は『ピコ経済学』と題されていた。ミクロ経済学――個々の経済主体がとる行動とその原因を分析する経済学――をさらに細かくし、その経済主体（人間）の頭の中身にまで踏み込んだものだったからだ。次にその分析をもとに、本書は人間意志の根源にせまる。なぜ意志などというものがあるのか、そして「自由意志」は本当にあるのか？（ちなみに、あります。）なぜそれが現在のようなものへと進化したのかという、進化論の中への位置づけ。さらにはそこから、意志を持ったために人間が――そして現代文明が――陥った全般的な欲求不満という問題すら本書は説明してしまう。人間を人間たらしめ、今の文明へと続く壮大な運動の根底を成す、人の「迷い」という現象の本質を説明しているのが本書だ。

ただいかんせん、本書はあまりに扱う幅が広い。いま述べた中身でさえもうおなかいっぱいなのに、本書はさらに行きがけの駄賃でとんでもない現象まであれこれ説明してしまう。痛みって何？　なぜおしっこを我慢しているとき、家に帰り着いた途端に急に尿意が激増したりするの？　殻付きのカニをチマチマほじくって食べるのが楽しいのはなぜ？　「やる気」「根性」「自信」とかいうものは意味があるの？（ちなみに、あります。）なぜ幸せは、求めようとがんばるほど遠ざかり、逆に求めなければ独りでに訪れるの？　しかもこれを単に説明するだけでなく、なぜ既存の各種理論——経済学、心理学、果ては神学——がこうしたものを十分に説明できなかったのかまで、著者はいちいち詳しく説明しようとする。だからかなり広範な分野のそこそこ専門的な概念が、説明なしで当然のように次々と持ち出され、往々にして議論がとっちらかってしまうし、すぐに話が本筋からそれてしまう（しかも文章を切らずに関係節でつなげて！）。

おまけに、著者は必ずしも読みやすい文の書き手じゃない。序文で著者は本書を「会話調」と称しているけれど、一読して「どこが！！？」と思うのがふつうだろう。こんな調子で会話をしたら、みんな逃げ出すぞ。あるいは議論の例示に映画を引き合いに出すのは結構なんだが、それが『ある晴れた日に』。いや、よい趣味だとは思いますが、そんなほとんどの人が見てないような映画を持ち出しても、あまり説明には貢献しないんですけど……

というわけで、本書は決してスルスル読める本にはなっていない。これは残念なことだ。著者にデネットかドーキンス並の文章力があったら、とっくにカルト古典になっていたはずなのに。これは一つ、日本だけでもこのすごさを少しでも理解して頂かずにはいられましょうか。というわけで、まずその主張をざっとかいつまんでおさらいしてみよう。

それにはまず、おそらく読者のみなさんだれでも持っているはずの体験をおさらいしてもらうところから始めるのがいいだろう。

b　本書のテーマ――迷いとその克服の一例

よほどの聖人君子か悟りを開いた高僧でもない限り、みなさんは日々、誘惑と戦っているはずだ。そしてその戦いに、必ずしも勝利はしてはいないだろう。「今日からダイエットするぞ！」と思ったのに、いざおやつが目の前にくると「ケーキ一つくらいは……」とついつい誘惑に負けてしまった――そういう経験は持たない人のほうが少ない。早起きでも禁煙でも勉強でもなんでもいい。さらに、自分が誘惑に負けることを見越して、あらかじめ手だてを講じたりする場合も多い。

たとえば、あなたがガキの頃、無類のゲーム好きだったとしよう。ついついゲームに夢中になりすぎて、宿題をさぼってしまう。毎日「明日はちゃんと宿題をやらなきゃ、ゲームをがまんしなきゃ」と決意するけれど、でも毎日のようについつい決意がゆらいで、ゲーム機に手がのびてしまう。これではいけない、と思って、目のつかないところにゲーム機やコントローラを隠したりする。ところがその直後に「でも最後にもう一回」とか「今日の宿題は軽いから」とか何とか自分で言い訳をつけて、隠し場所からゲーム機を取り出してきて、気がつけばまた数時間が過ぎ、宿題はちっとも進まない。ハッと気がついて、今度は隠し場所に鍵をかけ、でもまたしばらくすると隠し場所の鍵を取り出し、「あれ、これはどこの鍵だっけ、試してみよう」とか愚にもつかないごまかしを口にしつつ、また隠し場所の鍵を開け……いやあなただけじゃない。この手の、自分自身との果てしないだましっこを演じた経験は、だれでもあるのだ。

なんとかこうした誘惑に負けやすい（そしてこちらの考えを逐一読み取り、その裏をかくための口実を考えつくのが天才的にうまい）ずるがしこい自分を押さえ込もうとして、人はいろいろ手口を考える。隠し場所の鍵を捨てたり人に預けたりすることもある。「おれは禁煙するぞ！」「夏までに一〇キロやせるぞ！」とまわりに宣言して自分を追い込むこともある。「これは禁煙の神様がくれたお守りだ！ これを持っていれば神様が力を与えてくれる！」といったおまじないに頼る手もあるだろう。そして非常に大きくてよく使われる手口は、話をでかくするというものだ。「このまま日々をゲーム漬けで過ごしたら、おれは一生ダメ人間だぁ！」と意を決し、その次にゲームの誘惑にかられたとき「いや、これはこの一回のゲームだけの話じゃない、ここで負けたらおれの人生すべてが否定されてしまう！ 皇国の勝敗この一戦にあり！」とふんばるやり方だ。これまた、みんな大なり小なり経験があることだ。

これは成功する場合も失敗する場合もある。成功すれば、「おれはやったぞ！」と自信がつく。次に似たような状況に直面しても「前回も耐えられたから今回もいける！」と、その自信を足場に次の誘惑にも見事耐えられるようになる。ところが、失敗したらどうだろう。すると、次に同じ手を使おうとしても「でもこないだそう言っておきながら挫折したよな、すでに人生負けてるよな」と思うと、自分の決意が全然自分に対して説得力がなくなり、ふんばりがきかなくなる。自分は意志薄弱で誘惑に負けそうだと思ったら、まさにその弱気のせいで「どうせ後で負けるんだから……」と思って今すぐ誘惑に負けてしまったりする。いったん負けると、自分のポジションが下がり、すると次に同じ誘惑に耐えるときのハードルが上がり、するとさらに弱気がかさんで、また誘惑に負け、何度かこれを繰り返すうちに、そもそも最初から誘惑に耐えようという気力さえなくなり……。

一方、この手で誘惑に勝つと、人によってはこんどはそれが強迫観念じみてくる。いったん何か変なジンクスを自分に課して、それが何度か成功してしまうと自分でもばからしいと思いつつそれがやめられなくなったりするでしょう。とにかく自分はちょっとでもゲームに触れてはいけない、ゲームをプレイはおろか、ゲーム雑誌を見るだけでも決意が崩れ、自分の人生が崩壊するように思ってしまう。自分は誘惑に負けない強い人間なんだという自信を保つためだけに、意固地になってゲームを否定するようになり、知り合いがゲームをやっていると「意志薄弱なやつだ」とつい罵り、ゲーム脳などの邪説を動員してまでそれを保とうとしたりする。心身の健康や円滑な人間関係のためには、そんなにむきにならず、ゲームだってほどほどにプレイするのがいちばんいいのだが、そうはならずに変に硬直した考え方にはまりこんでしまう。

そして……時は流れて二〇年。ゲームの誘惑に耐え抜いて、さらにあらゆる誘惑に耐える自信をつけ、さらにはあらゆる誘惑に耐えなくてはならないという強迫観念すら発達させたあなたは、酒もたばこも博打もカラオケも一切やらない、堅物の朴念仁の人間味のない計算高い冷血漢と陰口をたたかれつつも、あらゆる場合に合理的な選択ができる。すべてのものの長期的な価値を一瞬にして正確に計算できてしまうあなたは、やがて二一世紀のビル・ゲイツと呼ばれる存在にまでのぼりつめる。だが、そのすべてが次第にむなしくなる。何をやっても、その結果がすぐに見えてしまうし、そのプロセスも想像がついてしまう。そうなると、それを実際にやるだけ面倒になってしまう。結果がわかっているなら、やるまでもあるまい。

すべてを手にしながら、日々鬱々と満たされぬ思いを抱えつつ生きるあなたは、ある日引き出しの奥に、見慣れぬ鍵を見つけるのだった。「なんだろう、この鍵は？」だがあなたはそこで、背筋に戦慄を感じる。罪悪感、拒絶感、そして底知れぬ懐かしさの入り交じった感情がこみあげてくる。「これはまさか……」そう、それはあなたが数十年前にゲーム機を封印したあの箱の鍵だったのだ。後ろめたさを感じながらも、あなたは封印場所から取り出したゲーム機に電池を入れ、スイッチを入れる。指は、動きをおぼえていた。そして画面をキャラが走り回り、効果音が鳴り響く中、長いことあなたを抑えてきた胸のつかえが魔法のように消え去るのが感じられ、あなたは長く深い溜息をつく。「ああ、おれはどうしてかくも長きにわたり、この楽しさを忘れていたんだろうか」いつしか、あなたの目には涙が浮かんでいた……

さてどうだろう。最後はちょっと作りすぎながら、大なり小なりこのそれぞれの部分に類する体験を、人間だれしも持っている。この一連の体験を説明しようというのが本書だ。

c 本書の説明——双曲割引とその加算

いま述べた話の出発点は本当に簡単だ。人は、しばしば目先の誘惑＝望ましくない選択に負ける。しかもそれは、無知のせいじゃない。その誘惑に負けたら自分が何を失うか、どういう結果を招くかは十分承知している。それなのに、同じ誘惑に繰り返し負けたりする。だれでも知っていることだ。

それなのに、これまでの心理学、経済学その他のモデルでは、これは説明できなかった。十分な情報がなくて判断をまちがえるのだとか、あるいはパブロフの犬みたいな条件付けが生じて反射的によくない選択をしちゃうのだ、といった説明では不十分だ。情報が十分あっても人は誘惑に負けるし、条件反射は何度か失敗すれば消えるはずなのだもの。神学などではかろうじて、悪魔のささやき／天使の忠告、といった表現でこの目先の誘惑と長期の利益の葛藤をあらわしてはいたが、これでは説明になっていない。本書は、双曲割引という概念を使うことで、これをきれいに説明した。

双曲割引とはどういうことか？　人が将来起こることの価値を現時点でどう評価するか、つまりどのくらい割り引いて評価するか、という話だ。

c－1　動物は未来の出来事を双曲的に割り引くのだ！

人は（いや人だけでなく、ハト程度の動物ですら）、同じもの（たとえば一万円、あるいはエサ）をもらうなら来月もらうより今もらったほうがいいのを知っている。来年一万円あげる、と言われても、そしてそれがどんなに確実な話でも、それより今すぐ五千円もらうほうがいい、と思ったりする。五年後に一万円あげると言われたら、それより今すぐ千円くれよ、と言いたくなる。

要するに、一万円が人にとって持つ価値は、それがいつもらえるのかという時間に応じて目減りする。そしてこれまでの普通の理論では、一定時間ごとに一定割合ずつ（たとえば年に一割とか）、つまり指数関数的に割り引かれて目減りすると想定されていた。

ところが、人間で実際にいろいろ実験をしてみると、どうもそんなふうな価値評価はしていない。どうもこれまでの理論とちがう。目先ではその割引は大きいけれど、ずっと先の話だとほどんと割り引かれない。一〇年先の一万円と九年先の一万円では、価値の差はないも同然だ。でも同じ一年ちがいでも、いまの一万円と来年の一万円ではぜんぜんありがたみがちがう。この割引は、双曲線で示されるものと似ている。そして本書の著者たちがすごいのは、ハトやラットで同じような実験をしてそれを実証的に裏付けたことだ。動物たちですら、まったく同じ選好を示す！　どうも動物は進化の過程でこの双曲関数に基づく割引を身につけたらしい。

これが双曲割引だ。そして、この双曲割引のおかげで、小さい短期的な誘惑は近くにくると急に大きく見え、まだ遠くにあるもっと大きい長期的な見返りよりも、一時的に魅力的に見えてしまう！　だからこそ、人は何らかの決意をしていても、いざ誘惑が目の前にくるとその判断が一時的にひっくり返ってしまうという現象が起きる。これが、人が誘惑に負けるメカニズムだ。事前の決意が直前に揺らぐのは、まさにこのせいだ。

c-2　誘惑に勝つための「意志」——各種のできごとを加算してグループで判断しよう！

だが人（そして動物）は、必ず誘惑に負けるわけじゃない。そういう誘惑に対抗するための手口を編み出した。それが意志というやつだ。意志力が最も要求されるのは、誘惑に負けそうになったときに耐えたり、くじけたりしそうになったときでしょう。人は意志の力で自分を物理的、社会的に追い込むとで誘惑に負けないようにする（実はハトやサルですらそれができるという）。が、それよりさらに大きいのは、多くの長期的な見返りをグループ化して足し合わせる方法だ。「いまゲームをして満足するか、宿題をして明日ほめられるか」という比較ではなくて、「（今回に限らず）ゲームをして満足するか、それとも常に宿題をして長期的に成績を上げるか」という比較にしてみたり、麻薬であれば「この一回クスリをやるか、それを我慢して禁断症状を避けますか」という選択をもっと大きくして「クスリやめますか、人間やめますか」の選択にするという方法だ。

ところが、従来の理論では、意志というのもまったく説明できなかった。それどころか一部の理論では、意志というのは幻想で実は存在しない、とすら主張されていた。これまでの理論では、意志というのは二つの刺激を比べ、そのうち大きな方を選ぶ、といった程度の説明しかなかった。「光があたったらそちらを向く」「大きいつづらと小さいつづらがあったら、大きなほうをもらう」という具合に。でも、それだけの話なら意志なんていうややこしいものはいらない。光のほうを向くくらいヒマワリでもやるし、大小の判定をしたければ、ふるいにでもかければすむ。これだけなら自動スイッチと同じだから、迷ったりする必要はまったくない。

でも、各種の誘惑や利益をどうまとめるか、どうグループ化するかには、見方しだいでいろいろやり方がある。それこそ意志の出番となる。いろいろ試してみて、納得のいくカテゴリー（つまりは物語やルール）を創り出し、目先の誘惑がグッと魅力的になってもそれに耐えられるようにしておくわけだ。そしてここでもまた、ハトですら（多少の助け船さえあれば）こうした選択ができる。その一方で、誘惑のほうもその創作機能である意志を使えてしまう。ごまかす口実を考案するのにその機能を使えばいい。誘惑に直面しているときに、頭の中で展開される葛藤を思い出してみると、この両者がせめぎあっている。「いやでも今日は特別だし」「いやでも我慢してがんばらないと」「でもちょっとくらいならどうってことない」「いやそれで前回失敗したじゃないか」等々。人の中には、「甘いものを食べたい」「異性をひきつけたい」「危険を避けたい」「怠けたい」「子供を作りたい」「養育費は払いたくない」「社会に受け入れられたい」等々いろんな欲望がうずまき、それぞれが満たされようと自己主張する。マーヴィン・ミンスキーが『心の社会』（産業図書）で言う、心の中にたくさん巣食っていて協力と競争を繰り返す、ソフトウェア的な「エージェント」だ。それらは相互に手を組んだり敵対したりして、自分が勝ち残ろうとする。その調整プロセスが、ぼくたちの感じる意志だというわけだ。

c－3 意志はなぜ自由＝予測不能か

そしてこの葛藤はどこに落ち着くだろうか？ これは予測がつかない。たとえばダイエットで「もう過去に何度も失敗したし、どうせ今度もダメだ」と思ったら、その分だけ長期の利益（スタイルがよくなること）が実現できる期待値は下がる。するとその分、短期の誘惑が相対的に魅力的となり、人は誘惑に負けてケーキを食べてしまう。するとまた本当にダイエットに失敗して「ほらやっぱりダメだった」ということになる。一方、過去に誘惑にたくさん勝ったという自信があれば、長期の利益も実現できそうに思えて、期待値はあがる。すると誘惑は小さく見え、我慢するのも楽だ。人は、自分の意志力について過去の実績をもとに見積もりをする。その見積もりは、自分が誘惑に耐えて長期の利益を実現できるかという見通しに影響する。その見通しは、誘惑の相対的な大きさを左右し、それに耐えられるかを左右する。そしてこのフィードバックは、すぐに悪循環／好循環に陥り、ちょっとしたちがいがものすごい結果の差を生み出す。つまり、意志は自分自身の過去に強く影響されるが（いやそれだからこそ）、どういう結果になるかは予想できない。その一方で、過去の選択に影響されつつも、新しいカテゴリーやルールの設定を思いつけば、結果はちがうところに落ち着く場合もある。過去の自分とつながりつつ、予測できないという自由意志の矛盾する条件も、これで解消されてしまう！

双曲割引とその加算性という想定だけで、著者はここまで説明してしまう。なぜ人は、各種選択肢の価値をパパッと計算して、すっぱり意志を決められないんだろう。なぜ人は、いったん決めたことをくよくよ悩み、撤回し、またそれを再撤回し、逡巡するんだろう。そしてなぜその意志がどこに落ち着くか（自分の意志なのに！）予想がつかないんだろう――つまり自由意志はなぜ自由なんだろう？　こうした問題は、これまでの理論ではほとんど太刀打ちできなかった。本書は、それをあっさり説明しきってしまう。

c－4　意志の副作用

さて、ここまでの話はかなり堅実なんだが……それだけでもすごいのに、本書はここからさらにとんでもない暴走ぶりを示す。意志を持ったこと――目先の誘惑を退けるのが上手になりすぎたことで、人間は逆に不幸になっている面がある。なぜ生活が豊かになったにもかかわらず人々は欲求不満をかえってつのらせたりしているんだろう。意志を持ったことが本当に人間にとって幸せだったのか？　下手をすると、その害のほうが便益よりも大きいことだってあるんじゃないか？

もちろんこれまでにも、文学的表現やお手軽な自然回帰として、あるいは宗教的なお説教として意志を持ってしまった悲しみを語った人たちはいた。だが、それを本気で理論化する人がいるとは思わなかった。ところが、本書はそれをやってのけている。

さっき述べたように、強い意志力を持つためには、言い逃れの余地のない強いルールやカテゴリーを定めるのが有効だ。ところがそれが変に硬直化しすぎると、環境変化に柔軟に対応できなくなる。飢え死にしかけてもダイエットを続けずにはいられない拒食症のような状況ももたらす。本当に本人の最長期の利益になるのは、あまり食べ物のことなんか気に病まずに中庸を保つことだが、意志はこうしたあいまいなルールよりは、明確な白黒つけやすいルールを好んでしまう。意志に頼ると、こうした本当に自分のためになる選択がかえってできなくなることだってある。

あるいは失敗への対応だ。「クスリやめますか、人間やめますか」と言われて、クスリをやめた人間はいいだろう。だが、これでも我慢できずにクスリをやってしまった人はどうだろう。もう、その人は、人間をやめたようなものだから何を言われてもずるずるクスリを続け、かえって立ち直れなくなる。

ちなみに、これは引きこもり支援の苦悩でもある。うまく外におびき出して、簡単でもいいから仕事につかせて社会復帰させよう、というのが狙いなわけだ。そこで最初に部屋から連れ出すときには「いや気軽に考えて、失敗してもクヨクヨしないでいやならやめればいいんだからさあ」と甘言を弄することになる。ところがいったんその仕事についてくれたら、こんどは「逃げちゃダメだ！　死ぬ気でガンバレ！　もう後がないぞ！」と思わせないと、つまんないことですぐに根をあげてしまう。でもそれを言い過ぎると、それで本当に挫折してしまったときに引っ張り出すのがもっと困難になり……。ほどほどにがんばりなさい、と言えればいいんだが、それだと人はすぐに自分をごまかして易きに流れてしまう。引きこもりもまた、中くらいのところに落ち着きにくいという意志の持つ性質が生み出した悲劇なのかもしれない。

さらに、いまの引きこもりの例でいえば、「あとがない！　逃げちゃダメだ！」と自分を叱咤激励して仕事をしているときには、その仕事自体の価値のために仕事をしているわけじゃない。「逃げない」というルールを守るために、中身はなんでもいいから仕事をしている状態となる。ルール——つまり強い意志——に従って何かをやるのは、往々にしてその行為自体の喜びを奪ってしまう。腹が減っていないのに、一日三食というルールを守るために食事をしたり、という例はたくさんある。子供の頃に、食べたくもないのにご飯を無理に食わされて、食事がうっとうしかった人は多い。それはまさに、自分の楽しみや欲望よりルールを重視するという意志の副作用だ。

そして、意志の働きにより合理性が高まったために、満足度が減ってしまう行動というのもたくさんある。たとえば旅行。旅の楽しみの半分は道中にあると言われるけれど、それがどんどん合理化され、効率の高い輸送手段ですぐに目的地に到達できるようになったら、旅全体で得られる満足度は半減する。映画でも、前段での（場合によっては退屈な）盛り上げや仕込みがあって、はじめて結末が効果を発揮する。ところがビデオで早送りできるようになってしまうと、そういうのをついつい飛ばし、結果として結末で得られる満足も減ってしまう。あるいは、旅行でも映画でも、その他多くの活動でも、結果が予想できないということがしばしば満足度に大きく影響する。ところが、合理的な判断をするために人はどんどん事前に情報を集めるようになり、結果として旅行にでかけても、「ガイドブックと同じだった」というだけだったり、あるいは結末があらかた予想がついてしまったりして、楽しみはどんどん減ったりする。

実は、と著者は述べる。文明はこれまで、こうした合理性を回避するための手口を巧妙に構築していた。殻付きのカニがうまいのは、チマチマほじくって喰うことで目的に簡単に到達できないようになっているからだ。人がスティーヴン・キングの分厚い本を読むのも、二次元萌え画像等によるオナニーより他人とのセックスを（通常は）好むのも、あまり意味がありそうにない社会的な儀式やしきたりをあれこれ用意するのも、そしてこれだけビデオが普及しても人がわざわざ映画館にでかけて映画を見るのも、時間をかけるとか、予測がつかないとか、手に入りにくい、あるいは早送りしたくてもできないといった状況を創り出し、意志の暴走による合理性を阻止するためのものだった、と！　そして今の世界は合理性と意志の力が、従来の不合理な制度を次々に破壊しているけれど、それは本当に人間の幸福に貢献しているのだろうか？　それはゆっくり時間をかけて楽しむべき食事をファストフードのドカ食いに変え、ゆっくりした相互の探索によるセックスの楽しみを、AVと南極一号と電動コケシによる急速オナニーに取り替えるような、二時間の映画を早送りして五分で見て観た気になっているような、そんな不完全燃焼じみた欲求不満状態を至る所に創り出し、そしてそれが徐々に増殖しつつある各種ラッダイト的な運動やオカルト崇拝などの温床ともなっているのではないか――

これは、そういう本だ。双曲割引とその加算性という単純な（そして動物実験で実証的に示された）事実から、ここまで話が広がってしまうとは！　そしてすでに述べたように、これは本書のメインのあらすじでしかない。枝葉に出てくるもののとんでもなさ（そしてそれがすべて双曲割引で説明できてしまうという驚き）はちょっとここでは説明しきれない。今の話の流れを頭にいれたうえで、拾い読みでもいいから本文をきちんと読んでほしい。必ずや驚愕するとともに、途中でいったい自分が何の本を読んでいるのやらわからなくなり、めまいすらおぼえることだろう。

d　著者のこと

著者ジョージ・エインズリーは、精神科医として働いており、臨床医として活動する一方で、本書にまとめられた異時点間交渉問題を一貫して研究し続けてきており、双曲割引理論の主導者の一人である。論文などは多いが、著書としては前著『ピコ経済学』に続いてこれが二冊目。しかも前著『ピコ経済学』

はほとんど入手不可能に近く（古書市場にも滅多に出回らない）、現時点で入手可能な本はこの一冊だけといっていい。著者のサイト http://www.picoeconomics.com には、関連論文などもアップロードされていて多少参考になる。

ちなみにかれの師匠であり、本書が献呈されているハーンスタインは、この双曲割引を導く原点となった、マッチング則の発見者であり、行動心理学の重鎮であった。ハトに、エサがたくさんもらえるボタンと少なくもらえるボタンとを並べて提供すると、別にたくさんもらえるほうばかりをつつくわけではない。それぞれ、もらえるエサの量に比例した努力が注がれる。エサの量が十対一なら、ハトがそのボタンをつつく回数も十対一になる。報酬と努力とがマッチングするわけだ。これを使うと、つつく回数をもとに、ハトがその報酬をどれだけ評価しているか定量的にはかれる。そしてハーンスタインは、報酬の量ではなく、報酬が出てくるまでの時間でもこれを確認した。本書のベースとなる実証実験も、これを発展させたものだ。なおかれは、知能と社会的地位についても研究が多く、それをまとめた『ベルカーブ』という本で、かなり不当なバッシングにあってしまったのは不幸なことだった。

e　本書のすごさ

本書訳出のきっかけとなったのは、デネット『自由は進化する』で非常に高い評価を受けていたことだった。だが、本書の中身は、実は『自由は進化する』よりすごい。というのも、デネットはある意味で、少し議論をごまかしていたからだ。

たとえばデネットが「自由」というとき、それは人がますます長期の合理性を選択できるようになる、という意味、つまりは本書で言う短期の誘惑からの自由という意味だった。そして「社会に縛られてるみたいでいやだなあ、不自由だなあ」という愚痴に対してデネットは、ある意味でずるい議論のすり替えをやった。「いや、社会の要請というのは、人が短期の誘惑から逃れて、長期の合理的利益を実現するためのものなんだよ。それは不自由に感じられるかもしれないけれど、実は目先の欲望にとらわれるしかない畜生どもよりも人間がいかに自由かを示しているんだ」と。

これは一理あるんだが、一理しかない。そう言われたところで、自分が社会のルールに縛られているような気がするのは変えられないのだ。不自由が実は自由だ、なんてまるでニュースピークではないか。だが本書は、そうした不自由をちゃんと論じることができている。各種のルールに縛られて自由になれない状況は確かにある、と本書は述べる。それは短期の誘惑から逃れようとして、白黒の判別しやすい明確すぎるルールに頼ってしまう傾向からくるんだ、と。そして明確すぎるルールは、逆に柔軟性を持ちにくく、「ほどよいバランス」といった望ましい状態をかえって遠ざけてしまったりする。だからきみは社会のルールが必要以上に拘束的だと感じてしまい、結果として不自由さを感じているんだ、と。なるほどね。

そして本書の自由意志の議論も、デネット『自由は進化する』よりもきちんとしている。デネットの議論は、要するに未来は決まっていても、それはだれにも計算しきれない、というだけのものだったが、意志の自由――それが予測不能だけれど過去の自分によって左右される――というのをあまりきちんと説明せず、各種ライバルの議論を論駁しただけで、前出の社会の話に移ってしまう。その意味で、あまり自由意志の話をきちんと詰めたとは言いにくい部分があると思う。本書の議論では、意志は自己フィードバック構造を持った仲介プロセスなので、そのフィードバックにより生じるカオスのために、わずかなちがいがすさまじい結果の差を生み出す。この意味で意志は決定されているんだけれど、決して（だれにも）完全には予想できない。ぼくはこの解答のほうが、問題に正面から答えていて答えとしても納得がいくと思う。

だが、本書が本当に波乱含みなのは、意志の副作用というところまで考えを進めたところだ。デネットの本では、意志は文句なしによいものであり、それを改善することで人はよりよい、長期的な利益を確実に実現できる合理的な状態へとどんどん発展することになっていた。ところが本書は、そうならない可能性を指摘する。

本書の説では、そもそも意志が生じたのは、双曲割引という遺伝的なプログラミングから生じる短期の誘惑に対する対抗手段としてのことだった。そして、双曲割引は目先に惑う不合理な選択を強いるという意味では不合理だけれど、種としての生存には合理的かもしれない。合理的に考えたら、結婚だの子作りや子育てだのという活動は、とても割にあわないので、子孫を残したがるやつなんかいなくなり、種が滅びる。目先の誘惑に負けて異性を押し倒してしまい、できちゃった婚がたくさん発生したほうが、子孫が残りやすいのではないか？* 意志の発達と合理性の浸透は、確かに少子化を引き起こしているようだ。合理性は本当に人類のためになるのだろうか。

さらに、これまで述べてきたように、現在のような形の意志は短期の誘惑に負けないという意味では

＊　余談ながら、双曲型割引の進化論的な存在理由は、著者が挙げたもの以外にもう一つ考えられると思う。回路設計が実に簡単で実装しやすいから、という可能性はないのか？　だがこれは、この次の段階、フェムト経済学（というよりもうすでにただの大脳生理学の領域だが）のテーマとなるだろう。

合理的だが、本当に最も望ましい合理性を実現できない可能性がある。さらに、意志の求める明確なルールのため、なんでもかんでも拙速かつ明確な形でこなそうとする傾向が強まり、かえって人々は欲求不満をつのらせるようになっている。意志を持ったこと——そしてそれにより合理性を追求したこと——によって、人は短期的な衝動からは逃げられた。だが長期的な最も望ましい状態にも到達できなくなってしまったのではないか？

人によっては（たとえばデネットなら）それは単に局所的なピークにふん詰まってしまうという問題にすぎない、というかもしれない。ランダムな要因を加えることで、合理性のグローバルなピークに到達できるはずだ、と。だが、これははっきりしない。現在の意志のあり方では、それは実現できるかどうかわからない。エインズリーは、これまでの文明の崩壊が実はこのせいではないか、とすら示唆する。人は繁栄に伴う拙速な欲望充足に飽き飽きしたために、文明をうちこわして生活水準を後退させてまで苦労や時間をかけた欲望充足による満足感を復活させようとしたのではないか？

ここまでくると、もはや実証の範囲をはるかに超えた仮説になってしまう。しかし中国文明やヨーロッパ文化の攻防を見ていると、この見方もあながちピント外れではないのかもしれない。多くの文明が、その爛熟期から一気に転落するのは、まさにこのせいかもしれない。少なくともダイヤモンド*が『文明崩壊』で強引にこじつけたような、環境破壊による文明崩壊論よりは一般性があるのではないか。

そして、双曲割引は人間に迷いと後悔をもたらした迷惑な存在である一方で、それがあるが故に人間は意志を持つようになっている。ぼくたちが人間であるというすべては、まさにこの双曲割引の存在——そしてそこから発生する優柔不断と逡巡——にかかっているのだ。ぼくたちがいずれ、進化や生態改造等何らかの手段により完全な指数割引を備えるようになり、あらゆる場合に怜悧な計算と合理的な判断ができるようになったら――そのとき、もはや意志は存在する必要がなくなり、人間は人間であることをやめるだろう――本書はそう示唆する。本書のテーマが、人間の本質にまで及ぶと述べたのはこういう意味だ。

f　双曲割引関数に対する批判

さてこの説はどこまで一般に認知されているのだろうか。友野典男『行動経済学』（光文社新書）は、従来の合理的経済人という想定をくつがえす最近の各種研究を非常に要領よく紹介している好著となっているが、その中でこの双曲割引も紹介されており、すでにかなりの市民権を得た発想なのだということは容易に見て取れる。ただしぼくの見たところあまり好意的な紹介ではない。むしろ、双曲割引に批判的な各種の説に重点をおいた紹介がなされているように思う。

たとえば、マリッジ・ブルーや、バンジージャンプ直前の尻込み、本番恐怖症のようなものがある。明らかに大きな利益が得られるイベントを選好したのに、土壇場になってデメリットが急に大きく見えてやめてしまう、という現象だ。これは双曲割引で説明できない、と述べて、人が時間に応じて（そして実現可能性とあわせて）イベントを解釈するのだ、という時間解釈理論が挙げられる。うーん。ぼく

＊　なお、これは各種ラッダイト説が、理屈はまちがっていても危機意識としては五分の理があったことを示すものではある。ただし、なぜラッダイト説がこの双曲割引を自分たちの肯定論として使えないかは本文中に説明してあるので、ぬか喜びする前に熟読されたい。

は十分説明できていると思うんだが。少し遅れてやってくる大きな利益（結婚の喜び、バンジージャンプの爽快感、ステージでの脚光等）があっても、その手前に来る小さなコストが直前になると大きく見える、というまさに本書で述べられている双曲割引の枠内だと思うのだが。

また、人は各種の条件を見るとき、似たものは無視してはっきりちがうものにだけ注目する、という実験も紹介されている。この性質のため、双曲割引では説明できない選好が出現するそうだ。なるほどこれは興味深いのだが「双曲割引が有力な理論であることに疑問を投げかける」（二三八頁）とまで言えるものか？　そして双曲割引について「心理学的裏付けは不十分」『経済と心理学』という名の研究プログラムに値しない」というルービンスタインの見解を大きく紹介するのだが（二三八頁）、素人的に考えるとハトやラットでも繰り返し実証され、人間でも示され、これ以上の裏付けが必要とは思えない。確かにヒトはひねくれているし、そうしたアノマリーが起こる余地はあるが、双曲割引をすべて否定するに足るほどのものとは思えない。

だが、これには訳者としてのひいきめもあるのだろう。こうした批判もあるということは念頭において お読みいただければ幸いだ。

g　双曲割引関数の可能性

さらにこの『行動経済学』で各種批判が紹介されるときでも、「双曲型割引は、最近の経済学界ではほとんど疑問の余地なく成立するように論じられたり、それを前提にしてさまざまな理論的・政策的含意が語られることが多いが」（二三八頁）という前置きがついている。すでに一部の世界では、もはや疑問の余地がないとすらみなされているほど確立された理論であるわけだ。その点にはご留意いただきたい。それほど広まっているこの概念が、日本では（少なくとも一般書のレベルでは）行動経済学関連の著書で軽く触れられるにとどまってきたのは残念至極。今回、それがはじめて基礎から広範な可能性にいたるまでまとまった形で紹介されたわけだ。経済学、心理学、その他各種分野の方々に、是非ともこの可能性を理解していただき、さらに発展させていただければ幸いである。応用の余地は実に広いのだから。

たとえば現在、人工知能を造ろうとする試みは続けられているし、また機械が意識を持つようなアニメや小説も結構人気がある。それが実現可能かについては大きく議論がわかれている。一定以上の複雑さを持つ情報複合体（たとえばコンピュータやニワトリ）は必然的に意識を生み出す、だから今のコンピュータをそのままでかくすれば、いずれ意識が生まれる、という立場がある一方で、何か謎の因子——素粒子物理の不確定性をもつ管状組織など——がなければ意識は生じないとする説もある。また頭の中に自分自身のモデルが構築されたときに「自我／意識」が発生するのだ、という説があるし、「常識」となるいくつかの命題さえ教えれば知性＝意識は生まれるという説もある。だがもし本書の説が正しければ、意識を作るアプローチには修正が必要となるだろう。

一方、これはすでに欧米では応用例がある話だが、この双曲割引は環境問題などにも大きな意味をもってくる。地球温暖化の影響を考えるとき、通常使われる指数割引では一〇〇年後の被害など現在価値ではほとんどないに等しくなってしまう。このため、環境問題を重視した環境団体などは、割引率が高すぎる、もっと将来の被害が大きくなるように割引率を減らせ、と言い出す。しかし、割引率というのは人々の価値評価から導くべきものであって、自分の欲しい結果にあわせて勝手にいじる性質のものではない。だが、人々が双曲割引をしているなら、出てくる結果もかなりちがってくる。そしてもう少し実感にもあい、また我田引水な数字のお遊びでもないきちんとした環境問題への応用も可能になるはずだ。もっとも、これはこれでまた別の問題を引き起こすのだが。

一方、本書でいろいろ挙がっている実験も、結構簡単にできておもしろいものが多いので、試してみるとおもしろいかもしれない。ただし途中に出てくる、麻酔をかけずに歯の治療をしてもらう、という実験はやめたほうがいい、と忠告しておこう。死ぬほど痛いので。

そして何より、自分自身の意志決定を冷静に見つめ直すにあたっても、本書は役に立つ……かもしれない。何かを衝動的に決めようとするとき、自分の中での葛藤を今一度見直して、自分が何をしようとしているのかが少し客観的に眺められるようになったりする。自分の意志がいろんなグループ化方法や逃げ口上をいれかわり考案しては場に持ちだしてくるのが何となくわかったりする。自分が何を逃げようとしているのか、あるいは自分自身が変な硬直したルールを作っていないだろうか？　ちゃんと最長期の利益に資するような選択をしているだろうか？　もちろん原理的に、そうしたルール等は自分では気がつかないうちに形成されているはずだが、それを意図的に努力して探してみるのは、それなりに役に立つ。そしてそれが、衝動に負けず、一方で柔軟性も持った選択を可能にしてくれるのなら、本の効用としては文句なしだろう。

h　謝辞など

本書の翻訳は二〇〇五年中にあげるはずが、諸般の事情で予想外に長引いた。原文は一文がかなり長く続いてわかりにくい部分も多かったが、会話調の読みやすい文体を目指した著者の趣旨を尊重し、翻訳にあたっては必要ならどんどん文を切って、これでもなるべくわかりやすさを優先したつもりだ。訳にそんなに極端なまちがいはないはずだが、もし何かあれば以下のURLに公開する : http://cruel.org/books/breakdown/。

著者エインズリー氏は、名前の読み方も含めいくつかの質問に快く答えてくれた。ありがとう。また、本書の編集は、デネット『自由は進化する』に続いて牧野彰久氏が担当なされた。

二〇〇六年六月

東京にて　山形浩生

18. もちろん，障害の「市場」などという言い方は奇妙だが，こうしたものは少なくともジョークでは認知されている．例, *A Prairie Home Companion*における Garrison Keillor 製作の「The Fearmonger's Shop」のコマーシャル．

19. 時には機知の標的はかなりさもしいものだったりする．たとえば商人や弁護士，介護者などは，プロ意識っぽいものを作って顧客との関係の持つ交渉的な部分から気をそらすことができれば，収入面では都合がいい．だが一部の人のプロ意識は誠心誠意のものだ．誠実な人々が最も金銭的に成功を収めるかもしれないが，だからといってその誠実さが否定されるわけではない．経済学者Robert Frank（1988）は，社会が偽造しにくい立場についての知恵を発達させて，自分の商品を売る人が本物の誠実さに到達しない限り成功しないようにするのだと述べている．

20. Martin（1991）.

21. 「共感障害」の患者は，具体的な作業の下にある共感的な目的をまったく理解しない（例，Putnam，1990）.

22. Lorenz（1970，p. 355）.

23. Plato（1892，p. 329）（『饗宴』，pp. 203 – 204）.

24. Toynbee（1946）．経済学者 Mancur Olson（1982）は，法的に保護された特殊利益の成長が国の適応力をますます奪うことを指摘している．だから破壊的な戦争は森林火災と同じく，成長を更新させる力を持つのかもしれない．

第11章　欲求を維持する必要性が意志を圧倒する

1. 例，Gergen（1985）; Harland（1987）も参照.
2. こうした機会の良否に関する基準は，心理学者 Nico Frijda の分析において感情的な反応を決める「状況的な意味の構成要素」とほぼ同じ範囲をカバーする：「客観性」は自分のコントロール外にあることと対応，「関係性」「困難」「緊急度」「真剣さ」「明快さ」は稀少性と対応し，「現実度」は真実と，「変化」「奇妙さ」は意外性と対応する.「誘意性」と「要求特性」はきちんと機会づけられた場合の感情の価値をあらわす（1986，pp. 204 – 208）.
3. マイナス感情があまり習慣化しないのは，マイナス感情や愛憎半ばする感情が機会の続く限り誘惑性を維持し続けたほうが適応力が高まるからかもしれない.
4. 愛他性が原初的な動機だと信じる論者（例，Batson & Shaw，1991）とそれが利己的快楽に還元できるとする論者（Piliavin et al., 1982; Sen，1977）との間では活発な議論が展開されている.
5. 他人の苦しみにユーモアを見る：Berger（1987）；またLaFave et al.（1974）でのHobbes.
6. サディズム：Benjamin（1988）；犯罪者を買い取る：Origo（1959）；コンド族：フレーザー『金枝篇』，Davies（1981，pp. 78 – 82）での引用.
7. Povinelli et al.（1999）.
8. Hinshelwood（1989，pp. 68 – 83，179 – 208）.
9. Schilder & Wechsler（1935）.
10. この種の説明は，「自我の境界」という微妙であまりはっきり定義づけられていない領域の背景にあるもので，時にこれは感情的な健康では中心的な役割をなぜか果たす（例，Masterson，1990）.
11. 1995，p. 381.
12. 意志の制約をモデル化したのが伝言ゲームだ：一人があるお話をでっちあげて，それを別の人に聞かせる．聞かされた相手はその話のどの部分も否定したり削除したりはできない．それまでのお話で登場人物を自分の進む方向に動機づけるため，自分の語る部分のニュアンスによって続くプレーヤーの印象を変えるしかない．似たようなプロセスが，感情そのものを避けずに感情的な誘惑を律する手段として存在するかもしれない.
13. George F. Will，*The Washington Post*の記事，*The International Herald Tribune*，1999年6月27日版での引用.
14. Hirshman（1967，p. 13）．これを指摘してくれたDenrell Jerkerに感謝.
15. スタンダール『赤と黒』II. XII，Elster（1999a，p. 214）での引用．登山家Willi Unsoeld は，ある登山で同伴した娘が死亡し，別の機会で足指すべてを失ったにもかかわらず（あるいはそれ故に）登山に没頭し続けている理由を述べている（Leamer，1999）.
16. Ainslie（1999，pp. 80 – 83）に追加の議論あり.
17. 1999年4月14日.

に適切となるような生得的な性質がある．感情を育んで，それを好きなときに呼び出せるようになっても，挑発されたときに怒ったり，高いところや見慣れぬ環境で怯えたり，降ってわいた幸福に思わず笑い出すほど喜んだり，といった事前の傾向は自然が与えてくれている．私が言いたいのは，自然の刺激は単に関連する感情のために用意された機会でしかなく，経験の浅い生命体が空白の石版にとどまるのを防ぐような事前の溝だということだ．だがそれはこうした感情にとっての必要条件でもなければ十分条件でもないし，目標指向的にオーバーライドすることもできるのだ．

6. 実際には，役者たちが自分の演じる感情を主観的に経験する必要があるかどうかについては，役者たちの間でも昔から議論が続いている．Archer（1888）；Strasberg（1988）; Downs（1995）を参照．だが役作りのために本当にそれになりきるという手法はまちがいなく学習可能である．多くの論者がこの道筋をどうたどるべきかを述べているが，その記述はずいぶんとまわりくどく，まるでタコの作り方や自転車の乗り方の説明書のようだ．Archerはこの問題について多くの役者にインタビューを行った；メソッド教師 Lee Strasbergはこれを肯定した．Downs は反対した．
7. 心理学者Brehm and Brummett（1998）は，感情にさえこの役割をあてがっている．
8. Douglas（1966, p. 37）; Empson（1930）.
9. Lorenz（1970, p. 354）.
10. Empson（1930）.
11. 審美的研究者：Berlyne（1974）; Scitovsky（1976）;「世界は曖昧である」（Herzberg, 1965, p. 62）;「人が曖昧な生き物である限り」（Becker, 1973, p. 92）.
12. 食物のような具体的な財でさえ，その影響のほとんどはその生命体がそれを獲得できると確信した瞬間に訪れ，それが実際に手元にきたときではない――つまり，その見通しがまだ意外性を持つときが最大の力を持つ（Mazur, 1997）．これは脳の報酬部位が意外な情報にしか反応しないという発見とも一貫性を持つ（Schultz et al., 1997）.
13. Rhue & Lynn（1987）.
14. Frank（1988, pp. 9－12, 114－133）；解離についてのさらなる議論はAinslie（1999a）を参照．
15. Dewsbury（1981）; Fisher（1962）; Wilson et al.（1963）; Walker & King（1962）.
16. Tomkins（1978, p. 212）.
17. Lorenz（1970, pp. 355－356, 357）.
18. Sartre（1948）；混じった感情：Elster（1999b, p. 41）; Frijda（1986, p. 207）；パニック：Clum（1989）; Bouman & Emmelkamp（1996）; パニックと自殺：Weissman et al.（1989）；第4章1－4節を参照．

1. この発想は Adam Smith (1759/1976) が初めて詳説したもので，経済学者 Julian Simon によって効用主義的な文脈に置き換えられた——が，その論文に続くコメントを参照 (1995).
2. Elster (1981); Wegner (1994). これは目新しい発想ではない.

    現世の幸福は，訪れるときには偶然に訪れる．それを追求の対象とすれば，いたちごっこに終わり，決して達成されない．何か他の目標を追求すれば，思いもよらなかったときに自分が幸福をつかまえたことに気がつくかもしれない．(ナサニエル・ホーソン)

3. 同じことが，効用理論的に見た商業の市場そのものについても言えるし，現代社会において意志とともに洗練度を増した会計方式についても言える；内部の市場も商業市場も，明確に定義できる財についての期待を最大化する手段である．グレシャムの法則の変種として，定義できる財は体系化された市場から微妙な財を駆逐する.
4. Elsterは，この議論の非常に納得できる変種を経験的なことばで述べている (1999b, pp. 149 – 165) が，究極的には動機的な説明を必要とする要素を使っている．これについては後述.
5. 伝統的な見方では，感情を呼び出すことを身につける役者などの人々は，それを「連想」によって行うのだということになる．つまり感情に対する「自然」な刺激と対になった条件刺激を見つけるということだ．なんといっても役者は，悲しい演技をしたければ，自分自身の悲しい記憶を思い出せと指導されるわけだし．この見方では，目標指向の感情は自発的なものの空疎なまがいものでしかない——Elster の表現では本物に対して「寄生するもの」ということになる (1999b, p. 152)．だが条件付けがこのメカニズムのプロセスであるなら，その人の感情は無条件刺激が繰り返し起こらない限り，だんだん消滅するはずだ——ちょうどパブロフの犬たちが，ベルの後に食物が続かなくなると唾液を出すのも止めてしまったように．ところが感情は，ますます直接的にやってくるようになる.

    感情は確かに平滑筋や腺の反応のように，限られた学習性しか持たない．膀胱の括約筋は平滑筋だ．その制御は肛門筋より後で学習されるものであり，決して骨格筋の制御ほどは微細にはできない．たとえばリズムをつけて収縮させたりはできない．だがその動きは明らかに自発的なものであり，条件付けられてはいない．もっと極端な例としては，拒食症患者はのどに指やスプーンをつっこんで吐くことを学習し，さらにはそれを行うことを想像するだけで嘔吐できるようになる．これは一見，嘔吐反応を自分に条件付けしたかのようだ．だがやがてかれらは，嘔吐性の刺激を想像しなくても，嘔吐したいと思うだけで嘔吐できるようになる．もしこのメカニズムが条件付けられているなら，時々は実際に指を使って条件反射の消失を止めなくてはならないはずだ.

    これは別に，感情が単に報酬の一時的パターンだということを否定するものではない．そこには，食事やセックスと同じく，ちがった様式が個別状況に特

(1998).

13. Erdelyi（1990）が指摘したように，精神分析家たちが「抑圧」と呼ぶ，無意識でも目標指向型の忘れようという努力は，意識的なもの（「抑制」）と性質上は変わらない．その無意識性は，個人的ルールにかかっているものを喪失しないためのインセンティブとして生じたのだと私は思う．
14. Aristotle : Bogen & Moravcsik（1982）; 最近の例としてはSjoberg & Johnson（1978）を参照.
15. Hilgard（1977）．この大きなテーマについては後出.
16. Herrnstein et al. (1993).
17. 失感情症 : Nemiah（1977）; 年間収入を最大化するためのルールのコスト : Malekzadeh & Nahavandi（1987）; 共感関係における感情的報酬の制約 : Ainslie（1995).
18. Heather（1998）もまたこの用法を批判している.
19. どちらの洞察もまちがっているわけではない．体重（Offer, 1998; Wickelgren, 1998）と極端なダイエットの例（Walsh & Devlin, 1998）がどちらも増えていることを述べている.
20. Sunstein（1995, pp. 991 - 996）; Bentham についての議論はpp. 1006 - 1007.
21. Casalino（1999).
22. Burnett（1969).
23. Thomas（1989).
24. グループ間で行動を平均する : 例，Miller（1994）; ルール指向の低い社会における不安定性の例 : Jaffe et al. (1981); Huizinga（1924).
25. 家族の態度におけるもっと複雑な変化のカタログはStone（1977）; 個人ごとにカスタマイズしたビデオのストーリーという話はよく述べられている．たとえば*Time*, 1998年6月8日.
26. Smith（1974).
27. ニューヨーク市ではすでに1800年代ですら，隣接する連棟住宅の住民たちは数十年間で一度も口をきいたことがなかったりした（例，Day, 1948, p. 316).
28. Kohlberg（1963）．道徳の共感的または「人間関係的」基盤も負けないくらい優れているという批判 : Gilligan（1982）; そちらのほうが優れているという批判 : Gergen（1994).
29. この関連性はおおむね臨床的な口承だが，ときどき論文にも顔を出す．例，Kainer & Gourevitch（1983); Morgan（1977).
30. おおざっぱながら有益な区別をまとめているのが*The Economist*（1997年6月21日，pp. 87 - 89).
31. Leibenstein（1976).
32. Macdonald & Piggott（1993).
33. Thomas（1989).

第10章　効率の高い意志は欲求をつぶす

Piaget (1932/1965); Kohlberg (1963).

2. キルケゴール：May (1958)；実存主義者たち：Ellenberger (1983); Kobasa & Maddi (1983)；小説家たち：Evans (1975).
3. たとえばDavison (1888, pp. 156－183); Ricoeur (1971, p. 11).
4. 精神分析：Hatcher (1973). 他の療法をまとめたのが Corsini (1984).
5. James (1890, p. 209); Loevinger (1976, pp. 15－26); Kohlberg (1973). Rachlin (1995a, 1995b) は，連続的な動機状態というのが「器官もどき」の言い換えにすぎず，行動主義的な言い方での唯心論的だと考えるため，この交渉メカニズムを否定する．これに対する回答はAinslie & Gault (1997); Mele (1995, p. 60); Hollis (1983, p. 260).
6. 動物たちもまちがいなく報酬を予測できるし，自分の過去の行動に依存するような作業を学習することさえできる；学習できる作業の例としては「前回の時に何度反応したかに応じて反応する」(Shimp, 1983) などがある．どうもジェームズ＝ランゲ＝ダーウィン効果のような再帰的現象（第8章3－3節参照）は人間独自のものではなく，ある状況で戦うか逃げるかを決めるのに，動物は独自のパニック信号を使うようだ．同様に，前回は逃げたと知っていることが，今回も逃げるという決定要因になるらしい．だが逃げるかどうかを決めるときに，それが次回の決断にどう影響するかまで考慮するとなると，ずっと頭を使う必要が出てくる．たぶん動物の分析能力を超えてしまうのは，自己予測そのものではなく，それがテストケース的な前例となるという発想なのだろう．かつて私はかなり時間を費やして，ハトが小さい即座の食物報酬を求めてつつくのを，異時点間囚人のジレンマとして見ることで遅らせられるかを調べたことがある．結果を見ると，できないようだ (Ainslie, 準備中).
7. 双曲割引曲線は原罪の説明に好都合な方式を作り出すが，ユダヤ＝キリスト教の聖書は「罪」ということばを，人々が自己コントロール装置として個人的ルールを発見した後の失敗に対して適用しているのかもしれない．「律法によらなければ，わたしは罪を知らなかったでしょう」（ローマの信徒への手紙7：7，新共同訳）．神学のかなりの部分は，一時的選好というアノマリーとその解決策としての意志力の不適切さを扱っているというのが私の読みだ．
8. 企業の意志決定は，再帰的であるほど硬直化する (Brunsson, 1985; Olson, 1982). 企業と個人のどちらにも見られる要因は，個人が見込み期間を過大に評価しがちであり，したがって失敗したという感覚を過大評価してしまう傾向である (Gilbert et al., 1999).
9. Bennett (1918, p. 80).
10. Elster は，中毒が病気であるという発想がこのように機能したことを論じている (1999b, pp. 129－133).
11. 私も最初は「悪徳領域」という用語をそのまま使っていたが (1992, pp. 193－197)，この現象のもっと詳しい説明の中で「失敗領域」のほうがもっと具体的だと提案した (1999a, pp. 71－73, 79－83).
12. 「強さ」モデル：Baumeister & Heatherton (1996)；対立プロセス：Polivy

対する批判としてはGarson（1995）；もっと高いレベルでの非決定論についてはRockwell（1994）.

14. ランダム性：Broad（1962）; James（1884/1967）;「駒になってしまう」危険：Ryan et al.（1997, pp. 721－722）. Dennett（1984）は，おそらく心も含まれると思われるカオス的な系は「世界をシャッフルしてそれが絶え間ない機会の場所であるようにする『実用的』（中略）な独立性の源である」（p. 152）と述べている．真のランダム性を求める人々に対してかれは「コンピュータが本当にランダムな数列を使おうと，疑似ランダムな数列を使おうと，何か差があるだろうか」（p. 151）と尋ね，そのちがいが原理的に検出不能であることを指摘する．ただしデネットは，なぜ心の中のカオスが自然のカオスとはちがった感じがするのかは説明せず，したがってなぜ結果として生じた選択が，単に起こったようには思えず意図されたように感じられるのかは説明しない.
15. 理性が情熱を選ぶ，たとえば Baumeister & Heatherton（1996）; Hirschman（1977, p. 27）における d' Holbach の引用.
16. Cf. 認知心理学者たち：Ryan et al.（1997, p. 708）：「自律性とは決定要因からの自由を意味するのではなく，その生命体がある決定要因より別の決定要因のほうに指向してそちらに付くことを意味する」
17. Hollis（1983, p. 250）.
18. Ayers（1997）でレビュー.
19. Garson（1995, p. 372）.
20. Sappington（1990）.
21. Kane（1989, p. 231）.
22. Pap（1961, p. 213）.
23. Nozick（1993, p. 41－64），1969年の最初の問題設定を引用しつつ．この問題については無数の分析が行われてきた．たとえば Campbell & Sowden（1985）; Quattrone & Tversky（1986）; Elster（1989b, pp. 186－214）.
24. Weber（1904/1958, p. 115）.
25. これはQuattrone and Tversky（1986）の発言.
26. この「診断的効用」の作業モデルがBodner & Prelec（1995）により開発された.
27. James（1890, v. 2, p. 458）; Darwin（1872/1979, p. 366）.
28. 心理学者 Irving Kirsch and Steven Jay Lynn は各種の目標指向型行動の中に，無意識の自己予測部分があることを実証する実験のレビューを行った：「反応の期待は（中略）自己成就的な予言の形で自動的な反応を引き起こす」（1999, p. 504）.
29. 例えばHurley（1991）.

第9章　意志力が裏目に出るとき

1. アリストテレス：Kenny（1963, ch. 8）; Kant（1793/1960, pp. 15－49）;

どう反応するかを予測できるかもしれない．だがこれまでの結果では，これは示されていない．

8. ペアを組んでの交渉や小集団での交渉という人工的な仕掛けは，異時点間交渉とのアナロジーをわかりにくくしているという議論もできる．ペアでは，あるいはそれより弱くなるが3人や4人のグループでは，別のプレーヤーの裏切りに対してこちらも裏切りを行って罰するのは合理的であり，協力を回復する手段となる．これはまさに Axelrod（1984）がきわめて成功する戦略としてあげた，しっぺ返し戦略そのものだ．だが，次々に交渉者が登場する大きな部屋は通常の異時点間状況のモデルとしてもっと適切なのに（第6章冒頭を参照），協力を回復したいと思うプレーヤーは直前の人が裏切ったからといって自分が裏切ってはいけない．というのもそれをやると，続くプレーヤーたちは全員が一斉に裏切りへと殺到しはじめた証拠だと思いかねず，よくてもそれが罰則のふりをした利己的な行動だと解釈する可能性がある．これは部屋にいる多数のプレーヤーたちが繰り返しこのゲームを行う場合でも変わらない．したがってペアによる交渉は，ほとんどの異時点間交渉とは部分的にちがうインセンティブを使っている．インセンティブが同じになる例外的なケースは，連続的な自己が二つのチーム（または起こりにくいが三つ，四つ等のチーム）として認識される場合だ．ある自己が普通の時間に就寝できなかったら，翌朝の自己は寝坊するという形で意味のある報復をするかもしれない．つまり未来の夜の自己たちは，夜遊びの楽しさにふけることに対する警告としてこれを理解し，裏切りへの殺到を続けるよりは協力したほうがいい理由と見なすかもしれない．

   だがこうした継続的動機状態をサブグループ化するのは，異時点間交渉においては一般的に成立するものではなさそうだ．ごく少数の人々の間での交渉は，普通は例外的だ．というのも，相手が新たに裏切ったらこちらも裏切るというのは，しっぺ返しの精神に則った警告となるが，これは意志においては一般的なアナロジーとはならないからだ．一方，相手の新たな協力に続くこちらの協力は，常に更新された協力関係の提案と見なされ，これは異時点間状況をきちんとモデル化している．したがって実験での非対称はアナロジーの非対称性からくると考えることもできる．ただし一点だけ問題がある．しっぺ返しでの協力は協力関係を修復するが，ここで観察される非対称性では，裏切りによる害は協力がもたらす便益より大きいということだ．したがって，少人数による人工性は，むしろ観察されたものよりさらに大きな非対称性を隠す結果になっているのかもしれない．

9. Elster（1999b, p. 20），実験の限界に関する包括的な議論の中で（pp. 13 – 20）．
10. Sorensen（1992）．
11. Kavka（1983）．
12. 意志決定コストについてMcClennen（1990, pp. 230 – 231）を参照；協調に関してはMcClennen（1990）とBratman（1987, pp. 106 – 108）を参照．
13. Garson（1995）．各種の両立論はDennett（1984）が徹底的に批判している．非決定論については，素粒子的非決定論についてはたとえば Landé（1961）．

いては年率約3%の割引率を合理的なものとして認識している；だが割引率が究極的には異時点間交渉における妥協からくるのだという認識は，価値評価の主観的な性質をあらわにすることとなる.

6. 中世の実在論vs唯名論の論争の後継者たちは，それぞれ論理実証主義者と社会構築主義者のようだ．たとえばHarland（1987）とMahoney（1991）．Ainslie（1993）も参照.
7. Rhue & Lynn（1989）; Smyser & Baron（1993）.
8. Ferguson（1989）.
9. 例 : Marlatt & Gordon（1980）．この主題についてはじきに詳述（第9章2‐2節）.

第8章　非線形動機システムの証拠

1. Rapoport（1990）; Smith（1992）.
2. このうまい表現がどこに出てきたか見つけられなかった.
3. Ryle（1949/1984）; Becker & Murphy（1988）; Baumeister & Heatherton（1996）; Kuhl（1994）; McClennen（1990）; Bratman（1999）; Rachlin（1995a）.
4. 何週間にもわたって量vs遅れの実験をやったハトは，強制グループ化などの特別な条件なしでも後の大きな報酬を選択する率を少し上げる．だがこれが起こるメカニズムははっきりしない（Ainslie, 1982; Logue & Mazur, 1981; Todorov et al., 1983）．驚くことではないかもしれないが，ハトたちは再帰的な選択は学習できないようだ．つまり，現在の選択を未来の選択に対する合図として見るようになったりはしない．ハトは現在の選択を過去の選択に依存させるような学習はできる（たとえば「前回長い反応をしたら右に曲がり，短い反応をしていたら左に行くように」: Shimp, 1983; Morgan & Nicholas, 1979も参照）．だがハトの自己学習能力はそこで止まる．原理的にいえば，ハトが自分の行動を将来の報酬予測のキューとして使うよう学習できない理由はなく，自分で一連の選択をグループ化できない理由もない．だが，後の大きな報酬を待つのが上手になったハトたちに関する網羅的な研究では，そうした自己観察を使う傾向はまったく生じなかった（Ainslie, 1982).

   自己言及的振る舞いはない :（Ainslie, 1982). Green et al. はまた，ハトが反復型囚人のジレンマにおいて，しっぺ返し戦略を取るシミュレーションの相手との協力を学習しないことを実証した（1995).
5. 例 :「いまあなたが行う選択は，毎回あなたがどういう選択を行うかに関する最高の指標となります．今日あなたが（小さい量）を選んだら，たぶんあなたは毎回（小さい量）を選ぶでしょう．（後略）」(Kirby and Guastello, 2000).
6. 相互協力は，一回限りのプレーでもすべてのプレーヤーの利益になるが，相互作用が続かない限り，プレーヤーとしてそうした結果を期待するのは不合理となる.
7. もしかすると，そのペアのこれまでの歴史における累積協力回数――総計でも，裏切りに対する比率でも――が，相手の裏切りを告げられたときに各被験者が器だと合理的になるとでも思うのかね？」(Lee Blessing の戯曲, *A Walk in the Woods*, 1988).

11. Wilson & Herrnstein (1985 pp. 389 – 403).
12. Brunsson (1985), 1章と2章.
13. Brennan & Tullock (1982, p. 226).
14. Shefrin and Thaler (1988).「野外心理学者」のJean Lave は, 家計が作り出す複雑な家計簿の項目を記述している. それはどうやら, 各種の目的のために取り置きしておくお金の相互流用度を下げるためらしい (1988, pp. 131 – 141).
15. Ainslie (1991) で論じられている.

第7章　異時点間の交渉を主観的に体験する

1. この論点をはじめて提起したのは Ogden and Richards (1930) の古典的著書であり, 特にpp. 124 – 125.
2. 「中世の発想によれば (中略) 新規の法律の施行はまったく不可能であった. そしてすべての法制や法改定は, 侵害された古きよき法の復活として見なされた」(Kern, 1948, p. 151 ; また各種の指導で恩を受けたRobert Palmer 1993, pp. 254 – 257も参照).
3. 例はElster (1999b, pp. 127 – 129) に挙がっている.
4. 衝動抑制からくる危険はおそらく罪悪感として体験されることが最も多いだろうが, 憂鬱症や強迫観念的障害では, 罪はずっとつまらないきっかけで起こることもある. ちょうど恐怖症の患者に恐怖が起きたり, 病理的な悲嘆に苦しむ人に恐怖が起こる場合と同じだ.
5. たとえばJevons (1871/1911) は「すべての将来の事象は (中略) あたかも現在起きているのと同じ力をもって我々に作用するはずである. (後略)」と述べている. もっと最近では, 割引が広く見られることを認めつつも, Pigou (1920, pp. 24 – 25) はそれを異常と呼んでいる：

   一般的に言って, だれもがある量の満足や快楽を現在受けるほうが, 将来同じ量の満足や快楽を受けることよりも好むし, それは後者が確実に起こるとわかっている場合でも成り立つ. だがこの現在の快楽に対する選好は, ある一定量の現在の快楽が将来の同僚の快楽よりも大きいということを意味するものではない――この発想は自己矛盾を含んでいる. それは単に, われわれの望遠鏡的機能が機能不全だということを示すだけである.

   多くの心理学論者も遅れを無視してきた. たとえば「達成のニーズ」の文献 (Raynor, 1969) はごく最近まで, 目標の価値に対する遅れその者の影響を認識しなかった (Gjesme, 1983).

   割引を不合理だと考える現在の論者たちについては経済学者 Olson and Bailey (1981) が論じている. 最近の人はおおむね, リスクフリーな投資につ

選択の影響を薄めたりはしないことに注意．よほど目立つ投資家でもない限り，個人が株を売買しても市場にはほとんど影響を与えない．だがこれまで説明してきたような状況での投票は，投票者が次々に選択を行うときに，現在という狭い通路をくぐらなくてはならない——いわば選択を行った後の15分くらいは有名で，次の数人の選択者たちは特にその前例を参考にしつつ自分なりの選択を行うことになる．この一時的な影響力は，しばしばその15分の後にまで選択の流れの方向性を変えてしまうことさえできる．

7. プレーヤーが，ゲームがいつ終わるかを知っていると話は変わってくるだろうか？

もちろん，自分が最後のプレーヤーだと知っていたら，協力する本質的なインセンティブはない．それでも協力するなら，それはその人が自分の動きをもっと大きなゲームの中で意味を持つものとして見ているというしるしだ．たとえば，それが聴衆の中でこれからも顔を合わせる人々との関係にどう影響するか，あるいはその人がコミュニティ意識の豊かな人物としての自覚を持てるか，あるいは極端な話，自分が宇宙的な原理に対して罪を犯すかどうか，といった意味合いをその人は感じていることになる．同じ理由で，最後から二番目のプレーヤーも，ゲーム内での所得を最大化しろという指示に従っているならば協力すべきではないし，同じ理屈で最後の10人は，協力したことで失う1ドル分を回収できるほどの協力者が後にいないので，協力しないほうがいいことになる．この論理はさらに進めてその10人の直前にまで適用できる．その後の10人が裏切るなら……というわけで，それがかなりさかのぼる．だが大規模な聴衆で，100ステップは少なくともゲームが終わらないのを知っていれば，最初のプレーヤーはなるべく協力しようとするだろう．自分の次の数人は，協力するのがかれらのためでもあることを理解するだろうとわかるからだ．これはどこかの時点以降のプレーヤーが確実に裏切ると知っていて，その後のすべてのプレーヤーも裏切ることになるとわかっていても成り立つ．

個人の中でも交渉の論理は同じだ．人はいつか自分が死ぬことを知っているし，したがって臨終の前日にはダイエットなんか守らないこともわかっている．その一日前でもそうだろうし，もう一日前でもそうだ．若く健康な人々が死に直面するときには，まれにそうしたルールからの逃避が起こるとされ，かつてペストが迫りつつある町では乱交が起こり，前線から休暇をもらった兵士が羽目をはずすのもそうした現象だ．だが強い食欲を持つほど健康な人にとって，死はずっと先だしタイミングもはっきりしないので，あるゲームで協力か裏切りかという選択は，長い将来にわたって先例として機能することになる．

8. Schelling（1960, pp. 53 – 80），およびElster（1989a, pp. 140 – 141）で詳しく描かれている．

9. 治療を受けた選別なしのアル中の長期的な再発率は，おおむね50%程度となっているが，「医療的に優位な体重の喪失を長期的に維持した例は珍しい」(Campfield et al., 1998).

10. 「通常兵器で合理的に振る舞った政府はいまだかつて存在しない．それが核兵いことも示した．細部を記述しようとしたとき，かれはどうしようもなく混乱している：

ある意見は普遍的であり，もう一つは個別のもの，つまり知覚が最終的な決断を下すようなことについてのものだ．あるもの（意見）がそこから生じると，魂は，最初の場合には，結論を肯定し，行動と関係する場合においては，即座に行動しなくてはならない．（中略）したがって，一方では普遍的なもの（意見）が味わうことを禁じ，一方ではすべての甘いものは快いという（意見）があり，そしてこの快いもの（そして作用するのはこの意見である）および欲望がたまたまそこにあれば，片方は避けよと述べるが欲望が動かす．というのもそれは各部分（肉体の）を動かす力を持っているからである．したがって結局は，アクラチックに動く人物は理性と意見の影響の元に動くが，意見は，しかしながら，それはそれ自体として正しい原理に対立してはいない――対立しているのは欲望であって意見ではないのである――がそれはたまたま対立しているのである．（『ニコマコス倫理学』1147a24 - b17）．

だがかれは明らかに，ある欲望の例を正しい普遍的カテゴリーの一例として見ることがそれをコントロールすることにつながるという話をしており，そしてそれをそのような形で見るのに失敗すれば欲望自体に支配されて，それをコントロールできなくなると語っている．この現象を記述した哲学者はかれが最初だった．哲学者 Justin Gosling によれば，ソクラテスやプラトンはこれについて語っていない（1990, pp. 25 - 37）．

27. 自己強制型の契約は Macaulay（1963）およびKlein and Leffer（1981）で記述されており，ゲーム理論を使って Stahler（1998）で分析されている．Howard Rachlin（1995b）はピコ経済学的意志理論の活性要素を「活動の法」に帰している．これは古い行動主義者の習慣力を指す用語だ．

第6章　内的利益同士の高度な交渉

1. Amundson（1990）．
2. Schelling（1960, pp. 53 - 80）は，限定戦争を明確に説明している．囚人のジレンマは，未刊行論文の中でAlbert Tuckerが記述したのが初めてである（Straffin, 1980）．その戦略はAxelrod（1984, 1990）で検討されている．
3. このため哲学者 Michael Bratman（1999, pp. 45 - 50）は，将来の自分に影響を及ぼすために行動するのは魔術的思考の一種だとしている．Jon Elster（1989b, pp. 201 - 202）も同じ考えである．
4. Fehr & Gachter（1999）．
5. この実験は，講義の聴衆に対して仮想的なお金を使ってやったこともあるし，志願した被験者で本物のお金をつかってやったこともある．人々はおおむね私がいま述べたような理由を口にする．
6. 集団が大きくなっても――このゲームのプレーヤー数でもいいし，ある人物内部の継続的な動機状態でもいい――，たとえば株式市場のような形では単一のらのデータによれば，引き延ばされた一連の報酬の選択をもっと正確に予測できるマッチング則のもっと一般化した複雑な表現があるようだ（Grace, 1994; Mazur, 1997）が，これはわれわれの分析にとっての意味を変えるものではない．

不快な経験が加算性から逸脱するという人間実験は両方にあらわれる：Frederickson and Kahneman（1993）は，すでに終わってしまった一連の事象は後の事象によって印象が薄れることを発見したが，Gilbertとその同僚たち（例；Gilbert et al., 1999）は被験者たちがこれから起ころうとする労苦が実際よりも長続きすると考えていることを発見した．

19. Bratman（1999, pp. 35 – 57）.

20. 将来の類似選択群という文脈の中で選択を行うと自己コントロールが増加する；Kirby & Guastello（2000）；選択を一連のものとしてまとめると，ラットは小さい早めの選択から大きくて後のスクロース報酬に切り替える：Ainslie & Monterosso（2000）．後者の実験では，砂糖水に0.4秒間のアクセスを即座に与えるのと，3.0秒遅れて0.6秒のアクセスを与えるのとで選択させると，ラットは常に前者を選んだ．0.6秒の報酬を3回続けるほうが，それより3.0秒はやい0.4秒より選ばれた．この場合も，最初の0.4秒のアクセスは即座だったにもかかわらず．

21. この束ね化などの双曲割引から導かれる現象は，一部の経済学者が扱いやすさのために採用した双曲面でも成り立つ（第3章注29を参照）．Roland Benabou and Jean Tirole は，こうした曲線から個人的ルールのほとんどの性質を導き出している（2000）．

22. 深夜の時点だと，夜更かしの価値は：

$$V_{\text{夜更かし}}=\sum_{i=0.5}^{1.5} 60/(1+i)=64$$

となり，仕事で疲れを感じない価値の差分は

$$V_{\text{就寝}}=\sum_{i=7.5}^{16.5} 60/(1+i)=49$$

選択がこれだけなら，おそらくは夜更かしして翌日つらい思いをすることになる．

23. 代替案の価値を考えると，次の10日間夜更かしをする価値は：

$$V_{\text{夜更かし}}=\sum_{i=5}^{1.5}60/(1+i)+\sum_{i=24.5}^{25.5} 60/(1+i)+\sum_{i=48.5}^{49.5} 60/(1+i)+\cdots$$
$$+\sum_{i=216.5}^{217.5} 60/(1+i)=78$$

これに対して早寝の価値は：

$$V_{\text{就寝}}=\sum_{i=7.5}^{16.5} 60/(1+i)+\sum_{i=31.5}^{40.5} 60/(1+i)+\cdots$$
$$+\sum_{i=223.5}^{232.5} 60/(1+i)=105$$

となる．

24. Kant（1793/1960, pp. 15 – 49）; Kohlberg（1963）.

25. James（1890, p. 565）

26. かれはまた一時的選好の説明なしにこの競合を筋の通ったものにするのが難し

pp. 24 – 25）での引用．経済学者 Robert Frank は，自己コントロール装置として機能するらしき感情の例をいくつか挙げている（1988，pp. 81 – 84）．

12. 心理学者 Julius Kuhl（1996）は似たような「自己制御の（中略）メカニズムや戦略」の一覧を提案しているが，心理外のものは含めていない：「関心のコントロール」「感情と活性化コントロール」「目標維持」「衝動コントロール」

Jon Elster の「事前コミットメントのための装置」はそれぞれこうした戦術のサブセットとなっている．かれは心理外の装置を「選択肢の破棄」「コストを付与する」「報酬を掲げる」「遅れを創り出す」「嗜好を変える（つまり早めの回避）」に分類している．関心のコントロールは「無知を引き起こす」，感情の準備を整えるのは「情熱を引き起こす」．これから論じるように，「交渉力に投資する（つまりは自分の信頼性を維持する）」は意志のメカニズムの一部だが，Elster はそれをわたしにとっての意志の中核メカニズムである選択のグループ化（これを Elster は「束ねる」と呼んでいる）とは区別して，「事前コミットへの代替案」と呼んでいる（2000，pp. 6，84 – 86）．同じようにわたしはかれが挙げる事前コミットの理由（「情熱の克服」「自己利益の克服」「双曲利益の克服」「時間的な一貫性欠如の克服」「選好選択変動の中和または防止」）はすべて，最終的には双曲割引の問題というたった一つの理由で動機づけられていると考えている．だがかれは少なくとも情熱は，この問題の例ではないと考えている（Ainslie，1999b；Elster，1999b を参照）．

13. アリストテレス『ニコマコス倫理学』，1147a24 – 28；Galen（1963，p. 44）；新しい力，力を弱い方に与える，行動をまとめる，反復によって強化：Sully（1884，pp. 631，663，669）；非反復に弱い：Bain（1859/1886，p. 440）；見た目は安定に保たれる：James（1890，p. 534）．

14. Heyman（1996）; Heyman & Tanz（1995）．

15. Rachlin（1995a）; Siegel & Rachlin（1996）．

16. Baumeister & Heatherton（1996）；哲学者たち：Bratman（引用）（1999，pp. 50 – 56）; McClennen（1990，pp. 157 – 161）；他のものはBratman（1994，pp. 69 – 73）で採りあげられている．

17. Rachlin（1995a，1995b）．

18. Mazur（1986）は，単一の食物報酬と，一連のもっと遅れた報酬との間では，単にそれぞれ量を遅れで割ったものを総和しただけのような振る舞いをしたと述べている．これは McDiarmid and Rilling（1965）のもっと精度の低い実験を裏付けるものである．同じように，心理学者 Dani Brunner and John Gibbon は，同数の報酬の連続の遅れ方を変えた場合，その選択は「並列割引モデル」でもっとも正確に予測できると指摘した（1995；Brunner，1999も参照）．これは各報酬を双曲的に割り引いたものを単純に足したものだ．また報酬を得るのに追加で反応を示さなくてはならない一連の選択をハトが選ぶ場合についてはもっと情報がある．これらはすべて Mazur（1984）で述べられた，ある時点におけるそうした一連の報酬の価値を，双曲的に割り引かれた報酬の和として表す式を裏付けている（Mazur，1997でレビューおよび分析）．他の実験かは欲求が喚起されないこともあるからだ．この区別が不可能または重要でない場合，「欲求」ということばは報酬受け入れ準備状態すべてを指すことにする．第10章1－1節参照．

23. *A Treatise of Human Nature*, II, 3, 3, Gosling（1990, p. 93）での引用．
24. これ以上の議論についてはAinslie（1992, pp. 101－114, 244－249）を参照．
25. 飢餓：Carlson（1916, pp. 164－168）；正統ユダヤ教徒：Schachter et al.（1977）；中毒者の渇望：Meyer（1981）；禁断症状を起こさない：Wolpe et al.（1980）; Elster（1999b, p. 227, note2）．また第11章1節の感情的報酬をめぐる記述とAinslie（1992, pp. 244－249）参照．
26. 個人は当然ながら，不快な感情をできる限り避けようとするが，感情が快い場合には，指数割引によればそれは外部からのみ入手できる刺激を放出することで抑えられない限り，それに没頭することになるということになる．
27. Elster（1999b, pp. 150－153, 106）．

第5章　利益の基本的な相互作用

1. Ainslie（1974）; 3．1節参照．
2. Strotz（1956）はこの問題が指数的でない割引曲線を意味することを認識はしているが，双曲線は挙げていない．Elster（1979）．
3. Azrin et al.（1982）; Fuller & Roth（1979）．
4. Becker（1960）．
5. Gilligan（1977）．
6. 正しい思考：Crane（1905, p. 115）；刺激のコントロール：Kanfer（1975, pp. 309－355）; Goldiamond（1965）; Metcalfe & Mischel（1999）；無知の価値：Carillo（1999）．
7. Freud（1926/1956）；アリストテレス『ニコマコス倫理学』1147b9－15；喫煙者のぶりかえし：Sjoberg & Johnson（1978）．
8. 感情的重要性に基づくラベリング：Zajonc（1980）；カテゴリーに基づいて記憶を呼び出す：Shiffrin & Schneider（1977）；自己成就的な倫理：Rabin（1995）．
9. 欲求の勢い――欲求の満足よりは増加につながる正のフィードバック効果――のために，一時的選好の条件付け理論は非常に魅力的となった．これらは情熱/理性モデルの最新版である，Metcalfe and Mischelの「ホット/クールシステム分析」（1999）を含む．この現象についてはAinslie（1999b）で詳しく述べた．
10. 失感情症：Nemiah（1977）．これは影響されやすさを育むのと反対であり，心理外の約束装置である．どちらの場合にも人はそれが自分の長期的な利益のためになると考えるという事実は，影響されやすさがまちがいなく諸刃の剣であるという事実からきている．子供たち：Mischel & Mischel（1983）．
11. Bacon, Hirchman（1977, p. 22）での引用．David Hume, Hirschman（1977.

家が「強迫観念的」と呼ぶ症状をもたらす．しかしこの言葉はしばしば，強く動機づけられた行動すべてを指すのに使われている．たとえば「強迫観念的な飲酒」などだ．数日中に後悔するような選択では「衝動的」「中毒性」ということばを使い，「強迫観念」ということばは自己コントロールの努力に見えるものだけを指すように提案したい．第9章1－5節参照．

8. 他に包括的な用語がないので，衝動についても「欲求」ということばを仕方なく使うことにする．
9. 発作：Faught et al.（1986）; Jeavons & Harding（1975）; 幻覚：Anderson & Alpert（1974）.
10. ハト：Appel（1963）; Azrin（1961）; Zimmerman & Fester（1964）; サル：Spealman（1979）.
11. 非対称性：Thorndike（1935, p. 80）; マイナス感情の堅牢さ：Solomon & Wynne（1954）; Eysenck（1967）.
12. Beecher（1959, pp. 157－190）.
13. 音響無感覚症：Melzack et al.（1963）; Licklider（1959）; 催眠術：Hilgard & Hilgard（1994, pp. 86－165）.
14. パニック障害：Clum（1989）; 強迫神経性障害：Marks（1997）; 多くの症状がVan Hasselt and Hersen（1996）で論じられている．強迫神経**障害**の衝動は，強迫神経性**人格**の強度にコントロールされたルールとは異なり，「強迫観念」ということばはこの人格のほうにふさわしい．
15. 行動療法や認知行動療法は，各種の療法家によって試行錯誤で見つけられた技法群であり，行動主義が開発した科学的手法には大ざっぱにしか基づいていない．
16. Dweyer & Renner（1971）参照．
17. Mirenowicz and Schultz（1996）.
18. Granda & Hammack（1961）.
19. Robinson & Berridge（1993）.
20. 中核的な感情：Panksepp（1982）; ステロタイプ化した感情：Ekman & Friesen（1986）; Izard（1971）; 微細な感情：Elster（1999b）; Stearns（1986, 1994）.
21. Elster（1999b, p. 205）.
22. 一般の会話では「appetite」というのは以下の関連してはいるがまったく別の3つの概念を指すのに使われる．（1）ある種の報酬への傾倒，（2）ある種の報酬を得ようとしたときの興奮した状態，（3）この興奮を可能にするような，剥奪その他の生理学的状態．傾倒をあらわす場合，私は一貫して趣味・嗜好ということばを使うようにする．興奮は「欲求」ではあるが，これとその根底にある剥奪そのもの（かつての生物学者たちが「欲動」と呼んでいた状態）とを区別するのは多くの場合には非現実的だ．二つのちがった相が識別できるときには「手持ちの欲求」と「喚起された欲求」と呼ぶことにする．というのも，飢えると大量の欲求は生み出せるかもしれない（高い欲動状態を持つ）が，実際に

United States and Britain since 1945, p. 11. 20世紀以前には，平和と反映の下であっても出産は1/30の確率で母体を殺してしまった．そして女性たちは平均で5人の子供を産み，その半分が感染症で5歳以前に死んでしまっても，そこそこの人口増を実現していた（例：Demos, 1971）

経済学者Robert Frankは，自己制御装置として感情が役に立つことを述べている（1988, pp. 81 - 84）．だがかれの挙げる例は，まさにそれが自己コントロール装置であるからこそ人には魅力がなく，単に個体を犠牲にして種の生存に奉仕しているだけかもしれない．

32. Erasmus（1509/1983）．
33. ウェーバー・フェフナー則について述べた注16を参照．
34. Simon（1983）を参照．
35. 最初は1986. Ainslie（1992）も参照．

第4章　そのギャップが自発的でない行動を生み出す――痛み，渇望，感情

1. The Episcopal *Book of Common Prayer*.
2. 第3章注20を参照．
3. Elster（1999a）; Rosenthal & Lesieur（1992）．
4. 耐性――あるハイの水準に達するためにますます強烈な刺激が必要となること――および禁断症状は，多くの人の中毒に関するイメージの一部となっているが，最新の臨床文献によれば，それは中毒にとって必要でもなければ十分でもない（American Psychiatric Association, 1994; Elster 1999a, 1999bで採りあげられている）．
5. 長期の利益との比較で中毒範囲の利益だけに注目したら，古典的な情熱vs理性のようなコントラストが見られる．認知心理学者Seymour Epsteinは，「経験的システム」をコントロールしようとする「合理的システム」という発想でプラトンの二元論的なモデルを反復している．かれは心理的な対立を，認知能力に基づく各種の並列メカニズムで説明するが，認知論アプローチと快楽主義的アプローチの違いを橋渡しすると思えるものをそこに含めている：

> 経験的システムは短期的な視野を持ち，情動と密接に関連しており，経験的処理の結果はそれ自体として価値があることのように体験される．一方，合理的システムの利益は長期のものであり，その処理は比較的情動を伴わず，その結果の有効性は論理と証拠で説明されなければならない．長期的利益は短期的利益と異なることが多く，また合理的とされるものはしばしば快楽的なものとは異なり，そして経験から生まれた信念はしばしば論理や証拠からの信念とはちがっているので，この両システムの間で対立が起こるのは必然である．（1998, p. 17）

この両者を統合するためにかれが必要なのは，一時的選好の理由づけだけだ．

6. Nemiah（1977）．強迫観念性の論理は第9章でもっと論じる．
7. これから見るように，ある自己コントロール技能をやりすぎると，それは臨床

海馬で処理される情報とに基づいているのではないかとされる．すると，それぞれから生じる動機もまた別のシステムに存在する可能性がある（Metcalfe & Jacobs, 1998; Metcalfe & Mischel, 1990）.

24. 第2章2－3節の関連議論を想起して欲しい．逆に，報酬プロセスがどれほど一カ所に集中しているとしても，それはやはりそれが持つ出力経路の支配を巡って競合する，別個のコンポーネント（究極的にはニューロン）を持たねばならない．局所性というのは，常に相対的なものだ．

25. 例：Klein（1989）.

26. 脳梁切断：Sperry（1984）; 双子：Lasers & Nordan（1978）; Szekely（1980）. Szekely（1980）からのコメント：「わたしは妹との間で，わたしたち両方であるような部分が存在すると感じている．わたしたちは完全に別個の存在だが，でもそういう一体性があって，存在している．（中略）二人があわさった何かがある」（p. 79）「わたしたちはけんかしたことがありません．なんだかとても不気味ですね．ときには兄が自分の続きみたいな感じがするんですよ」（p. 82）.「その絆は，双子の間の特殊な糸，心理的な糸がある．これは一卵性双生児の心にある電気的な窓だ（中略）刺激への類似の反応（中略）あるいはそれは，テレパシーや第六感的な知覚の高揚につながるようだ」（p. 158）

27. 認知心理学者 Julius Kuhlとその同僚たちは，実質的な個人の群衆モデルを提案している．そこではある部分が他の部分を独裁者のように支配することもあるが，「民主的リーダーシップ」を発揮したほうがよい結果となる（Kuhl, 1994）．このモデルでは「自律性」と呼ばれる機能（あらゆる行動を中央集権的に統制する，総合的な統合機能）が「たとえば目標の同定と効率のよい表現などを通じ，自律性と行動を安定させて加速し（中略）そうした目標を競合する衝動から遮蔽する」（Ryan et al., 1997）．だがかれらはなぜこうした安定化や遮蔽が必要かは述べないし，ある勢力が他をコントロールしようという試みは，両者の対立の結果ではなく，その原因だと暗に主張している．

28. Cropper et al.（1991）; Harvey（1994）；このスケールに依らない一貫性は，他の結果に加えて，選好の逆転をカオス理論でフラクタルとして分析するという案を示している（Gleick, 1987参照）.

29. Laibson（1997）; Harris & Laibson（1999）．かれらの「準双曲関数は，期間の長さに伴って割引率が（少し）減るという定性的な性質を反映した」（1999, p. 2）もので，もともとは世代間で移転される不動産価値を記述するのにPhelps and Pollack（1968）が使った式を応用している．

30. 摂食理論は常に，自然選択が累積純エネルギー利得を最大化するように動物たちの選択を形成したものと想定してきた（Krebs, 1978; Maynard Smith, 1978）；その支持者たちはごく最近まで割引プロセスを検討していなかった．割引を考慮してみると，動物たちはまちがいなく，少ない目前のエサを後の優れたエサより優先して選び，総合的な摂食効率を引き下げていることが判明した（Kagel et al., 1986; Lea, 1979; Snyderman, 1983）.

31. Offer（準備中）*The Challenge of Affuence: Prosperity and Well-Being in the*

定数1は，報酬が今すぐの場合に価値が無限大になるのを防ぐ．定数2は被験体がどれだけ急激に未来を割り引くかを示す．

16. 心理学者 John Gibbon（1977）は，マッチング則は多くの物理的性質が知覚される原理の一例でしかなさそうだという点を指摘している．この原理は「ウェーバー・フェフナー則」として19世紀から知られていた．この原理によれば，熱や光といった物理刺激の変化は，その絶対量と比例して均等には知覚されず，以前の量に対する変化率として認識される（Boring，1950，pp. 280ff.）価値の知覚だけについて言えば，比率に基づく知覚は数学のパイオニアである Daniel Bernouilliにまで溯る：「富の変化は，どれほどわずかであろうとも，常に効用の増加をもたらすが，その増加はすでに持っていた財の量に対する比率に反比例する」（1738/1954，p. 25）．同じように，Gibbonが指摘したのは，マッチング則が記述する比率は単にウェーバー・フェフナー則が遅れの知覚に適用されたのを示しているにすぎないということだった．

17. $Y=1/X$，ただしYは問題の量であり，Xは建物や目的地までの距離．

18. Brunsson（1985），第1，2章；Brennan & Tullock（1982），p. 226．自己規律と企業リーダーシップとのアナロジー関係については第6章1節の末尾近くで再度触れる．

19. 古典的な作品はMax Weber（1925/1964）．

20. Navon and Gopher（1979）．

21. もちろん報酬は最終的には，それが生じる生得的な能力に依存する．シナ人の相当部分は，アルコール代謝の中間期が長引くためにアルコールで気分が悪くなるため，アル中になりにくい（Agarwal & Goedde，1989）．ラットの血統は，実はアルコールやコカイン等の物質を獲得するバーを押す傾向が高いようにも低いようにも交配させられるし，このプロセスはいまや個別ニューロンのレベルで観察できる（Gardner，1997）．多くの人は気が向いたときに食べても太らない．各種の感情に対する閾値もまた遺伝的であり，かなりの個人差がある（Goldsmith et al., 1997）．

22. こうした集合は，自然選択によって進化してきた，自然の中の種の個体群と似ているがまったく同じではない．似ているというのは，こうしたプロセスが希少な資源――報酬――を元に生存を賭けて競合し，もっと報酬をたくさん受けられるかもしれない他のプロセスから自分のニッチを守れれば生き残れる，という点においてである．ちがっているのは，選択原理――報酬メカニズム――それ自体が文字通りの自然選択の産物だという点だ．寒冷な気候では，暖かさは種の生存を助けてくれるので報酬となるが，寒冷さ自体は別に自然選択に資するために発達してきたわけではない．暖かさの必要性は，幾世代もかけて，指数割引曲線に基づいた最高の報酬メカニズムを持つ生命体を選択するが（Lotka，1957，p. 123），生命体の中では，暖かさの報酬効果は時間の中で双曲割引曲線に従って行動を選ぶ．

23. Olds（1992）．神経生理学的な発見に基づき，「熱い」「クール」な」（つまり情熱的および合理的な）選択システムは，それぞれ小脳扁桃で処理される情報と，

Herrnstein, 1995). 同じく内向的な人々 (Ostaszewski, 1996), 非中毒者 (Kirby et al., 1999), 非喫煙者 (Bickel et al., 1999) もそうである.

13. Herrnstein et al. (1993). こうした発見は, 人間被験者が実験動物とは一部の実験設計においてちがう反応を見せるときの要因 (Mawhinney, 1982) と一貫している.

14. Herrnstein (1961; 1997, pp. 11 – 99). 「マッチング」という用語はかれの最初の実験設計からきている. そこではハトは2種類のキーをつつくようになっており, そのキーはちがった割合でエサを出すようになっていた. Herrnsteinは, キーのつつきかたは報酬の量, 頻度, 即時性とマッチしていることを発見した. この実験を遅れだけについて示したのが Chung and Herrnstein (1967) である. そのすぐ後で私が, 遅れに対する反比例は双曲割引曲線を示唆していると指摘し, 行動主義者たちがおおむね見捨てていた離散試行設計の実験を使って, 選好の逆転がDの関数として起きることを示す実験を開始した (Ainslie, 1970, 1974; Ainslie & Herrnstein, 1981). 他の実験者もさまざまな方法で同じ現象を発見したが, どれも最初は実験動物を使っていた : Rachlin & Green (1972); Navarick & Fantino (1976); Green et al. (1981); Boehme et al. (1986).

一般化マッチング則あるいはその近い変種は, 徹底的な検証を経ている (deVilliers & Herrnstein, 1976; Stevenson, 1986). 初期の実験が遅れと頻度とを混同しているのではないかという議論は, 通常の二頻度の実験設計のタイムアウト内で遅れを独立に変動させたShull et al. (1981) の実験で解決され, さらには離散試行量vs遅れ実験で無差別点を見つけるための「調整手法」を完成させた Mazur (1987) で決着を見た.

理論家たちは, 指数割引を維持したまま一時的選好という現象を説明しようと, いくつかの割引モデルを提案している. たとえば :

- 目の前の出来事は別扱いで価値評価され, すべての遅れで事象が指数的に割り引かれるステップ関数 (Simon, 1995)
- 指数割引率だが, その指数事態が遅れの関数として変化するもの (Green & Meyerson, 1993)
- 関連づけと価値評価のために別々の指数割引率が合算されるというもの (Case, 1997)
- 割引率がランダムに変動するというもの (初めて可能性を指摘したのは Strotz, 1956, 近年になって Skog, 1999で拡張)

だがこれらの説の背後にあるデータは, 双曲割引率のバックにあるものよりかなり乏しい. またどれも双曲割引をはっきり否定するものではない. こうした提案の最大の利点は, 双曲モデルが提起する困った問題から逃れられることだ. その問題とは, もし基本的な心理的割引関数が指数的でないなら, なぜ金融市場ではみんな指数割引のような振る舞いをするのか, というものだ.

15. Mazur (1987) の一般化. 可能な式の比較については拙著 Ainslie (1992, pp. 63 – 76).

り，100単位時間では.0000000002等々となる.

4. ほとんどの人にとっては，よい口実があるかどうかがもっと重要だろう．だが，その話をする前に，なぜ人は自分に対して口実を必要としたりするのか，という点を解明しなくてはならない.

5. 財はそれが手に入る直前にずっと急激に割り引かれるということを見つけた実験家たちは，割引率が量と比例するのではないかという仮説をたてた．その場合，財の割引価値が下がるにつれて，曲線の傾きも小さくなる（Green & Myerson, 1993).

   だがそうした曲線は，もっと小さい財の曲線と交差することは決してないし，というのも，接近すればするほど相手の曲線への近づきかたは遅くなるからだ．そして大きさのちがう別個の報酬からの曲線は，報酬が小さくなるにつれて傾きが急になり，浅くはならない（Ainslie & Haendel, 1983; Green et al., 1994). この発見を説明するには別の形の曲線が必要となる，というのをこれから見ていく.

6. Hume, Hirschman（1977, p. 25）での引用；Senault（1649. p. C1).

7. Ainslie & Herrnstein（1981)；Ainslie（1974).

8. 最も簡単な双曲線は以下の通りとなる：

   価値＝客観的価値/遅れ

   が，この式ではおそらくは自然なプロセスは決して描けないだろう．遅れゼロでの価値が無限大になってしまうからだ．遅れゼロのときに，「客観」価値と割引価値を等しくする双曲方程式は：

   価値＝客観的価値/（1＋遅れ）

   となる．1単位時間の遅れでは遅れ0の現在に比べ，価値は1.00/（1+1），つまり.50に下がり，2単位時間の遅れでは1.00/（1＋2），つまり.33の価値となり，10単位時間の遅れでは1.00/（1＋10），つまり.09となるが，100単位時間では1.00/（1＋100），つまり.01となり，指数方程式で10%の割引率を使った場合の.000030に比べて大きい．この式は人々ごとの割引率，つまりはせっかちさの差を反映していないが，この硬直性は修正の必要がある.

9. そして指数割引者の中でも，割引率の低い人は，高い割引率の人よりもお金を急速に蓄積する．だがこの際にも，高割引者は別にそれを気にしない．その人は未来の価値を低く見ているからだ．これはBeckerとMurphyの合理的なヤク中が中毒になったのを後悔しないのと同じことだ.

10. 騒音：Solnick et al.（1980)；Navarick（1982)．テレビゲーム：Millar & Navarick（1984)．食物：Ragotzy et al.（1988).

11. Green et al.（1994)；Kirby & Herrnstein（1995)：Ostaszewski（1996)：Kirby（1997)：Madden et al.（1997)：Richards et al.；Vuchinich & Simpson（1998).

12. つまり，高齢の被験者たちは一般割引方程式において定数2が小さいということだ（note 8; Ainslie & Haendel, 1983; Green et al., 1994; Kirby &

は，動物が苦痛な選択を厳密に評価できることを述べている．Herrnstein and Loveland（1975）は，動物たちがまだ存在していない未来の欲求に基づいた計画さえできることを示している．空腹は脳の刺激によって起こしたり消したりできる．満腹のラットが迷路に入れられて，食料箱に戻ったときにだけ空腹がオンになるようにしてやると，そのラットはちゃんと迷路を通り抜けて，空腹と食料の組み合わせを獲得しようとする．

さらに，自分の欲求が意外だったとしたら，なぜ事前にそれに負けないよう対策を講じておこうとするのか説明できない．「驚かされることを予期していた」といういささか変な状況があったとしても，伝統的な効用理論では，その瞬間がやってきたときに感じると思われるものから事前に選好を変えておくべき理由は説明できない．

32. Premack（1959）; 経済学者George Stigler and Gary Becker（1977）を参照.
33. Olds & Milner（1954）.
34. Heath（1992）.
35. Gardner（1997, 1999）．ただしドーパミン以外の送信薬も関与しているようである（Rocha et al. 1998）.
36. 欲求と満足の両方を生み出す部位：Deutsch & Howarth（1963）.
37. Horvitz et al.（1997）.
38. 脳核の細胞の一部が痛みに反応する：Mirenowicz & Schultz（1996）：脅威がそこでドーパミンを放出する：Tidey & Miczek（1994）.
39. Hollerman et al.（1998）; Schultz et al.（1997）.
40. Ho et al.（1998）.
41. Baumeister & Heatherton（1996）.
42. 『ニコマコス倫理学』1147a31－35.
43. Freud（1911, p. 223）.
44. Hirschrnan（1977, p. 23）所収.
45. Rethy（1969）.
46. この問題はMcFarland & Sibley（1975）で詳細に検討された．私はこれを，単一報酬原理との関連で議論している（1992, pp. 28－32）．これは，一部の目標は通約不可能であるという発想（例：Schwartz, 1986）などを否定する議論となっていた．ShizgalとConoverは1996年にそれまでのかれらの作業をまとめた.

第3章　人の未来評価にはギャップがある

1. Becker & Murphy（1988）.
2. 「ある種の財はとにかく比較不可能か通約不可能なのである」（Schwartz 1986）：またAllison（1981），Taylor（1982）も参照.
3. 時間が1単位たつごとに総価値の20%を失うアイテムは，1単位時間の遅れでは$(1.00-.20)^{1}$，つまり.8の価値を持つ．2単位時間の遅れでは$(1.00-.20)^{2}$，つまり.64の価値となり，10単位時間の遅れでは$(1.00-.20)^{10}$，つまり.107とな

原理は目標探索よりは条件付けに近いものだと思われていた．この傾向もまた復活している（Mackintosh, 1983, pp. 77－112）．どちらのパターンも，何らかの合図に続いて何らかの行動が起こり，それに何らかの強化が続く．両者の差は，条件付けの場合には特定の強化要因が選択する行動を恣意的にコントロールはできない，あるいは逆に，ある行動の強化要因を恣意的に選ぶことはできないということだ．被験者はどうも，ある強化要因を予想して決まった，ひょっとして生得的な反応をしなくてはならないらしい．

もし動機によって反応とそれを律するらしき強化要因とを切り離し，その合図が別の反応につながるようにできれば，その反応は目標指向だということを示したことになる．それができなければ，理論家たちはそれが条件付けられているとする．だが，その実験で変化を動機づけられなかったということと，その変化を決して動機づけられないというのとでは話がかなりちがう．もしわたしが強い個人的な嗜好を持っていて，お金をいくら積まれてもそれをあきらめられないと言ったら，それは条件付けられているのか？　いま挙げた例は，この二律背反はどのみちかなり怪しいことを示しているが，そもそもそれは動機手続きの正否に基づいた区別だったのである．

28. Atnip（1977）; Dickinson（1980）; Hearst（1975, pp. 181－223）; Herrnstein（1969）; Ainslie（1992, pp. 39－48）での議論．情報の学習ですら，それが感情的に意味を持つか，あるいは意外かに依存するとされる（Dickinson, 1980, pp. 123－167）．これはある出来事が報酬性を持つための十分条件である（第10章1節参照）．

29. こうした反応――唾液，興奮等々――は，それ自体が報酬性を持つと考えるべき理由さえあるが，この議論はもっと基盤をかためる作業が必要だ．

30. 「おそらく」と述べたのは，この実に明瞭な区別が驚いたことに当時は明記されなかったからだ．とはいえ，多少はこれが認識されていて，筋の通る説明に関する人々の直感を左右した可能性はある．

報酬と条件付け刺激の等価性は，多くの心理学者はまだ受け容れがたいと考えている．だが反応選択の原理が2種類あるかどうかの論争はおおむね落ち着いた――ただしそれは，研究によってどちらかの立場が正しいと双方に満足いく形で示されたからではなく，ほとんどの研究結果はどちらの形でも説明できそうで，心理学者たちが果てしなく続く論争に興味を失ったからだ．

31. 意志決定理論家 George Loewenstein（1996）は，一時的選好のメカニズムとしての二要因理論の新しいバージョンを提案している．これは人々（そしておそらくは動物）が，欲求，苦痛，感情といった「内臓的な」経験の動機的なインパクトを記憶できないという発想に基づいている．デザートの皿が自分にどう影響を与えるか覚えておけなければ，いきなり欲求を感じるたびに毎回意外な思いをすることになる，というのが理屈だ．だが，こうした内臓的な体験の動機的重要性は十分に記憶されており，ときにはそれが再トラウマを引き起こすことさえあるというのは，臨床的な観察だけでなく，定量的な動物実験データも大量に存在する．私の議論（Ainslie, 1999b）を参照．Herrnstein（1969）

有の快楽や効用を，効用の一般理論に明確に組み込んだもので，枢要な体系と呼ぶに価するものは一つとして知らない」

13. この王道の厳密な定義は Herrnstein & Prelec（1992）にある．
14. これはしばしば報告されている．例：Kirby et al.（1999），Vuchinich & Simpson（1998）.
15. Becker & Murphy（1988）; Becker et al.（1994）.
16. Ryle（1949/1984）.
17. 中毒問題を抱えた両親と，一般人からランダムに選んだ人々と，どちらも意志決定の明確なプロセスは「行動を可能にする/可能性を高める」と述べるか，そして/あるいは「意志決定のあとでそこにコミットしたような感じがする」と述べている．多くははっきりと「意志力」について言及する（McCartney, 1997）.
18. 「条件付け」というのを，私はこういう形でしか使わない．ただし一部の論者は目標指向の行動学習を指すのに「オペラント条件付け」という用語を使う．
19. 「説明されていないものが多いため，強迫観念の仮説が繰り返し出てくるのも正当化できる――それが圧倒する快楽原則よりももっと原始的で，基本的で，本能的なものだという仮説だ」（1920, p. 23）
20. 二要因理論を初めてはっきりと説明したのはMowrer（1947）だった：Rescorla & Solomon（1967）と，もっと最近のO' Brien et al.（1986）やLoewenstein（1996）などの応用を参照.
21. Miller（1969）.
22. バイオフィードバック：Basmajian et al.（1989）．これは別に，バイオフィードバック研究者が一時は期待していたように，現在の技術ですべての条件反応を報酬の差でコントロールできるということではない（Dworkin & Miller, 1986）；一部の生得的な報酬が選択を支配して，実験者が提示するどんなインセンティブもそれと対抗できない可能性はある．Donahoe et al.（1993）はまさにそうした競合の明示的なコンピュータモデルを作った．行動学者たちは内部報酬が存在するという理論構築を避けた．というのもそれは観察できないからだ．だがこれは，いい加減な思考を避けるための規律であって，人間の性質に関する信念ではない（Baum & Heath, 1992を参照）．禁断症状に罰を加える：Wolpe et al.（1980）.
23. O' Brien et al.（1986）.
24. Ainslie & Engel（1974）.
25. Donahoe et al.（1993, p. 21）．「条件付けられた」忌避の場合についてはわたしも似たような主張をしている（1987, p. 129）.
26. Rescorla（1988）.
27. Donahoe et al.（1993, 1997）．Hilgard and Marquis（1940）は，条件付けられた反応と動機による反応とのちがいは，それがどのようにして教え込まれたかという細部でしかないと示唆している．比較的最近の1950年代になっても，心理学者たちは学習の根底には一つの原理しかないと信じていた．ただし，その

21. 本書ではもっぱら感情に関するかれの著作（1999b）を参照する.
22. たとえば，ほんの10年前に有力な行動心理学者であるHoward Rachlinは，苦痛は客観的体験として見るべきではないと提案した．単に外的な報酬を得るための行動に過ぎないのだ，と．こうした報酬は，怪我を避けることから同情をひくことまでいろいろ考えられるが，その人物の心の中だけで起こることでは絶対にあり得ない（1985）.

第2章　意志決定の科学の根底にある二律背反――人の選択を司るのは欲望か判断か？

1. Skinner（1953, pp. 244, 152）.
2. 哲学者の中では以下を参照：Bratman（1987, 1999）; Davidson（1980, pp. 21－42）; Parfit（1984）．心理学者の中では以下を参照：Baumeister & Heatherton（1996）; Kuhl（1994）; Perris et al.（1988）; Polivy（1998）; Williams et al.（1988）; Magaro（1991）の各種論者；Karoly（1993）およびMischel et al.（1996）のまとめ.
3. Parfit（1984, p. 152）.
4. Baumeister & Heatherton（1996）.
5. Polivy（1998, p. 182）；一般化のまちがい：Beck（1976）; Ellis & Grieger（1977）.
6. Elner & Hughes（1978）; Houston et al.（1980）．ハトやラットのようなよく使われる実験動物は，行動が食物を獲得する条件のちょっとした変化に実に上手に反応してくれるので（例：Herrnstein & Loveland, 1975）摂食理論家たちは動物たちがカロリー摂取を直接的に最大化していると表現するようになっている（例：Johnson & Collier, 1987）．実験動物たちの選択は，電気ショックを避けようとする場合も同じくらい正確だ（Herrnstein, 1969）.
7. 私は特に性別のない人物については「she」を使う．これは「s/he」の短縮版といっていいかもしれないが，経済人（Economic Man）の場合にこれをやると耳障りだ.
（訳注：日本語では特に問題にならないので，無理に「彼女」を使うような処理は行っていない）.
8. 経済学者Samuelson（1937）; Becker（1976）．Simon（1995）は行動科学の用語を使い始めており，Atkinson & Birch（1970）は完全に心理学に根ざしている.
9. Richard Thaler（1991）は，こうした一見すると非合理な傾向を多数集めている.
10. Glantz & Pearce（1989）；!Kung 族に関する独自の共感的に納得のいく説明がThomas（1989）にある.
11. Wray & Dickerson（1981）.
12. このため数学者Oskar Morgenstern（1979）はこう述べている：「ギャンブル特

11. フロイトの二つの原則；Freud（1911, p. 223）；超自我：Freud（1923).
12. それどころか，戦争自体が意志を試すためのものであり，ドイツは自分たちが負けそうなのをわかっていながら，そうしなければ名誉が失われるために宣戦したのだという説さえある．経済学者Avner Offerは，名誉の規範が参加者全員に対し，名誉がかかっていない場合の選好とはかけはなれた決断を遵守させたことを分析している（1995). 関連した要因として，1940年以前の行動科学文献において，題名や概要に「意志の強さ」ということばを含む12論文が，一つを除いてすべてドイツ人によって書かれているということがあるかもしれない（PsycLIT データベース，1887－1998, の検索結果). 意志の弱さ，またはアクラシアは，心の哲学者 Amelie Rorty（1980）が再導入するまでは，このデータベースには一切登場しない．意志力というのもまた新しい用法だ．同義語のため，意志（will）という単語そのものをコンピュータで検索することはできないが，「volition」という用語の使用は1900－1909年に10万論文あたり1400件でピークに達し，その後1910年代には750件，1920年代には460件，1930年代には290件，1940年代には140件と急速に下がり，その後もずっと100以下である（検索した100万以上の論文の中でN＝1432，出所同上).
　別の信念は，この変化を「意志力のヴィクトリア朝的概念を破壊したフロイト」のせいにする（Rollo May, 1967). だがフロイトは別にこの概念を破壊はしていない．単に大きな限界をいくつか指摘しただけだ．
13. 報酬のスケジュールに対する相対的な反応：Madden et al.（1998). 中毒の動物モデルは Altman et al.（1996）でレビューされている．行動的に，ハトはキューによる合図がなくても，電気ショックのちょっとした頻度変化を検知して反応する（Herrnstein, 1969). 人間の報酬に対する鈍感さは，特に6歳から12歳までの子供で目立つ．これは子供が自分の感情を世界に対する事前の想定で克服することを学び始める年代だからかもしれない（Sonuga-Barke et al., 1989).
14. Samuelson（1976）; Becker（1976).
15. Sorensen（1992).
16. Crews（1995, p. 12).
17. Ellenberger（1970）でレビューされている多数のソースを参照．
18. Vaughan & Herrnstein（1987).
19. だがこのアナロジーは，行動の動機を直接説明するのには使えない．欠けている部分があるからだ．行動の選択は生命体の選択と同じではない．行動を選択するプロセスは，それ自体がその生命体の遺伝的な構成の一部として選択されたものであり，それはおそらくはその種の行動選択がその生命体の生き残る子孫を最大化したからだろうと予想される．生命体の自然選択を考えれば，時に自滅的な行動を温存するような行動選択プロセスでも説明がつかなければならない．第3章注22を参照．生命体の選択と行動の選択のちがいについては，拙著 *Picoeconomics*（1992, pp. 179－184）でもっと詳しく検討している．
20. Gardner（1997).

注

序

1. それぞれAinslie（1992, 1999a, 1999b, 2000, および未刊行原稿）.

第1章　はじめに――人の選択を決めるのは欲望か判断か？

1. たとえば Baumeister & Heatherton（1996），Becker & Murphy（1988），Polivy（1998），Rachlin（1995a）.
2. プラトンの『プロタゴラス』（356 – 357），ジョウェット訳（1892/1937）による．プラトンとアリストテレスの理論はおおまかに Charlton（1988，pp. 13 – 59）で論じられている．
3. Averill（1988）.
4. Galen（1963，p. 47）；この人間vs動物の図式もまた長生きしてきた．
5. ローマの信徒への手紙7：15 – 23.（邦訳は新共同訳による）.
6. Mourant（1967）.
7. 仏教伝道教会（1996，pp. 228 – 242）．原始宗教でさえ誘惑を扱っている．

   創造者は子どもたちに不死を願った．
   そして彼らに川辺で待つよう告げた．
   「第三のカヌーを待て」と言った．
   「なぜなら最初のカヌーと二番目のカヌーには
   死が乗っているから」
   しばらくすると最初のカヌーが過ぎた．
   中には腐った肉の籠．
   「これはまちがいなく死だ」と子どもたち．
   そしてそのカヌーを見過ごして消えるに任せた．
   時が過ぎた．
   そしてある日，第二のカヌーが現れた．
   その中には若者が．
   見知らぬ異人だが，手を振ってみんなを兄弟のように迎えた．
   みんなは水に入り，カヌーを川辺に引き寄せた．
   異人をかき抱き，何者かと尋ねた．
   その者は死だった……

   （アマゾンのインディアンの口承，Hampton，1976，pp. 51 – 52で翻案）
8. Hirshman（1977，p. 22）での引用．
9. Vanderveldt & Odenwald（1952）; Ricoeur（1971）.
10. Kobasa & Maddi（1983）; Perls et al.（1958）.

Wickelgren, I. (1998) Obesity: How big a problem? *Science* 280, 1364 - 1368.

Williams, J. M. G., Watts, F., MacLeod, C. and Mathews, A. (1988) *Cognitive Psychology and Emotional Disorders*. New York: Wiley.

Wilson, J., Kuehn, R. and Beach, F. (1963) Modification in the sexual behavior of male rats by changing the stimulus female. *Journal of Comparative and Physiological Psychology* 56, 636 - 644.

Wilson, J. Q., and Herrnstein, R. J. (1985) *Crime and Human Nature*. New York: Simon & Schuster.

Wolpe, J., Groves, G., and Fisher, S. (1980) Treatment of narcotic addiction by inhibition of craving: Contending with a cherished habit. *Comprehensive Psychiatry* 21. 308 - 316.

Wray, I. and Dickerson, M. G. (1981) Cessation of high frequency gambling and "withdrawal" symptoms. *British Journal of Addiction* 76, 401 - 405.

Yates, B. T., and Mischel, W. (1979) Young children's preferred attentional strategies for delaying gratification. *Journal of Personality and Social Psychology* 37, 286 - 300.

Zajonc, R. B. (1980) Feeling and thinking: Preferences need no inferences. *American Psychologlst* 35, 151 - 175.

Zimmerman, J. and Ferster, C. B. (1964) Some notes on time-out from reinforcement. *Journal of the Experimental Analysis of Behavior* 7, 13 - 19.

1443.

Tittle, C. R. (1980) *Sanctions and Social Deviance: The Question of Deterrence*. New York: Praeger.

Todorov, J. C., de Oliveira Castro, J., Hanna, E. S., de Sa, M. C. N., and de queiroz Barreto, M. (1983) Choice, experience, and the generalized matching law. *Journal of the Experimental Analysis of Behavior* 40, 90 - 111.

Tomkins, S. S. (1978) Script theory: Differential magnification of aftects. *Nebraska Symposium on Motivation* 26, 201 - 236.

Toynbee, A. J. (1946) *A Study of History*. New York: Oxford University Press. 邦訳：トインビー（1975）『歴史の研究』全3巻, 長谷川松治訳, 社会思想社.

Vanderveldt, J. H. and Odenwald, R. P. (1952) *Psychiatry and Catholicism*. New York: McGraw-Hill.

Van Hasselt, V. B., and Hersen, M. (eds.) (1996) *Sourcebook of Psychological Treatment: Manuals for Adult Disorders*. New York: Plenum. 邦訳：ハッセル／ハーセン（2000）『エビデンスベイスト心理治療マニュアル』坂野雄二他訳, 日本評論社.

Van Hest, A., Van der Schoot, F., Kop, P., and Van Haaren, Frans (1987) Dissociation of instrumental and Pavlovian contingencies in a discriminated instrumental procedure. *Behavioral Processes* 15, 249 - 258.

Vaughan, W. Jr. and Herrnstein, R. J. (1987) Stability, melioration, and natural selection. L. Green and J. H. Kagel (eds.), *Advances in Behavioral Economics*, vol. I. Norwood. NJ: Ablex, pp. 185 - 215, 所収.

Vuchinich, R. E. and Simpson, C. A. (1998) Hyperbolic temporal discounting in social drinkers and problem drinkers. *Experimental and Clinical Psychopharmacology* 6. 292 - 305.

Walker,W. and King,W. (1962) Effects of stimulus novelty on gnawing and eating by rats. *Journal of Comparative and Physiological Psychology* 55, 838 - 842.

Walsh, T. B., and Devlin, M. J. (1998) Eating disorders: Progress and problems. *Science* 280, 1387 - 1390.

Weber, M. (1904/1958) *The Protestant Ethic and the Spirit of Capitalism*. New York: Charles Scribner's Sons. 邦訳：ヴェーバー（1989）『プロテスタンティズムの倫理と資本主義の精神』大塚久雄訳, 岩波文庫.

Weber, M. (1925/1964) *The Theory of Social and Economic Organization*. New York: Free Press.

Wegner, D. M. (1994) Ironic processes of mental control. *Psychological Review* 101, 34 - 52.

Weissman, M., Klerman, G., Markowitz, J. S., and Ouellette, R. (1989) Suicidal ideation and suicide attempts in panic disorder and attacks. *New England Journal of Medicine* 321, 1209 - 1214.

Analysls of Behavior 51, 185 - 197.

Sorensen, R. A. (1992) *Thought Experiments.* New York: Oxford University Press.

Spealman, R. (1979) Behavior maintained by termination of a schedule of self-administered cocaine. *Science* 204, 1231 - 1233.

Sperry, R W. (1984) Consciousness, personal identity and the divided brain. *Neuropsychologia* 22, 661 - 673.

Stahler, F. (1998) *Economic Games and Strategic Behavior: Theory and Application.* Cheltenham, UK: Elgar.

Stearns, P. N. (1986) Historical analysis in the Study of emotion. *Motivation and Emotion* 10, 185 - 193.

Stearns, P. N. (1994) *American Cool: Constructing a Twentieth-Century Emotional Style.* New York: New York University Press.

Stevenson, M. K. (1986) A discounting model for decisions with delayed positive or negative outcomes. *Journal of Experimental Psychology: General* 115, 131 - 154.

Stigler, G. and Becker, G. (1977) De gustibus non est disputandum. *American Economic Review* 67. 76 - 90.

Stone, L. (1977) *The Family, Sex, and Marriage: England, 1500 - 1800.* New York: Harper & Row. 邦訳：ストーン (1991)『家族・性・結婚の社会史——1500年 - 1800年のイギリス』北本正章訳, 勁草書房.

Straffin, P. (1980) The prisoner's dilemma. *UMAP Journal* 1, 101 - 103.

Strasberg, L. (1987) *A Dream of Passion: The Development Method.* New York: Plume.

Strotz, R. H. (1956) Myopia and inconsistency in dynamic utility maximization. *Review of Economic Studies* 23, 166 - 180.

Sully, J. (1884) *Outlines of psychology.* New York: Appleton.

Sunstein, C. R. (1995) Problems with rules. *California Law Review* 83. 953 - 1030.

Szekely, J. (1980) *Twins on Twins.* New York: Potter. (撮影者のKathryn AbbeとFrances Gillの下に分類されていることが多い).

Taylor, C. (1982) The diversity of goods. A. Sen and B. Williams (eds.), *Utilitarianism and Beyond.* Cambridge and London: Cambridge University Press. pp 129 - 144, 所収.

Thaler, R. (1991) *Quasi-Rational Economics.* New York: Russell Sage.

Thomas, E. M. (1989) *The Harmless People.* New York: Vintage.

Thorndike, E. J. (1935) *The Psychology of Wants, Interests, and Attitudes.* New York City: Appleton-Century.

Tidey, J. and Miczek, K. (1994) Threat of attack increases in vivo dopamine release in frontal cortex and nucleus accumbens. *Neuroscience Abstracts* 20.

所収.

Siegel, E. and Rachlin, H.（1996）Soft commitment: Self-control achieved by response persistence. *Journal of the Experimental Analysis of Behavior* 64, 117 - 128.

Silverstein, A., Cross, D., Brown, J., and Rachlin, H.（1998）Prior experience and patterning in a prisoner's dilemma game. *Journal of Behavioral Decision Making* 11, 123 - 138.

Simon, H.（1983）*Reason in Human Affairs*. Stanford. CA: Stanford University Press.

Simon, J. L.（1995）Interpersonal allocation continuous with intertemporal allocation: Binding commitments, pledges, and bequests. *Rationality and Society* 7. 367 - 430.

Sjoberg, L., and Johnson, T.（1978）Trying to give up smoking: A study of volitional breakdowns. *Addictive Behaviors* 3, 149 - 167.

Skinner, B. F.（1953）*Science and Human Behavior*. New York: Free Press. 邦訳：スキナー（2003）『科学と人間行動』河合伊六他訳, 二瓶社.

Skog, O.-J.（1999）Rationality, irrationality, and addiction. J. Elster and O.-J. Skog（eds.）, *Getting Hooked, Rationality and Addiction*. Cambridge: Cambridge University Press, 所収.

Smith, A.（1759/1976）*The Theory of Moral Sentiments*. Oxford: Oxford University Press. 邦訳：スミス（1969）『道徳情操論』上下, 米林富男訳, 未来社.

Smith, T. S.（1974）Aestheticism and social structure: Style and social network in the daily life. *American Sociological Review* 39, 725 - 743.

Smith, V.（1992）Game theory and experimental economics: Beginnings and early influences. E. R. Weintraub（ed.）, *Toward a History of Game Theory*. Durham. NC: Duke University Press, 所収.

Smyser, C. H. and Baron, D. A.（1993）Hypnotizability, absolution, and subscales of the Dissociative Experiences Scale in a nonclinical population. *Dissociation* 6, 42 - 46.

Snyderman, M.（1983）Optimal prey selection: Partial selection, delay of reinforcement and self-control. *Behavioral Analysls Letters* 3, 131 - 147.

Solnick, J., Kannenberg, C., Eckerman, D., and Waller, M.（1980）An experimental analysis of impulsivity and impulse control in humans. *Learning and Motivation* 2, 61 - 77.

Solomon, R., and Wynne, L.（1954）Traumatic avoidance learning: The principles of anxiety conservation and partial irreversibility, *Psychological Review* 61, 353 - 385.

Sonuga-Barke, E. J. S., Lea, S. E. G., and Webley, P.（1989）Children's choice: Sensitivity to changes in reinforcer density. *Journal of the Experimental*

Sartre, J. P. (1948) *The Emotions*. B. Frechtmen (trans.). New York: Philosophical Library. 邦訳：サルトル (1957/2000)「情動論粗描」竹内芳郎訳,『サルトル全集第23巻』, 人文書院所収, 改訳版『自我の超越情動論粗描』人文書院所収.

Schachter, S., Silverstein, B., and Perlick, D. (1977) Psychological and pharmacological explanations of smoking under stress. *Journal of Experimental Psychology: General* 106, 31 - 40.

Schelling, T. C. (1960) *The Strategy of Conflict*. Cambridge, MA: Harvard University Press.

Schilder, P., and Wechsler, D. (1935) What do children know about the interior of their bodies? *International Journal of Psychoanalysis* 16, 355 - 360.

Schultz, W., Dayan, P., and Montague, P. R. (1997) A neural substrate of prediction and reward. *Science* 275. 1593 - 1599.

Schwartz, B. (1986) *The Battle for Human Nature: Science, Morality and Modern Life*. New York: Norton.

Scitovsky, T. (1976) *The Joyless Economy, An Inquiry into Human Satisfaction and Consumer Dissatisfaction*. New York: Oxford University Press. 邦訳：シトフスキー (1979)『人間の喜びと経済的価値――経済学と心理学の接点を求めて』斎藤精一郎訳, 日本経済新聞社.

Sen, A. K. (1977) Rational fools: A critique of the behavioral foundations of economic theory. *Philosophy and Public Affairs* 6. 317 - 344. 邦訳：セン (1989)「合理的な愚か者」,『合理的な愚か者――経済学＝倫理学的探求』大庭健他訳, 勁草書房, pp. 120 - 167.

Senault, J. F. (1649) *The Use of Passions*. Henry, Earl of Monmouth (trans.) London: Printed for J. L. and Humphrey Moseley.

Shefrin, H. M. and Thaler, R. H. (1988) The behavioral life-cycle hypothesis. *Economic Inquiry* 26, 609 - 643.

Shiffrin, R. M. and Schneider, W. (1977) Controlled and automatic human information processing: II. Perceptual learning, automatic attending, and a general theory. *Psychological Review* 84, 127 - 190.

Shimp, C. P. (1983) On metaknowledge in the pigeon: An organism's knowledge about its own behavior. *Animal Learning and Behavior* 10, 358 - 364.

Shizgal, P., and Conover, K. (1996) On the neural computation of utility. *Current Directions in Psychological Science* 5, 37 - 43.

Shull, R., Spear, D., and Bryson, A. (1981) Delay or rate of food delivery as a determiner of response rate. *Journal of the Experimental Analysis of Behavior* 35. 129 - 143.

Siegal, S. (1983) Classical conditioning, drug tolerance, and drug dependence. R. Smart, F. Glaser, Y. Israel, H. Kalant, R. Popham, and W. Schmidt (eds.), *Research Advances in Alcohol and Drug Problems*, vol. I. New York: Plenum

Rescorla, R. A. and Solomon, R. L. (1967) Two-process learning theory: Relationships between Pavlovian conditioning and instrumental learning. *Psychological Review* 74, 151 - 182.

Rethy, Z. (1965) Driving forces in the dynamism of willpower. *Pszichologiai Tanulmanyok* 8, 33 - 48.

Rhue, J. W. and Lynn, S. J. (1987) Fantasy proneness: The ability to hallucinate "as real as real." *British Journal of Experimental and Clinical Hypnosis* 4, 173 - 180.

Rhue, J. W. and Lynn, S. J. (1989) Fantasy proneness, hypnotizability, and absorption - A re-examination. *The International Journal of Clinical and Experimental Hypnosis* 37, 100 - 106.

Richards, J. B., Zhang, L., Mitchell, S. H., and deWit, H. (1999) Delay or probability discounting in a model of impulsive behavior: Effect of alcohol. *Journal of the Experimental Analysis of Behavior* 71, 121 - 143.

Ricoeur, P. (1971) Guilt, ethics, and religion. J. Meta (ed.), *Moral Evil Under Challenge*. New York: Herder and Herder, 所収.

Robinson, T. E., and Berridge, K. C. (1993) The neural basis of drug craving: An incentive-sensitization theory of addiction. *Brain Research Review* 18, 247 - 291.

Rocha, B. A., Fumagalli, F., Gainetdinov, R. R., Jones, S. R., Ator, R., Giros, B., Miller, G. W., and Caron, M. G. (1998) Cocaine self-administration in dopamine-transporter knockout mice. *Nature Neuroscience* 1, 132 - 37.

Rockwell, W. Teed (1994) Beyond determinism and indignity: A reinterpretation of operant conditioning. *Behavior and Philosophy* 22. 53 - 66.

Rorty, A. O. (1980) Self-deception. akrasia and irrationality. *Social Science Information* 19, 905 - 922.

Rosenthal, R. J. and Lesieur, H. R. (1992) Self-reported withdrawal symptoms and pathological gambling. *American Journal of Addictions* 1, 150 - 154.

Russell, J. M. (1978) Saying, feeling, and self-deception. *Behaviorism* 6, 27 - 43.

Ryan, R. M., Kuhl, J., and Deci, E. L. (1997) Nature and autonomy: An organizational view of social and neurobiological aspects of self-regulation in behavior and development. *Development and Psychopathology* 9, 701 - 728.

Ryle, G. (1949/1984) *The Concept of Mind*. Chicago: University of Chicago Press. 邦訳：ライル (1987)『心の概念』服部裕幸他訳, みすず書房.

Samuelson, P. A. (1937) A note on measurement of utility. *Review of Economic Studies* 4, 155 - 161.

Samuelson, P. (1976) *Economics* (10th ed) New York: McGraw-Hill. 邦訳：サムエルソン (1978)『経済学』上下, 都留重人訳, 岩波書店.

Sappington, A. A. (1990) Recent psychological approaches to the free will versus determinism issue. *Psychological Bulletin* 108, 19 - 29.

Pigou, A. C.（1920）*The Economics of Welfare*. London: Macmillan. 邦訳：ピグウ（1965）『ピグウ厚生経済学』気賀健三訳，東洋経済新報社.

Piliavin, J. A., Callero, P. L., and Evans, D. E.（1982）Addiction to altruism? Opponent-process theory and habitual blood donation. *Journal of Personality and Social Psychology* 43, 1200－1213.

Plato（1892）*The Dialogues of Plato*. B. Jowett（trans.）. New York: Random House, vol. I（Jolvett, 1892/1937も参照）. プラトン各種対話（邦訳多数）.

Polivy, J.（1998）The effccts of behavioral inhibition: Integrating internal cues, cognition, behavior, and affect. *Psychological Inquiry* 9, 181－204.

Povinelli, D. J., Bierschwale, D. T., and Cech, C. G.（1999）Comprehension of seeing as a referential act in young children, but not juvenile chimpanzees. *British Journal of Developmental Psychology* 17, 37－60.

Premack, D.（1959）Toward empirical behavior laws, I. Positive reinforcement. *Psychological Review* 66, 219－234.

Putnam, N.（1990）Revenge or tragedy: Do nerds suffer from a mild pervasive developmental disorder? S. Feinstein（ed.）, *Adolescent Psychiatry: Developmental and Clinical Studies*. Chicago: University of Chicago Press所収.

Quattrone, G. and Tversky, A.（1986）Self-deception and the voter's illusion. J. Elster（ed.）, *The Multiple Self*. Cambridge: Cambridge University Press, pp. 237－248, 所収.

Rabin, M.（1995）Moral preferences, moral constraints, and self-serving biases. Working Paper 95－241. Department of Economics. University of California at Berkeley.

Rachlin, H.（1985）Pain and behavior. *Behavior and Brain Sciences* 8, 43－83.

Rachlin, H.（1995a）Self-control: Beyond commitment. *Behavioral and Brain Sciences* 18, 109－159.

Rachlin, H.（1995b）Behavioral economics without anomalies. *Journal of the Experimental Analysis of Behavior* 64. 396－404.

Rachlin, H. and Green, L.（1972）Commitment, choice, and self-control. *Journal of Experimental Analysls Behavior* 17, 15－22.

Ragotzy, S. P., Blakely, E., and Poling, A.（1988）Self-control in mentally retarded adolescents: Choice as a function of amount and delay of reinforcement. *Journal of the Experimental Analysls of Behavior* 49, 191－199.

Rapoport, A.（1990）*Experimental Studies of lnteractive Decisions*. Dordrecht, the Netherlands: Kluwer Academic.

Raynor, J. O.（1969）Future orientation and motivation of immediate activity. *Psychological Review* 76, 606－610.

Rescorla, R A.（1988）Pavlovian conditioning: It's not what you think it is. *American Psychologist* 43. 151－160.

Ogden, C. and Richards, I.（1930）*The Meaning of Meanings*. New York: Harcourt Brace. 邦訳：オグデン／リチャーズ（2001）『新版　意味の意味』石橋幸太郎訳, 新泉社.

Olds, J.（1992）Mapping the mind onto the brain. Frederick G.Worden, and J. P. Swazey（eds.）, *The Neurosciences: Paths of Discovery*. Boston: Birkhaeuser, pp. 375－400, 所収.

Olds, J., and Milner, P.（1954）Positive reinforcement produced by electrical stimulation of septal area and other regions of rat brain. *Journal of Comparative and Physiological Psychology* 47, 419－427.

Olson, M.（1982）*The Rise and Decline of Nations*. New Haven. CT: Yale University Press. 邦訳：オルソン（1991）『国家興亡論：「集合行為論」から見た盛衰の科学』加藤寛監訳, PHP研究所.

Olson, M. and Bailey, M.（1981）Positive time preference. *Journal of Political Economy* 89, 1－25.

Origo, I.（1959）*The Merchant of Prato, Francesco di Marco Datini*. New York: Octagon. 邦訳：オリーゴ（1997）『プラートの商人：中世イタリアの日常生活』篠田綾子訳, 白水社.

Ostaszewski, P.（1996）The relation between temperament and rate of temporal discounting. *European Journal of Personality* 10, 161－172.

Palmer, R. C.（1993）*English Law in the Age of the Black Death*, 1348－1381. Chapel Hill: University of North Carolina Press.

Palmer, D. C. and Donahoe, J. W.（1992）Essentialism and selectionism in cognitive and behavior analysis. *American Psychologist* 47. 1344－1358.

Panksepp, J.（1982）Toward a general psychobiological theory of emotions. *Behavioral and Brain Sciences* 5, 407－467.

Pap, A.（1961）Determinism, freedom, moral responsibility, and causal talk. Sidney Hook（ed.）. *Determinism and Freedom in the Age of Modern Science*. New York: Collier, pp. 200－205, 所収.

Parfit, D.（1984）*Reasons and Persons*: Oxford: Oxford University Press. 邦訳：パーフィット（1998）『理由と人格――非人格性の倫理へ』森村進訳, 勁草書房.

Perls, F., Hefferline, R. F., and Goodman, P.（1958）*Gestalt Therapy*. New York: Julian. 邦訳：パールズ（1990）『ゲシュタルト療法――その理論と実際』日高正宏他訳, ナカニシヤ書店.

Perris, C.（1988）The foundations of cognitive psychotherapy and its standing in relation to other psychotherapies. C. Perris, I. M. Blackburn, and H. Perris（eds.）, *Cognitive Therapy: Theory and Practice*. London: Springer-Verlag, 所収.

Phelps, E. S. and Pollack, R. A.（1968）On second-best national saving and game-equilibrium growth. *Review of Economic Studies* 35, 185－199.

Piaget, J.（1932/1965）*The Moral Judgment of the Child*. New York: Free Press.

dopamine neurons by appetitive rather than aversive stimuli. *Nature* 379, 449 – 451.

Mischel, H. N. and Mischel, W. (1983) The development of children's knowledge of self-control strategies. *Child Development* 54. 603 – 619.

Mischel, W., Cantor, N. and Feldman, S. (1996) Principles of self-regulation: The nature of willpower and self-control. E. T. Higgins (ed.), *Social Psychology: Handbook of Basic Principles*. New York: Guilford Press, pp. 329 – 360, 所収.

Morgan, M. J. and Nicholas, D. J. (1979) Discrimination between reinforced action patterns in the rat. *Learning and Motivation* 10, 1 – 22.

Morgan, S. R. (1977) Personality variables as predictors of empathy, *Behavioral Disorders* 2, 89 – 94.

Morgenstern, O. (1979) Some reflections on utility. M. Allais and O. Hagen (eds.), *Expected Utility Hypotheses and the Allais Paradox*. Norwell, MA: Kluwer, pp. 175 – 183, 所収.

Mourant, J. A. (1967) Pelagius and Pelagianism. P. Edwards (ed.), *The Encyclopedia of Philosophy*, vol. 6. New York: Macmillan, pp. 78 – 79, 所収.

Mowrer, O. H. (1947) On the dual nature of learning: A re-interpretation of "conditioning" and "problem solving." *Harvard Educational Review* 17, 102 – 148.

Navarick, D. J. (1982) Negative reinforcement and choice in humans. *Learning and Motivaton* 13, 361 – 377.

Navarick, D. J., and Fantino, E. (1976) Self-control and general models of choice. *Journal of Experimental Psychology: Animal Behavior Processes* 2, 75 – 87.

Navon, D. and Gopher, D. (1979) On the economy of the human-processing system. *Psychological Review* 86, 214 – 255.

Nemiah, J. C. (1977) Alexithymia: Theoretical considerations. *Psychotherapy and Psychosomatics* 28, 199 – 206.

Nozick, R. (1969) Newcomb's problem and two principles of choice. N. Rescher (eds.), *Essays in Honor of C. G. Hempel*. Dordrecht: Reidel, pp. 114 – 146, 所収.

Nozick, R. (1993) *The Nature of Rationality*. Princeton, NJ: Princeton University Press.

O'Brien, C. P., Ehrman, R. N., and Ternes, J. W. (1986) Classical conditioning in human dependence. S. R. Goldberg and I. P. Stolerman (eds.), *Behavioral Analyses of Drug Dependence*. Orlando, FL: Academic Press, pp. 329 – 356, 所収.

Offer, A. (1995) Going to war in 1914: A matter of honor? *Politics and Society* 23, 213 – 240.

Offer, A. (1998) Epidemics of abundance: Overeating and slimming in the USA and Britain since the 1950s. *Discussion Papers in Economic and Social History* 25.

Reinforcement Value. Hillsdale, NJ: Erlbaum, pp. 55 – 73, 所収.

Mazur, J. E.（1997）Choice, delay, probability, and conditioned reinforcement. *Animal Learning and Behavior* 25, 131 – 147.

Mazur, J. E. and Logue. A.W.（1978）Choice in a self-control paradigm: Effects of a fading procedure. *Journal of the Experimental Analysis of Behavior* 30, 11 – 17.

McCartney, J.（1997）Between knowledge and desire: Perceptions of decision-making in the addictive behaviors. *Substance Use and Misuse*, 32, 2061 – 2092.

McClennen, E. F.（1990）*Rationality and Dynamic Choice*. New York: Cambridge University Press.

McDiarmid, C. G. and Rilling, M. E.（1965）Reinforcement delay and reinforcement rate as determinants of schedule preference. *Psychonomic Science* 2, 195 – 196.

McFarland, D. J., and Sibley, R. M.（1975）The behavioral final common path. *Philosophical Transactions of the Roval Society of London* B 270, 265 – 293.

Mele, A. R.（1995）*Autonomous Agents: From Self-Control to Autonomy*. New York: Oxford University Press.

Melzack, R., Weisz, A. Z., and Sprague, L. T.（1963）Stratagems for controlling pain: Contributions of auditory stimulation and suggestion. *Experimental Neurology* 8, 239 – 247.

Mendelsohn, J. and Chorover, S. L.（1965）Lateral hypothalamic stimulation in satiated rats: T-maze learning for food. *Science* 149, 559 – 561.

Metcalfe, J. and Jacobs, W.（1998）Emotional memory: The effects of stress on "cool" and "hot" memory systems. D. L. Medin（ed.）, *The Psychology of Learning and Motivation*, Vol. 38: *Advances in Research and Theory*. San Diego, CA: Academic Press, pp. 187 – 222, 所収.

Metcalfe, J. and Mischel, W.（1999）A Hot/Cool-System Analysis of Delay of Gratification: Dynamics of Willpower. Psychological Review, 106, 3-19.

Meyer, R.（1981）Conditioning factors in alcoholism. American Psychiatric Association 年次総会での発表論文. May.

Millar, A., and Navarick, D. J.（1984）Self-control and choice in humans: Effects of video game playing as a positive reinforcer. *Learning and Motivation* 15, 203 – 218.

Miller, J. G.（1994）Cultural diversity in the morality of caring: Individually oriented versus duty-based interpersonal moral codes. *Cross-Cultural Research: The Journal of Comparative Social Science* 28, 3 – 39.

Miller, N.（1969）Learning of visceral and glandular responses. *Science* 163, 434 – 445.

Mirenowicz, J. and Schultz, W.（1996）Preferential activation of midbrain

in the human operant literature. *Behavior Analysis* 21, 1 - 12.

Madden, G. J., Petry, N. M., Badger, G. J., and Bickel, W. K. (1997) Impulsive and self-control choices in opioid-dependent patients and non-drug-using control patients: Drug and monetary rewards. *Experimental and Clinical Psychopharmacology* 5, 256 - 262.

Magaro, P. A. (1991) *Cognitive Bases of Mental Disorders*. Newbury Park, CA: Sage.

Mahoney, M. J. (1991) *Human Change Processes: The Scientific Foundations of Psychotherapy*. New York: Basic Books.

Malekzadeh, A. R., and Nahavandi, A. (1987) Merger mania: Who wins? Who loses? *Journal of Business Strategy* 8, 76 - 79.

Marks, I. (1997) Behavior therapy for obsessive-compulsive disorder: A decade of progress. *Canadian Journal of Psychiatry* 42, 1021 - 1027.

Marlatt, G. A. and Gordon, J. R. (1980) Determinants of relapse: Implications for the maintenance of behavior change. P. O. Davidson and S. M. Davidson (eds.), *Behavioral Medicine: Changing Health Lifestyles*. Elmsford, NY: Pergamon, pp. 410 - 452, 所収.

Martin, J. (1991) A shortage of shock sparks plea for more. *The Philadelphia Inquirer*, Feb. 3, p. 3 - I.

Masterson, J. F. (1990) *Search for the Real Self: Unmasking the Personality Disorders of Our Age*. New York: Free Press.

Mawhinney, T. C. (1982) Maximizing versus matching in people versus pigeons. *Psychological Reports* 50, 267 - 281.

May, R. (1958) The origins and existential movement in psychology. R. May, E. Angel, and H. F. Ellenberger (eds.), *Existence: A New Dimension in Psychiatry and Psychology*, New York: Basic Books, pp. 3 - 36, 所収. 邦訳：メイ／エンジェル／エレンバーガー (1977)『実存――心理学と精神医学の新しい視点』伊東博他訳, 岩崎学術出版社.

May, R. (1967) The problem of will and intentionality in psychoanalysis. *Contemporary Psychoanalysis* 3, 55 - 70.

Maynard Smith, J. (1978) Optimization theory in evolution. *Annual Review of Ecology and Systematics* 9, 31 - 56.

Mazur, J. E. (1984) Tests of an equivalence rule for fixed and variable reinforcer delays. *Journal of Experimental Psychology: Animal Behavior Processes* 10, 426 - 436.

Mazur, J. E. (1986) Choice between single and multiple delayed reinforcers. *Journal of the Experimental Analysis of Behavior* 46, 67 - 77.

Mazur, J. E. (1987) An adjusting procedure for studying delayed reinforcement. M. L. Commons, J. E. Mazur, J. A. Nevin, and H. Rachlin (eds.), *Quantitative Analyses of Behavior V: The Effect of Delay and of Intervening Events on*

LaFave, L., Haddad, J., and Marshall, N. (1974) Humor judgments as a function of identification classes. *Sociology and Social Research* 58, 184 – 194.

Laibson. D. (1997) Golden eggs and hyperbolic discounting. *Quaterly Journal of Economics* 62, 443 – 479.

Landé, A. (1961) The case for indeterminism. Sidney Hook (ed.), *Determinism and Freedom in the Age of Modern Science*. New York: Collier, pp. 69 – 75, 所収.

Lassers, E. and Nordan, R. (1978) Separation-individuation of an identical twin. *Adolescent Psychiatry* 6, 469 – 479.

Lave, J. (1988) *Cognition in Practice: Mind, Mathematics and Culture in Everyday Life*. Cambridge: Cambridge University Press. 邦訳：レイヴ (1995)『日常生活の認知行動――ひとは日常生活でどう計算し，実践するか』無藤隆他訳, 新曜社.

Lea, S. E. G. (1979) Foraging and reinforcement schedules in the pigeon. *Animal Behavior* 27, 875 – 886.

Leamer, L. (1999) *Ascent: The Spiritual and Physical Quest of Legendary Mountaineer Willi Unsoeld*. Minot, ND: Quill.

Leibenstein, H. (1976) *Beyond Economic Man: A New Foundation for Microeconomics*. Cambridge, MA: Harvard University Press.

Licklider, J. C. R. (1959) On psychophysiological models. W. A. Rosenbluth (ed.), *Sensory Communication*. Cambridge, MA: MIT Press, 所収.

Loevinger, J. (1976) *Ego Development*, San Francisco: Jossey-Bass.

Loewenstein, G. F. (1996) Out of control: Visceral influences on behavior. *Organizational Behavior and Human Decision Processes* 35, 272 – 292.

Loewenstein, G. F. (1999) A visceral account of addiction. In J. Elster and O.-J. Skog (eds.), *Getting Hooked, Rationality and Addiction*. Cambridge: Cambridge University Press.

Logue, A. W., and Mazur, J. E. (1981) Maintenance of self-control acquired through a fading process: Follow-up on Mazur and Logue. (1978). *Behaviour Analysis Letters* 1, 131 – 137.

Lorenz, K. (1970) The enmity between generations and its probable ethological causes. *Psychoanalytic Review* 57, 333 – 377.

Lotka, A. (1957) *Elements of Mathematical Biology*. New York: Dover.

Macaulay, S. (1963) Non-contractual relations in business: A preliminary study. *American Sociological Review* 28, 55 – 67.

Macdonald, J., and Piggott, J. (1993) *Global Quality: The New Management Culture*. San Diego, CA: Pfeiffer.

MacKintosh, N. J. (1983) *Conditioning and Associative Learning*. New York: Clarendon.

Madden, G. J., Chase, P. N., and Joyce, J. H. (1998) Making sense of sensitivity

Kenny, A.（1963）*Action, Emotion, and Will.* London: Humanities Press.

Kern, F.（1948）*Kingship and Law in the Middle Ages*（S. B. Chrimes, trans.）. Westport. CT: Greenwood Press.

Kirby, K. N.（1997）Bidding on the future: Evidence against normative discounting of delayed rewards. *Journal of Experimental Psychology: General* 126, 54－70.

Kirby, K. N., and Guastello, B.（2000）Making choices in the context of similar, future choices can increase self-control. 未刊行原稿.

Kirby, K. N., and Herrnstein, R. J.（1995）Preference reversals due to myopic discounting of delayed reward. *Psychological Science* 6, 83－89.

Kirby, K. N., Petry, N. M., and Bickel, W. K.（1999）Heroin addicts have higher discount rates for delayed rewards than non-drug-using controls. *Journal of Experimental Psychology: General* 128, 78－87.

Kirsh, I. and Lynn, S. J.（1999）Automaticity in clinical psychology. *American Psychologist* 54, 504－515.

Klein, B. and Leffer, K. B.（1981）The role of market forces in assuring contractual performance. *Journal of Political Economy* 89. 615－640.

Klein, R.（1989）Introduction to the disorders of the self. J. F. Masterson and R. Klein（eds.）, *Psychotherapy of the Disorders of the Self.* New York: Brunner/Mazel所収.

Kobasa, S. C. and Maddi, S. R.（1983）Existential personality theory, R. J. Corsini and A. J. Marsella（eds.）, *Personality Theories, Research and Assessment.* Itasca, IL: Peacock所収.

Kofta, M., Weary, G. and Sedek, G.（1998）*Personal Control in Action: Congnitive and Motivational Mechanisms.* New York and London: Plenum.

Kohlberg, L.（1963）The development of children's orientations toward a moral order: I. Sequence in the development of moral thought. *Vita Humana* 6, 11－33.

Kohlberg, L.（1973）Continuities in childhood and adult moral development revisited. P. B. Baltes and K. W. Schaie（eds.）, *Lifespan Developmental Psychology.* New York: Academic Press, pp. 179－204, 所収.

Krebs, J. R.（1978）Optimal foraging: Decision rules for predators. J. R. Krebs and N. B. Davies（eds.）, *Behavioral Ecology.* Sunderland, MA: Sinauer, 所収.

Kuhl, J.（1994）Motivation and volition. G. d' Ydewalle, P. Bertelson, and P. Eelen（eds.）, *International Perspectives on Psychological Science*, vol. 2. Hillsdale. NJ: Erlbaum, pp. 311－340, 所収.

Kuhl, J.（1996）Who controls whom when "I control myself"? *Psychological Inquiry* 7, 61－68.

Kyokai, B. D.（1996）*The Teaching of Buddha: The Way of Practice*（893rd ed.）. Tokyo: Kosaido Printing Co. 原著仏教伝道教会（1996）『釈尊のことば』.

discrimination time in the great tit (*Panus major L.*). *Behavioral Ecology and Sociobiology* 6, 169 – 175.

Huizinga, J. (1924) *The Waning of the Middle Ages*. New York: St Martin's Press. 邦訳：ホイジンガ (1971)『中世の秋』堀越孝一訳, 中央公論社.

Hurley, S. L. (1991) Newcomb's problem, prisoners' dilemma, and collective action. *Synthese* 82, 173 – 196.

Izard, C. E. (1971) *The Face of Emotion*. New York: Appleton-Century-Crofts.

Jaffe, Y., Shapir, N., and Yinon, Y. (1981) Aggression and its escalation. *Journal of Cross-Cultural Psychology* 12, 21 – 36.

James, W. (1884/1967) The dilemma of determinism. J. McDermott (ed.), *The Writings of William James*. Chicago: University of Chicago Press, pp. 587 – 610, 所収.

James. W. (1890) *Principles of Psychology*. New York: Holt.

Jeavons, P. and Harding, G. (1975) *Photoreactive Epilepsy: A Review of the Literature and a Study of 460 Patients*, London: Heinemann.

Jevons, W. S. (1871/1911) *The Theory of Political Economy*. London: Macmillan. 邦訳：ジェヴォンズ (1981)『経済学の理論』小泉信三他訳, 日本経済評論社.

Johnson, D. F. and Collier, G. H. (1987) Caloric regulation and patterns of food choice in a patchy environment: The value and cost of alternative foods. *Physology and Behavior* 39, 351 – 359.

Jowett, B. (1892/1937) *The Dialogues of Plato*. New York: Random House. vol. 1. (Plato, 1892 も参照). プラトン『対話篇』(邦訳多数).

Kagel, J. H., Battalio, R. C., and Green, L. (1983) Matching versus maximizing: Comments on Prelec's paper. *Psychological Review* 90. 380 – 384.

Kagel, J. H., Green, L., and Caraco, T. (1986) When foragers discount the future: Constraint or adaptation? *Animal Behavior* 34, 271, 283.

Kainer, R. G. and Gourevitch, S. J. (1983) On the distinction between narcissism and will: Two aspects of the self. *Psychoanalytic Review* 70, 535 – 552.

Kane, R (1989) Two kinds of incompatibilism. *Philosophy and Phenomenological Research* 50, 220 – 254.

Kanfer, F. H. (1975) Self-management methods. F. Kanfer and A. Goldstein (eds.), *Helping People Change*. Elmsford, NY: Pergamon, pp. 283 – 345, 所収.

Kant, I. (1793/1960) *Religion within the Limits of Reason Alone*. T. Green and H. Hucken (trans.). New York: Harper and Row, pp. 15 – 49. 邦訳：カント (2000)『カント全集10――たんなる理性の限界内の宗教』北岡武司訳, 岩波書店.

Karoly, P. (1993) Mechanisms of self-regulation: A systems view. L. W. Porter and M. R. Rosenzweig (eds.), *Annual Review of Psychology*, vol. 44. Palo Alto, CA: Annual Reviews, pp. 23 – 52, 所収.

Kavka, G. (1983) The toxin puzzle. *Analysis* 43, 33 – 36.

Behavioral Decision Making 6. 149 - 185.

Herrnstein, R. J., and Loveland, D. H. (1975) Maximizing and matching on concurrent ratio Schedules. *Journal of the Experimental Analysis of Behavior* 24, 107 - 116.

Herrnstein, R. J., and Prelec, D. (1992) Melioration. G. Loewenstein and J. Elster (eds.). *Choice Over Time*. New York: Sage, pp. 235 - 264, 所収.

Herzberg, F. (1965) *Work and the Nature of Man*. Cleveland: World. 邦訳：ハーズバーグ (1968)『仕事と人間性——動機づけ―衛生理論の新展開』北野利信訳，東洋経済新報社.

Heyman, G. M. (1996) Resolving the contradictions of addiction. *Behavioral and Brain Sciences* 19, 561 - 610.

Heyman, G. M. and Tenz, L. (1995) How to teach a pigeon to maximize overall reinforcement rate. *Journal of the Experimental Analysis of Behavior* 64, 277 - 297.

Hilgard, E. R. (1977) *Divided Consciousness, Multiple Controls, and Human Thought and Action*. New York: Wiley.

Hilgard, E. R. and Hilgard, J. R. (1994) *Hypnosis in the Relief of Pain* (rev. ed.). New York: Brunner/Mazel. 邦訳：E. R.ヒルガード，J. R.ヒルガード (1978)『痛みの心理学——催眠によるペイン・コントロール』斎藤稔正訳，黎明書房.

Hilgard, E. R. and Marquis, D. G. (1940) *Conditioning and Learning*. NewYork: Appleton-Century-Crofts.

Hinshelwood, R. D. (1989) *A Dictionary of Kleinian Thought*. London: Free Association Books.

Hirschman, A. (1967) *Development Projects Observed*. Washington, DC: The Brookings Institution. 邦訳：ハーシュマン (1973)『開発計画の診断』麻田四郎他訳，巌松堂出版.

Hirschman. A (1977) *The Passions and the Interests*. Princeton. NJ: Princeton University Press. 邦訳：ハーシュマン (1985)『情念の政治経済学』佐々木毅他訳，法政大学出版局.

Ho, M. -Y., Al-Zahrani, S. S. A., Al-Ruwaitea, A. S. A., Bradshaw, C. M., and Szabadi, E. (1998) 5-Hydroxytryptamine and impulse control: Prospects for a behavioural analysis. *Journal of Psychopharmacology* 12, 68 - 78.

Hollerman, J. R., Tremblay, L., and Schultz, W. (1998) Influence of reward expectation on behavior-related neuronal activity in primate striatum. *Journal of Neurophysiology* 80, 947 - 963.

Hollis, M. (1983) Rational preferences. *The Philosophical Forum* 14. 246 - 262.

Horvitz, J. C., Tripp, S., and Jacobs, B. L. (1997) Burst activity of ventral tegmental dopamine neurons is elicited by sensory stimuli in the awake cat. *Brain Research* 759, 251 - 258.

Houston, A. I., Krebs, J. R., and Erichsen, J. T. (1980) Optimal prey choice and

Granda, A. M., and Hammack, J. T. (1961) Operant behavior during sleep. *Science* 133. 1485 – 1486.

Green, L., Fisher, E. B., Jr., Perlow S., and Sherman, L. (1981) Preference reversal and self-control: Choice as a function of reward amount and delay. *Behaviour Analysis Letters* 1, 43 – 51.

Green, L., Fry, A., and Myerson, J. (1994) Discounting of delayed rewards: A life-span comparison. *Psychonomic Science* 5, 33 – 36.

Green, L. and Myerson, J. (1993) Alternative frameworks for the analysis of self-control. *Behavior and Philosophy* 21, 37 – 47.

Green, L., Price, P. C., and Hamburger, M. E. (1995) Prisoner's dilemma and the pigeon: Control by immediate consequences. *Journal of the Experimental Analysis of Behavior* 64, 1 – 17.

Hampton, C. (1976) *Savages*. London: Samuel French.

Harland, R. (1987) *Superstructuralism: The Philosophy of Structuralism and Post-Structuralism*. London: Methuen.

Harris, C. and Laibson, D. (1999) Dynamic choices of hyperbolic consumers. GREMAQ/CEPR Conference on Economics and Psychology での発表論文. Toulouse, France, June 19.

Haryey, C. M. (1994) The reasonableness of non-constant discounting. *Journal of Public Economics* 53, 31 – 51.

Hatcher, R. (1973) Insight and self-obseryation. *Journal of the American Psychoanalytic Association* 21, 337 – 398.

Hearst, E. (1975) The classical-instrumental distinction: Reflexes, voluntary behavior, and categories of associative learning. W. Estes (ed.), *Handbook of Learning and Cognitive Processes*, vol. 2. New York: Erlbaum, pp. 181 – 223, 所収.

Heath, R. G. (1992) Correlation of brain activity with emotion: A basis for developing treatment of violent-aggressive behavior. *Journal of the American Academy of Psychoanalysis* 20, 335 – 346.

Heather, N. (1998) A conceptual framework for explaining drug addiction. *Journal of Psychopharmacology* 12, 3 – 7.

Herrnstein, R. J. (1961) Relative and absolute strengths of response as a function of frequency of reinforcement. *Journal of the Experimental Analysis of Behavior* 4, 267 – 272.

Herrnstein, R. J. (1969) Method and theory in the study of avoidance. *Psychological Review* 76, 49 – 69.

Herrnstein, R. J. (1997) *The Matching Law, Papers in Psychology and Economics*. H. Rachlin and D. I. Laibson (eds.), New York: Sage.

Herrnstein, R. J., Loewenstein, G., Prelec, D., and Vaughan, W., Jr. (1993) Utility maximization and melioration: Internalities in individual choice. *Journal of*

Gardner, E. L. (1997) Brain reward mechanisms. J. H. Lowinson, P. Ruiz, R. B. Millman, and J. G. Langrod (eds.). *Substance Abuse: A Comprehensive Textbook* (3rd ed.) Baltimore: Williams & Wilkins, pp. 51 - 85, 所収.

Gardner, E. L. (1999) The neurobiology and genetics of addiction: Implications of the "reward deficiency syndrome" for therapeutic strategies in chemical dependency. J. Elster (ed.). *Addiction: Entries and Exits*, New York: Russell Sage, pp. 57 - 119, 所収.

Garson, J. W. (1995) Chaos and free will. *Philosophical Psychology* 8. 365 - 374.

Gergen, K. J. (1985) The social constructionist movement in modern psychology. *American Psychologist* 40, 266 - 275.

Gergen, M. (1994) Free will and psychotherapy: Complaints of the draughtsmen's daughters. *Journal of Theoretical and Philosophical Psychology* 14, 13 - 24.

Gibbon, J. (1977) Scalar expectancy theorv and Weber's law in animal timing. *Psychological Review* 84, 279 - 325.

Gilbert, D. T., Pinel, E. C., Wilson, T. D., Blumberg, S. J., and Wheatley, T. P. (1999) Immune neglect: A source of durabillty bias in affective forecasting. GREMAQ/CEPR Conference on Economics and Psychology での発表論文. Toulouse, France. June 18.

Gilligan, C. (1977) In a different voice: Womens' conceptions of self and morality. *Harvard Educational Review* 47, 481 - 517.

Gilligan. C. (1982) *In a Different Voice, Psychological Theory and Women's Development.* Cambridge. MA: Harvard University Press. 邦訳：ギリガン (1986)『もうひとつの声——男女の道徳観のちがいと女性のアイデンティティ』岩男寿美子訳, 川島書店.

Gjesme, T. (1983) On the concept of future time orientation: Considerations of some functions' and measurements' implications. *International Journal of Psychology* 18. 443 - 461.

Glantz, K. and Pearce, J. (1989) *Exiles from Eden: Psychotherapy from an Evolutionary Perspective.* New York: Norton.

Gleick, J. (1987) *Chaos: Making a New Science.* New York: Viking Penguin. 邦訳：グリック (1991)『カオス——新しい科学をつくる』大貫昌子訳, 新潮文庫.

Goldiamond, I. (1965) Self-control procedures in personal behavior problems. *Psychological Reports* 17, 851 - 868.

Goldsmith, H. H., Buss, K. A., and Lemery, K. S. (1997) Toddler and childhood temperament: Expanded content, stronger genetic evidence, new evidence for the importance of environment. *Developmental Psychology* 33, 891 - 905.

Gosling, J. (1990) *Weakness of Will.* London: Routledge.

Grace, R. C. (1994) A contextual model of concurrent chains choice. *Journal of the Experimental Analysis of Behavior* 61. 113 - 129.

Eysenck, H. J.（1967）Single trial conditioning, neurosis and the Napalkov phenomenon. *Behavior Research and Therapy* 5, 63 - 65.

Faught, E., Falgout, J., Nidiffer, D., and Dreifuss, F. E.（1986）Self-induced photosensitive absence seizures with ictal pleasure. *Archives of Neurology* 43, 408 - 410.

Fehr, E. and Gachter, S.（1999）Cooperation and punishment in public goods experiments. GREMAQ/CEPR Conference on Economics and Psychology での発表論文, Toulouse, France, June 19.

Ferguson, R.（1989）On crashes. *Financial Analysts Journal* 45, 42 - 52.

Fisher, A.（1962）Effects of stimulus variation on sexual satiation in the male rat. *Journal of Comparative and Physiological Psychology* 55, 614 - 620.

Frank, R. H.（1988）*Passions Within Reason*. New York: W. W. Norton. 邦訳：フランク（1995）『オデッセウスの鎖――適応プログラムとしての感情』大坪庸介他訳，サイエンス社.

Fredrickson, B. L. and Kahneman, D.（1993）Duration neglect in retrospective evaluations of affective episodes. *Journal of Personality and Social Psychology* 65, 45 - 55.

Freud, S.（1895/1956）*Project for a Scientific Psychology*. J. Strachey and A. Freud（eds.），*The Standard Edition of the Complete Psychological Works of Sigmund Freud*. London: Hogarth, vol. 1所収. 邦訳：フロイト（1974）「科学的心理学草稿」『フロイト著作集』VII, 小此木啓吾訳, 人文書院, pp. 231 - 450.

Freud, S.（1911）Ibid., vol. 12. *Formulations on the Two Principles of Mental Functioning*. 邦訳：フロイト（1970）「精神現象の2原則に関する定式」『フロイト著作集』VI, 井村恒郎訳, 人文書院, pp. 36 - 41.

Freud, S.（1916 - 1917）Ibid., vol. 16. *Introductory Lectures on Psycho-Analysis*. 邦訳：フロイト（1971）『精神分析入門』『フロイト著作集』I, 懸田克躬・高橋義孝訳, 人文書院.

Freud, S.（1920）Ibid., vol. 18. *Beyond the Pleasure Principle*. 邦訳：フロイト（1970）「快感原則の彼岸」『フロイト著作集』VI, 小此木啓吾訳, 人文書院, pp. 150 - 194.

Freud, S.（1923）Ibid., vol. 19. *The Ego and the Id*. 邦訳：フロイト（1970）「自我とエス」『フロイト著作集』VI, 小此木啓吾訳, 人文書院, pp. 263 - 299.

Freud, S.（1926）Ibid., vol. 20. *Inhibitions, Symptoms, and Anxiety*. 邦訳：フロイト（1970）「制止，症状，不安」『フロイト著作集』VI, 井村恒郎訳, 人文書院, pp. 320 - 376.

Frijda, N. H.（1986）*The Emotions*. Cambridge: Cambridge University Press.

Fuller. R. K. and Roth, H. P.（1979）Disulfiram for the treatment of alcoholism. *Annals of Internal Medicine* 90, 901 - 904.

Galen（1963）*Galen on the Passions and Errors of the Soul*. P.W. Harkins（trans.）. Columbus. OH: Ohio: Ohio State University Press.

Ellenberger, H. F. (1983) A clinical introduction to psychiatric phenomenology and existential analysis. R. May, E. Angel, and H. Ellenberger (eds.), *Existence: A New Division in Psychiatry and Psychology*. New York: Basic Books, pp. 92 - 124, 所収.

Ellis, A. and Grieger, R. (1977) *R.E.T.: Handbook of Rational-Emotive Therapy*. New York: Springer.

Elner, R. W. and Hughes, R. N. (1978) Energy maximization in the diet of the shore crab *Carinus maenas*. *Journal of Animal Ecology* 47, 103 - 116.

Elster, J. (1979) *Ulysses and the Sirens: Studies in Rationality and Irrationality*. Cambridge: Cambridge University Press.

Elster, J. (1981) States that are essentially by-products. *Social Science Information* 20, 431 - 473. 以下に再録: Elster, J. (1983) *Sour Grapes: Studies in the Subversion of Rationality*. Cambridge: Cambridge University Press, pp. 43 - 108.

Elster, J. (1989a) *Nuts and Bolts for the Social Sciences*. Cambridge: Cambridge University Press. 邦訳:エルスター (1997)『社会科学の道具箱』海野道郎訳, ハーベスト社.

Elster, J. (1989b) *The Cement of Society*. Cambridge: Cambridge University Press.

Elster, J. (1999a) Gambling and addiction. J. Elster and O.-J. Skog (eds.), *Getting Hooked: Rationality and Addiction*. Cambridge: Cambridge University Press, 所収.

Elster, J. (1999b) *Strong Feelings: Emotion, Addiction, and Human Behavior*. Cambridge, MA: MIT Press.

Elster, J. (2000) *Ulysses Unbound*. Cambridge: Cambridge University Press.

Empson, W. (1930) *Seven Types of Ambiguity*. London: New Directions. 邦訳:エンプソン (1974)『曖昧の七つの型』岩崎宗治訳, 岩波文庫.

Epstein, S. (1998) Personal control from the perspective of cognitive-experiential self-theory. In M. Kofta, G. Weary, and G. Sedek (eds.), *Personal Control in Action: Cognitive and Motivational Mechanisms*. New York and London: Plenum, 所収.

Erasmus, D. (1509/1983) *The Praise of Folly*. Leonard F. Dean (ed.). Putney, VT: Hendricks House. 邦訳:エラスムス (1954)『痴愚神礼讃』渡辺一夫訳, 岩波文庫.

Erdelyi, M. H. (1990) Repression, reconstruction and defense: History and integration of the psychoanalytic and experimental frameworks. J. L. Singer, (ed.), *Repression and Dissociation: Implications for Personality Theory, Psychopathology, and Health*. Chicago: Chicago University Press, pp. 1 - 31, 所収.

Evans, D. (1975) Moral weakness. *Philosophy* 50, 295 - 310.

房.
Davies, N. (1981) *Human Sacrifice in History and Today*. New York: Morrow.
Davison, W. (1888) *The Christian Conscience*. London: Woolmer.
Day, C. (1948) *The Best of Clarence Day*. New York: Knopf.
Demos, J. (1971) *A Little Commonwealth: Family Life in the Plymouth Colony*. New York: Oxford University Press.
Dennett, D. C. (1984) *Elbow Room: The Varieties of Free Will Worth Wanting*. Cambridge, MA: MIT Press.
Deutsch, J. A. and Howarth, C. I. (1963) Some tests of a theory of intracranial self-stimulation. *Psychological Review* 70, 444 - 460.
DeVilliers, P. (1977) Choice in concurrent schedules and a quantitative formulation of the law of effect. W. Honig and J. Staddon (eds.), *Handbook of Operant Behavior*. Englewood Cliffs, NJ: Prentice-Hall, pp. 233 - 287, 所収.
DeVilliers, P. and Herrnstein, R. (1976) Toward a law of response strength. *Psychological Bulletin* 83, 1131 - 1153.
Dewsbury, D. A. (1981) Effects of novelty on copulatory behavior: The Coolidge effect and related phenomena. *Psychological Bulletin* 89, 464 - 482.
Dickinson, A. (1980) *Contemporary Animal Learning Theory*. New York: Cambridge University Press.
Donahoe, J. W., Burgos, J. E., and Palmer, D. C. (1993) A selectionist approach to reinforcement. *Journal of the Experimental Analysis of Behavior* 60, 17 - 40.
Donahoe, J. W., Palmer, D. C., and Burgos, J. E. (1997) The S - R issue: Its status in behavior analysis and in Donahoe and Palmer's *Learning and Complex Behavior*. *Journal of the Experimental Analysis of Behavior* 67, 193 - 211 (commentaries until 273).
Douglas, M. (1966) *Purity and Danger: An Analysis of Concepts of Pollution and Taboo*. London: Routledge and Kegan Paul. 邦訳：ダグラス (1995)『汚穢と禁忌』塚本利明訳, 思潮社.
Downs, D. (1995) *The Actor's Eye: Seeing and Being Seen*. New York: Applause Theatre Books.
Dweyer, P. and Renner, E. (1971) Self-punitive behavior: Masochism or confusion? *Psychological Review* 78, 333 - 337.
Dworkin, B. R. and Miller, N. E. (1986) Failure to replicate visceral learning in the acute curarized rat preparation. *Behavioral Neuroscience* 100, 299 - 314.
Ekman, P. and Friesen, W. V. (1986) A new pan-cultural facial expression of emotion. *Motivation and Emotion* 10, 159 - 168.
Ellenberger, H. F. (1970) *The Discovery of the Unconscious*. New York: Basic Books. 邦訳：エレンベルガー (1980)『無意識の発見——力動精神医学発達史』上下, 木村敏・中井久夫監訳, 弘文堂.

Broad, C. D.（1962）Determinism, indeterminism and libertarianism. S. Morgenbesser and J. Walsh（eds.）, *Free Will.* Englewood Cliffs, NJ: Prentice-Hall, pp. 115 - 132, 所収.

Brunner, D.（1999）Preference for sequences of rewards: Further tests of a parallel discounting model. *Behavioral Processes* 45, 87 - 99.

Brunner, D. and Gibbon, J.（1995）Value of food aggregates: Parallel versus serial discounting. *Animal Behavior* 50, 1627 - 1634.

Brunsson, N.（1982）*The Irrational Organization.* Stockholm: Stockholm School of Economics.

Burnett, J.（1969）*A History of the Cost of Living.* Baltimore: Penguin Books.

Campbell, R. and Sowden, L.（eds.）.（1985）*Paradoxes of Rationality and Cooperation.* Vancouver: University of British Columbia.

Campfield, L. A., Smith, F. J., and Burn, P.（1998）Strategies and potential molecular targets for obesity treatment. *Science* 280, 1383 - 1387.

Carlson, A. J.（1916）The relation of hunger to appetite. *The Control of Hunger in Health and Disease.* Chicago: University of Chicago Press.

Carrillo, J. D.（1999）Self-control, moderate consumption, and craving. 未刊行原稿. Universite Libre de Bruxelles.

Casalino, L. P.（1999）The unintended consequences of measuring quality on the quality of medical care. *New England Journal of Medicine* 341, 1147 - 1150.

Case, D.（1997）Why the delay-of-reinforcement gradient is hyperbolic. Society for the Quantitative Analysis of Behavior 第20回年次総会での発表論文, Chicago, May 22.

Charlton, W.（1988）*Weakness of the Will.* Oxford: Blackwell.

Chung, S. and Herrnstein, R. J.（1967）Choice and delay of reinforcement. *Journal of the Experimental Analysis of Behavior* 10, 67 - 74.

Clum, G. A.（1989）Psychological interventions vs. drugs in the treatment of panic. *Behavior Therapy* 20, 429 - 457.

Corsini, R. J.（1984）*Current Psychotherapies.* Itasca, IL: Peacock.

Crane, A. M.（1905）*Right and Wrong Thinking and Their Results.* Boston: Lathrop.

Crews, F.（1995）*The Memory Wars: Freud's Legacy in Dispute.* New York: New York Review of Books.

Cropper, M. L., Aydede, S. K., and Portney, P. R.（1991）Discounting human lives. *American Journal of Agricultural Economics* 73, 1410 - 1415.

Darwin, C.（1872/1979）*The Expressions of Emotions in Man and Animals.* London: Julan Friedman Publishers. 邦訳：ダーウィン（1931）『人及び動物の表情について』浜中浜太郎訳, 岩波文庫.

Davidson, D.（1980）*Essays on Actions and Events.* London: Oxford University Press. 邦訳：デイヴィドソン（1990）『行為と出来事』服部裕幸他訳, 勁草書

Psychology and Economics での発表論文, Brussels, June 9 – 11.

Benjamin, J.（1988）*The Bonds of Love*. New York: Pantheon.邦訳：ベンジャミン（1996）『愛の拘束』寺沢みずほ訳，青土社.

Bennett, A.（1918）*Self and Self-Management*. New York: George H. Doran.

Berger, A. A.（1987）Humor: An introduction. Special issue: Humor, the psyche, and society. *American Behavioral Scientist* 30, 6 – 15.

Berlyne, D. E.（1974）*Studies in the New Experimental Aesthetics*. Washington, DC: Hemisphere.

Bernoulli, D.（1738/1954）Exposition of a new theory on the measurement of risk. *Econometrica* 22, 23 – 26.

Bickel, W. K., Odum, A. L., and Madden, G. J.（1999）Impulsivity and cigarette smoking: Delay discounting in current, never, and ex-smokers. *Psychopharmacology* 146, 447 – 454.

Blessing, L.（1988）*A Walk in the Woods*. New York: New American Library.

Bodner, R. and Prelec, D.（1995）The diagnostic value of actions in a selfsignaling model. Norwegian Research Council Working Group on Addiction での発表論文, Oslo, Norway, May 26, 1995.

Boehme, R., Blakely, E., and Poling, A.（1986）Runway length as a determinant of self-control in rats. *The Psychological Record* 36, 285 – 288.

Bogen, J. and Moravcsik, J.（1982）Aristotle's forbidden sweets. *History and Philosophy* 20, 111 – 127.

Boring, E. G.（1950）*A History of Experimental Psychology*, New York: Appleton-Century-Crofts.

Bouman, T. K. and Emmelkamp, P.（1996）Panic disorder and agoraphobia. V. B. Van Hasselt and M. Hersen（eds.）, *Sourcebook of Psychological Treatment Manuals for Adult Disorders*. New York: Plenum, pp. 23 – 63, 所収. 邦訳：ボウマン／エメルカンプ（2000）「パニック障害と広場恐怖症治療マニュアル」, ハッセル／ハーセン（2000）『エビデンスベイスト心理治療マニュアル』坂野雄二他訳, 日本評論社, pp. 1 – 51収録.

Bratman, M. E.（1987）*Intention, Plans, and Practical Reason*. Cambridge, MA: Harvard University Press. 邦訳：ブラットマン（1994）『意図と行為——合理性，計画，実践的推論』門脇俊介他訳, 産業図書.

Bratman, M. E.（1999）*Faces of Intention: Selected Essays on Intention and Agency*. Cambridge: Cambridge University Press.

Brehm, J. W. and Brummett, B. H.（1998）The emotional control of behavior. In M. Kofta, G. Weary, and G. Sedek（eds.）, *Personal Control in Action: Cognitive and Motivational Mechanisms*. New York and London: Plenum.

Brennan, G. and Tullock, G.（1982）An economic theory of military tactics: Methodological individualism at war. *Journal of Economic Behavior and Organization* 3, 225 – 242.

房.
Axelrod, R. M. (1990) The emergence of cooperation among egoists. P. K. Moser (ed.), *Rationality in Action: Contemporary Approaches.* New York: Cambridge University Press, pp. 294 - 314, 所収.
Ayers, S. (1997) The application of chaos theory to psychology. *Theory and Psychology* 7, 373 - 398.
Azrin, N. H. (1961) Time-out from positive reinforcement. *Science* 133, 382 - 383.
Azrin, N. H., Nunn, R., and Frantz-Renshaw, S. (1982) Habit reversal vs. negative practice of self-destructive oral habit (biting, chewing, or licking of lips, cheeks, tongue, or palate). *Journal of Behavior Therapy in Experimental Psychiatry* 13, 49 - 54.
Bain, A. (1859/1886) *The Emotions and the Will.* New York: Appleton.
Basmajian, J. V. *Biofeedback: Principles and Practice for Clinicians* (3d ed.) Baltimore: Williams & Wilkins.
Batson, C. D. and Shaw, L. L. (1991) Evidence for altruism: Toward a pluralism or prosocial motives. *Psychological Inquiry* 2, 159 - 168.
Baum, W. M. and Heath, J. L. (1992) Behavioral explanations and intentional explanations in psychology. *American Psychologist* 47, 1312 - 1317.
Baumeister, R. F. (1984) Choking under pressure: Self-consciousness and paradoxical effects of incentives on skillful performance. *Journal of Personality and Social Psychology* 46, 610 - 620.
Baumeister, R. F. and Heatherton, T. (1996) Self-regulation failure: An overview. *Psychological Inquiry* 7, 1 - 15.
Beck, A. T. (1976) *Cognitive Therapy and the Emotional Disorders.* New York: International Universities Press. 邦訳：ベック (1990)『認知療法――精神療法の新しい発展』大野裕訳, 岩崎学術出版社.
Becker, E. (1973) *The Denial of Death.* New York: Free Press. 邦訳：ベッカー (1989)『死の拒絶』今防人訳, 平凡社.
Becker, G. S. (1976) *The Economic Approach to Human Behavior.* Chicago: Chicago University Press.
Becker, G. S., Grossman, M. and Murphy, K. M. (1994) An empirical analysis of cigarette addiction. *American Economic Review* 84, 396 - 418.
Becker, G. S. and Murphy, K. (1988) A theory of rational addiction. *Journal of Political Economy* 96, 75 - 700.
Becker, H. S. (1960) Notes on the concept of commitment. *American Journal of Sociology* 66, 32 - 40.
Beecher, H. (1959) *Measurement of Subjective Responses.* New York: Oxford University Press.
Benabou, R. and Tirole, J. (2000) Personal rules. ECARES-CEPR Conference on

Physiological Psychology 87, 373 - 383.

Ainslie, G. and Gault, B. (1997) Intention isn't indivisible. *Behavioral and Brain Sciences* 20, 365 - 366.

Ainslie, G. and Haendel, V. (1983) The motives of the will. E. Gottheil, K. Druley, T. Skodola, and H. Waxman (eds.), *Etiology Aspects of Alcohol and Drug Abuse*. Springfield, IL: Charles C. Thomas, pp. 119 - 140, 所収.

Ainslie, G. and Herrnstein, R. (1981) Preference reversal and delayed reinforcement. *Animal Learning and Behavior* 9, 476 - 482.

Ainslie, G. and Monterosso, J. (2000) Bundling choices into series makes rats switch preference from smaller-earlier to larger-later sucrose rewards. 未刊行原稿.

Ainslie, G., Monterosso, J., Mullen, P. T., and Gault, B. (準備中) Recovery from apparent defections in very long prisoner's dilemma games.

Allison, J. (1981) Economics and operant conditioning. P. Harzen and M. D. Zeiler (eds.), *Predictability, Correlation, and Contiguity*. New York: Wiley, pp. 321 - 353, 所収.

Altman, J., Everitt, B. J., Glautier, S., Markou, A., Nutt, J., Oretti, R., Phillips, G. D., and Robbins, T. W. (1996) The biological, social and clinical bases of drug addiction: Commentary and debate. *Psychopharmacology* 125, 285 - 345.

American Psychiatric Association (1994) *Diagnostic and Statistical Manual of Mental Disorders* (4th ed.). Washington, DC: APA Press.

Amundson, R. (1990) Doctor Dennett and Doctor Pangloss: Perfection and selection in biology and psychology. *Behavioral and Brain Sciences* 13, 577 - 581.

Anderson, L. and Alpert, M. (1974) Operant analysis of hallucination frequency in a hospitalized schizophrenic. *Journal of Behavior Therapy and Experimental Psychiatry* 5, 13 - 18.

Appel, J. B. (1963) Aversive aspects of a schedule of positive reinforcement. *Journal of the Experimental Analysis of Behavior* 6, 423 - 428.

Archer, W. (1888) *Masks or Faces: A Study in the Psychology of Acting*. London: Lunmans.

Aristotle (1984) *The Complete Works of Aristotle*. J. Barnes (ed.). Princeton, NJ: Princeton University Press.

Atkinson, J. W. and Birch, D. (1970) *The Dynamics of Action*. New York: Wiley.

Atnip, G. (1977) Stimulus and response-reinforcer contingencies in autoshaping, operant, classical and omission training procedures in rats. *Journal of the Experimental Analysis of Behavior* 28, 59 - 69.

Averill, J. R. (1988) Disorders of emotion. *Journal of Social and Clinical Psychology* 6, 247 - 268.

Axelrod, R. M. (1984) *The Evolution of Cooperation*. New York: Basic Books. 邦訳：アクセルロッド (1998)『つきあいかたの科学』松田裕之訳，ミネルヴァ書

参考文献

Agarwal, D. P. and Goedde, H. W.（1989）Human aldehyde dehydrogenases: Their role in alcoholism. *Alcohol* 6, 517 – 523.

Ainslie, G.（1970）Howard Rachlin が著書*Introduction to Modern Behaviorism.* San Francisco: Freeman, pp. 186 – 188 で紹介した実験.

Ainslie, G.（1974）Impulse control in pigeons. *Journal of the Experimental Analysis of Behavior* 21, 485 – 489.

Ainslie, G.（1975）Specious reward: A behavioral theory of impulsiveness and impulse control. *Psychological Bulletin* 82, 463 – 496.

Ainslie, G.（1982）Internal self-control in pigeons. 未刊行原稿.

Ainslie, G.（1986）Beyond microeconomics: Conflict among interest in a multiple self as a determinant of value. J. Elster（ed.）, *The Multiple Self.* Cambridge: Cambridge University Press, pp. 133 – 175, 所収.

Ainslie, G.（1987）Aversion with only one factor. M. Commons, J. Mazur, A. Nevin, and H. Rachlin（eds.）, *Quantitative Analysls of Behavior: The Effect of Delay and of lntervening Events on Reinforcement Value,* Hillsdale, NJ: Erlbaum, pp. 127 – 139, 所収.

Ainslie, G.（1991）Derivation of "rational" economic behavior from hyperbolic discount curves. *American Economic Review* 81, 334 – 340.

Ainslie, G.（1992）*Picoeconomics: The Strategic Interaction of Successive Motivational States within the Person.* Cambridge: Cambridge University Press.

Ainslie, G.（1993）A picoeconomic rationale for social constructionism. *Behavior and Philosophy* 21, 63 – 75.

Ainslie, G.（1995）A utility-maximizing mechanism for vicarious reward: Comments on Julian Simon's "Interpersonal allocation continuous with intertemporal allocation." *Rationality and Society* 7, 393 – 403.

Ainslie, G.（1999a）The dangers of willpower: A picoeconomic understanding of addiction and dissociation. J. Elster and O.-J. Skog（eds.）, *Getting Hooked: Rationality and Addiction.* Cambridge: Cambridge University Press, pp. 65 – 92, 所収.

Ainslie, G.（1999b）The intuitive explanation of passionate mistakes, and why it's not adequate. J. Elster（ed.）, *Addiction: Entries and Exits,* New York: Sage, pp. 209 – 238, 所収.

Ainslie, G.（2000）A research-based theory of addictive motivation. *Law and Philosophy* 19, 77 – 115.

Ainslie, G. and Engel, B. T.（1974）Alteration of classically conditioned heart rate by operant reinforcement in monkeys. *Journal of Comparative and*

ナ

ハ

マ

ヤ

索引

著者紹介

ジョージ・エインズリー (George Ainslie)
精神科医。臨床医。
コーテスビル・ヴェテランズ・アフェアーズ・メディカル・センター精神科主任およびテンプル大学教授。異時点間交渉問題を一貫して研究し続けており、双曲割引理論の主導者の一人である。
著書に、*Picoeconomics: The Interaction of Successive Motivational States within the Person* (Cambridge University Press, 1992) がある。

訳者紹介

山形浩生 (やまがた・ひろお)
一九六四年生まれ。東京大学都市工学科修士課程およびマサチューセッツ工科大学不動産センター修士課程修了。大手調査会社に勤務のかたわら、科学、文化、経済からコンピュータまで広範な分野での翻訳、執筆活動を行う。
著書に『たかがバロウズ本。』(大村書店)、『コンピュータのきもち』(アスキー)、『山形道場』(イーストプレス)、『新教養主義宣言』(晶文社)、訳書にデネット『自由は進化する』(NTT出版)、『クルーグマン教授の経済入門』(日本経済新聞社)、『論理で人をだます法』(朝日新聞社)、『ウンコな議論』(筑摩書房)など多数。

誘惑される意志

人はなぜ自滅的行動をするのか

二〇〇六年 九月一五日初版第一刷発行
二〇一〇年 五月 七日初版第一三刷発行

著者 ジョージ・エインズリー

翻訳 山形浩生

発行者 軸屋真司
発行所 NTT出版株式会社
〒一四一―八六五四
東京都品川区上大崎三―一―一 JR東急目黒ビル
営業本部 電話 〇三―五四三四―一〇一〇
ファクス 〇三―五四三四―一〇一八
出版本部 電話 〇三―五四三四―一〇〇一
http://www.nttpub.co.jp/

装幀 間村俊一
印刷・製本 中央精版印刷株式会社

ISBN 4-7571-6011-9 C0011
乱丁・落丁本はおとりかえいたします。
定価はカバーに表示しています。